Innovativ und kompakt – gesellschaftliche Herausforderungen der Gegenwart

Reihe herausgegeben von
Wolfgang Aschauer
Fachbereich Soziologie und
sozialwissenschaftliche Geographie
Universität Salzburg
Salzburg, Österreich

Thomas Herdin
Fachbereich Kommunikationswissenschaft
Universität Salzburg
Salzburg, Österreich

In den Sozialwissenschaften wird der Ruf nach mehr Öffentlichkeitswirksamkeit immer lauter, dominante gesellschaftliche Diskurse sollen durch wissenschaftliche Einsichten bereichert werden. Es gibt sie ja durchaus noch – die originären Ideen und fundierten Analysen – jedoch finden diese in der Regel wenig Eingang in die Alltagswelt. Hochwertige Publikationen werden deshalb meist nur in der Scientific Community rezipiert. Kritisch bis ironisch ausgedrückt könnte man von einer „akademisch-rezeptiven Echokammer" sprechen.

Wir als Sozialwissenschaftler_innen sind aber gerade angesichts der aktuellen gesellschaftlichen Entwicklungen gefordert, unsere Erkenntnisse aus den Kernaufgaben Forschung (first mission) und Lehre (second mission) auch in die Gesellschaft (third mission) zu tragen. Es geht dabei um die gezielte Bekanntmachung und Nutzung wissenschaftlicher Erkenntnis zum adäquaten Umgang mit aktuellen gesellschaftlichen Herausforderungen (Stichwort: Wissenstransfer). Im Idealfall sollen auch Entscheidungsträger_innen durch die innovativen sozialwissenschaftlichen Analysen angeregt werden, Schritte hin zu einer positiven gesellschaftlichen Entwicklung zu leisten.

Weitere Bände in der Reihe
https://link.springer.com/bookseries/16316

Kurt Luger

Tourismus – Über das Reisen und Urlauben in unserer Zeit

Kurt Luger
Fachbereich Kommunikationswissenschaft
Universität Salzburg
Salzburg, Österreich

ISSN 2662-1568　　　　　　　　ISSN 2662-1576　(electronic)
Innovativ und kompakt – gesellschaftliche Herausforderungen der
Gegenwart
ISBN 978-3-658-36459-5　　　　ISBN 978-3-658-36460-1　(eBook)
https://doi.org/10.1007/978-3-658-36460-1

Die Deutsche Nationalbibliothek verzeichnet diese Publikation in der Deutschen Nationalbibliografie; detaillierte bibliografische Daten sind im Internet über http://dnb.d-nb.de abrufbar.

© Der/die Herausgeber bzw. der/die Autor(en), exklusiv lizenziert durch Springer Fachmedien Wiesbaden GmbH, ein Teil von Springer Nature 2022
Das Werk einschließlich aller seiner Teile ist urheberrechtlich geschützt. Jede Verwertung, die nicht ausdrücklich vom Urheberrechtsgesetz zugelassen ist, bedarf der vorherigen Zustimmung des Verlags. Das gilt insbesondere für Vervielfältigungen, Bearbeitungen, Übersetzungen, Mikroverfilmungen und die Einspeicherung und Verarbeitung in elektronischen Systemen.
Die Wiedergabe von allgemein beschreibenden Bezeichnungen, Marken, Unternehmensnamen etc. in diesem Werk bedeutet nicht, dass diese frei durch jedermann benutzt werden dürfen. Die Berechtigung zur Benutzung unterliegt, auch ohne gesonderten Hinweis hierzu, den Regeln des Markenrechts. Die Rechte des jeweiligen Zeicheninhabers sind zu beachten.
Der Verlag, die Autoren und die Herausgeber gehen davon aus, dass die Angaben und Informationen in diesem Werk zum Zeitpunkt der Veröffentlichung vollständig und korrekt sind. Weder der Verlag noch die Autoren oder die Herausgeber übernehmen, ausdrücklich oder implizit, Gewähr für den Inhalt des Werkes, etwaige Fehler oder Äußerungen. Der Verlag bleibt im Hinblick auf geografische Zuordnungen und Gebietsbezeichnungen in veröffentlichten Karten und Institutionsadressen neutral.

Planung/Lektorat: Cori Antonia Mackrodt
Springer VS ist ein Imprint der eingetragenen Gesellschaft Springer Fachmedien Wiesbaden GmbH und ist ein Teil von Springer Nature.
Die Anschrift der Gesellschaft ist: Abraham-Lincoln-Str. 46, 65189 Wiesbaden, Germany

Vor der Reise – was erwartet die Leser und Leserinnen?

Die Neugier ist die mächtigste Antriebskraft im Universum, weil sie die beiden größten Bremskräfte im Universum überwinden kann:
die Vernunft und die Angst.
Walter Moers, Die Stadt der Träumenden Bücher

Autoren und Autorinnen wünschen sich, dass sie ihre Leserschaft faszinieren und so gewissermaßen auf eine Reise durch ihre Welt der Gedanken, der ausgebreiteten Wissensbestände und Erklärungen von Zusammenhängen mitnehmen können. Die Lektüre als Entdeckungsreise führt das Publikum entweder in Unbekanntes, um aus dem einen oder anderen Kapitel Erkenntnis und Nutzen zu ziehen oder in ein schon bekanntes Gelände, dem man aber eine besondere Facette oder eine andere Sichtweise abgewinnen kann. Ähnlich einer Fahrt nach Paris, das wir von unzähligen Bildern kennen, aber unterhalb des Eiffelturms, der genau so aussieht wie zu erwarten war, entfaltet sich städtisches Leben von solch kultureller Vielfalt, dass der Aufenthalt selbst nach unzähligen Besuchen ein Augen- und Ohren-auf-Projekt bleibt.

Über den Tourismus zu schreiben ist so schwierig wie über die Jugend, denn alle waren einmal jung bzw. alle waren schon unterwegs, sehen sich als Experten aufgrund ihrer individuellen Erfahrung. Das heißt aber auch, dass eigentlich alle mitreden könnten, was den Tourismus zu einem gesellschaftspolitisch vieldiskutierten Thema machen würde. Erstaunlicherweise ist das keineswegs der Fall. Erst spät hat sich ein wissenschaftlicher Diskurs über die Nutzung mobiler Freizeit herausgebildet und der Stand des Wissens über die vielfältigen Zusammenhänge, in die der Tourismus eingebunden ist, scheint in breiten Kreisen der Bevölkerung völlig unterentwickelt zu sein.

Dies ist umso erstaunlicher, als es sich um einen Wirtschaftssektor handelt, der weltweit zu den größten gehört, somit erheblich zum Wohlstand von Gesellschaften beiträgt und viele Menschen darauf angewiesen sind, dass er gut funktioniert. Die Corona Pandemie und in deren Folge der radikale temporäre Zusammenbruch dieser Branche haben seine herausragende ökonomische Bedeutung drastisch vor Augen geführt. Durch die Auswirkungen von Covid-19 auf den Tourismus 2020–2021 gehen der Weltwirtschaft über vier Billionen Dollar verloren und die Menschen in den ohnedies ärmeren Länder sind davon am stärksten betroffen, weil sie ihre Einkommensverluste nicht ausgleichen können. Alleine im Jahr 2020 gab es eine Milliarde weniger internationale Touristenankünfte, ein Minus von 73 %, und etwa 120 Mio. Jobs gingen im Tourismus weltweit verloren. Der Tourismus bildet eine Lebensader für Millionen Menschen und der Generalsekretär der UN-Welttourismusorganisation WTO, Zurab Pololikashvili, hofft darauf, dass durch forcierte Impfungen der Touris-

Vor der Reise – was erwartet die Leser und Leserinnen?

mus innerhalb der nächsten Jahre wieder gut in Schwung kommt.[1] Diese Hoffnung teilt er mit Millionen von Reise- und Urlaubswilligen und all jenen, die vom Tourismus ihren Lebensunterhalt bestreiten.

Die Pandemie bedeutet eine Zäsur für diese von Wachstum verwöhnte Branche und bewirkt wohl ein Überdenken, angesichts der erkannten Verletzbarkeit des Systems und der immer spürbarer werdenden Klimakrise. Denn Tourismus ist mehr als nur Ökonomie. In den Wiederaufbaujahren nach dem Zweiten Weltkrieg wurde das touristische Reisen Bestandteil des Lebensstils der westlichen Industrie- und Wohlstandsgesellschaften. Erholung und Neugier, Welterfahrung und Statusgewinn sind bis heute tragende Motive der Reisenden, die Erzielung von Einkommen oder Profit die Interessenskonstellation auf der Seite der mehr oder weniger professionellen Dienstleister, die sich bis heute gerne als Gastgeber titulieren. Touristen sind aber spezielle Gäste, die Beziehung zu ihnen beruht nicht nur auf Gastfreundschaft, denn die Dienstleistung ist ein profanes Geschäft, und die Anbieter solcher Dienstleistungen befinden sich in einem harten Konkurrenzkampf um jeden potenziellen Gast bzw. Kunden. Und auch der wirtschaftliche Nutzen hat noch seine negativen Seiten – etwa für jene Teile der Bevölkerung, die am Tourismus nicht verdienen und nur vom Verkehr, von den hohen Preisen in der Gastronomie und beim Wohnen betroffen sind. Verlierer ist nicht selten auch die ungeschützte Natur, die Umwelt bzw. der Lebensraum, denn Infrastruktur für den Tourismus verbraucht Landschaft und verändert sie drastisch. Eine

---

[1] https://www.unwto.org/news/global-economy-could-lose-over-4-trillion-due-to-covid-19-impact-on-tourism, 27.8.2021.

Bilanz muss alle diese Aspekte einbeziehen und zueinander in Beziehung setzen.

In den 1980er Jahren entstand eine gesellschaftspolitisch fundierte Kritik an manchen negativen Auswirkungen des Tourismus, insbesondere am Ferntourismus, weil manchen dieser Reisen ein Ausbeutungsfaktor innewohnt. In den letzten vier Dekaden wuchs der globale Tourismus ständig, neue soziale Schichten und Märkte sowie eine entfesselte individuelle Mobilität führten zu einem veritablen Massentourismus. Die Pandemie hat diesen Trend gebrochen, *overtourism* vorläufig eliminiert, und die Nächtigungszahlen liegen nun wieder auf dem Niveau von seinerzeit. Unmut über touristische Erscheinungen gibt es aber seit seinen Anfängen – seitens der Bereisten, weil sie manche Attitüden der Reisenden nicht leiden konnten und diese zu viel Unruhe in ihre Ordnung brachten, seitens der Reisenden, weil sie ihresgleichen, die anderen Touristen, nicht leiden konnten. Die Kritik der 1980er Jahre war ökonomisch, soziologisch und ökologisch begründet und forderte einen *Tourismus mit Einsicht*. Der wird auch heute gebraucht, um der touristischen Entwicklung, die klimaschädigende Dimensionen angenommen hat, eine Perspektive entgegenzusetzen.

Gemeint ist damit die Einsicht in die Zusammenhänge, Einsicht in sein eigenes Tun, Reflexion darüber, um *Eigenverantwortlichkeit* zu entwickeln, um einzusehen, dass nicht alles gut ist, was angeboten wird, sondern zerstörerische Wirkung haben kann. Einsicht auch darin, dass wir alle als Touristen Ressourcen verbrauchen und unser Verhalten eventuell überdenken und mehr Weitsicht an den Tag legen sollten. Wenn ein Flug von Wien nach Bukarest um 7,90 € angeboten wird, zeigt diese Fluglinie, dass sie den Klimawandel nicht ernst nimmt und einfach verantwortungslos handelt.

Einsicht statt Gedankenlosigkeit im touristischen Verhalten und Verantwortungsbewusstsein statt ungezügelter Entwicklung könnten die ethischen Eckpfeiler sein, die auch wirtschaftlich und ökologisch vernünftig sind. Denn der Tourismus ist beteiligt am Klimawandel, nicht nur als davon betroffene Branche, sondern auch als Mitverursacher – rund fünf Prozent aller Treibhausgasemissionen weltweit entfallen auf diese Branche, der größte Anteil davon auf den Tourismusverkehr.

In den Wohlstandsgesellschaften sind wir es gewöhnt, unsere Widersprüche weitestgehend folgenlos auszuleben. Als Augenzeugen des sich vollziehenden Klimawandels mit dem SUV zum Flughafen zu fahren, mit dem Low-Cost Carrier von dort zum Seehafen zu fliegen, um dann eine Kreuzfahrt zu starten und auf der Reise in einigen Zwischenstationen noch dazu Overtourismus zu produzieren – warum machen die Leute das? Weil sie nicht wissen, wie nachteilig das für den Planeten ist? Weil sie glauben, ihre Freiheit stehe über allen Dingen und sie könnten sich alles leisten, ohne für ihr ökologisch desaströses Handeln belangt zu werden? So denken wohl auch die jungen Engländer und Skandinavier, die in die Amsterdamer Grachten pissen, nachdem sie sich im Rotlichtdistrikt hormonell erleichtert und mit Alkohol aufgerüstet haben. Dort halfen nur saftige Strafen, zumal jede Menge Toiletten für nur den einen Zweck herumstehen. Es spricht sich herum, wie hoch die Strafe dafür ist und was man sich an dessen Stelle leisten könnte. So lange der Tourismusverkehr mittels fossiler Treibstoffe erfolgt, ist der ökologische Fußabdruck der Flug- und Kreuzfahrttouristen enorm klimaschädlich, sind die Reisenden Teil des Problems und aus purer Vergnügungssucht Mitverursacher des Klimawandels.

In einer integrativen Sicht auf den Tourismus, wie in dieser Publikation vorgenommen, müssen globale bzw. gesamtgesellschaftliche Erscheinungen mit den individuellen Dispositionen zusammen gesehen und bewertet werden. Wie wir mit unseren eigenen Bedürfnissen und Sehnsüchten umgehen und auf wessen Kosten wir uns amüsieren ist ein wichtiges Thema, denn der *imperiale Lebensstil*, den wir im Westen praktizieren, erzeugt Gewinner und Verlierer und öffnet zudem den Blick noch über den Tourismus hinaus. Aber die kritische Methode schärft auch den Blick auf unsere heimatlichen Widersprüche. Was bleibt der Wirtin auf der Alm vom Almsommer-Tourismus? Wenn der letzte E-Bike-Fahrer seinen gespritzten Apfelsaft hinuntergestoßen hat, lohnt sich dann der Blick in die Registrierkasse? Wer hat den Nutzen aus der Landschaftspflege, die von den Weidebauern betrieben wird, und wie sieht ein gerechter Preis dafür aus? Almsommer, Urlaub am Bauernhof, Bauernherbst – so heißen die *cash cows* des alpinen Sommertourismus, aber wer sind die großen oder kleinen Verdiener?

Fragen über Fragen. Nicht alle sind einfach zu beantworten, aber es ist nicht Absicht des Buches, mit Zahlen jedes Argument zu erschlagen, sondern anzuregen, über dies und jenes einmal nachzudenken, denn Nachdenklichkeit kann ein erster Schritt zur Nachhaltigkeit sein. Der Tourismus ist für den allergrößten Teil der Bevölkerung ein unverzichtbarer Bestandteil unseres Lebensstils und ein Instrument zur individuellen Selbstentfaltung geworden. Aber was bleibt übrig von der Reise nach der Rückkehr? Hat man sich gut erholt und bestens vergnügt, etwas Neues erfahren, vielleicht sogar über sich, oder ist nur die Haut gebräunter und das Konto tiefer im Minus?

Tourismus ist industriell organisiertes Reisen, hat deswegen seine Faszination aber nicht verloren – eher das Gegenteil ist der Fall. Nie wurde mehr gereist als in der Wohlstandsgesellschaft, deren Protagonisten sich den zeitweisen Ortswechsel leisten können und sich auf die Jagd nach dem kurzzeitigen Glück in der Ferne machen. Sie reisen ihren Wunschträumen und Sehnsüchten nach, um dann zeitgleich mit vielen anderen Paradiesluft zu schnuppern.

Auf der Vorderbühne lockt der Gipfel des Vergnügens: Entlang der Via Culinaria zu reisen, gustatorische und olfaktorische Höhepunkte zu erleben und seinen Sinnen dazu noch jenes Übermaß an Staunen zu gönnen, die ein Sonnenuntergang mit Alpenpanorama oder Sirtaki-Klängen im Hintergrund erzeugt, gewissermaßen als Bestandteil eines Haubenmenüs auf der Hotelterrasse. Nur auf der Hinterbühne des touristischen Treibens zeigen sich die Sorgenfalten einer Branche, die im harten Wettbewerb um Kunden und Mitarbeiter steht, auf sämtliche Moden, Stimmungen, wirtschaftliche Konjunkturen und soziale Großwetterlagen, auf technische Herausforderungen und kulturelle Veränderungen flexibel reagieren muss, um erfolgreich zu sein. Und dann spielt auch noch das Wetter verrückt, einmal zu wenig Schnee, dann wieder zu viel Regen, und die Auswirkungen des Klimawandels werden zusehends spürbar. All das sind Einflussfaktoren, die sich auf die Kostenstellen auswirken, aber nicht einfach durch betriebswirtschaftliche Optimierungen, IT-Lösungen oder ausgetüftelte Management- und Marketingstrategien in den Griff zu bekommen sind.

Tourismus ist eben kein Sonnenscheinthema, wie die Postings auf Instagram und Facebook, Presseartikel oder unzählige Beiträge in Hochglanzmagazinen suggerieren. Wenn die Wertschöpfung nicht wächst, hilft ein Zuwachs an Gästen nichts. Die Branche braucht dauerhafte Lösungen und Bestandsgarantien. Die vielfältigen Einflussfaktoren sind daher in einem größeren regionalen wie globalen Kontext zu sehen. Langfristig gesehen muss sich die Branche auf die *Agenda 2030* des weltweiten Klimaabkommens einlassen, die darauf abzielt, ökologische, soziale, kulturelle und wirtschaftliche Ziele zu vernetzen und in einem Konzept von Nachhaltigkeit integriert zu realisieren. Nachhaltigkeit zielt nicht nur auf die Erhaltung der natürlichen Ressourcen ab, sondern strebt eine dauerhafte Stabilität ökologischer, ökonomischer und soziokultureller Gegebenheiten an.

Wie in jeder anderen Branche auch, gibt es also Schattenseiten in dem Geschäft, wo immer die Sonne zu scheinen scheint. Solchen Widersprüchlichkeiten nachzugehen, zumindest einige davon aufzuzeigen und zu analysieren, sie in einen größeren Kontext zu stellen, ist die Absicht dieses Buches. Mit dem Verständnis um die Zusammenhänge wird gewissermaßen ein *window of opportunity* zu einem bewussteren, aber dennoch erlebnis- und vergnügungsreichen Tourismus geöffnet, einem Tourismus, der Bestand hat und auch in Zeiten des Klimawandels ohne Entschuldigung gegenüber den nächsten Generationen betrieben werden kann.

Die gerade angelaufene Werbekampagne der Österreich-Werbung für den Winter 2021/22 steht unter dem Slogan *Winterliebe,* jene des Salzburger Landes ist mit der Jahreszeit sogar per Du und titelt – fast im Sinne einer Anrufung – *Lieber Winter,* um Gäste für einen Aufenthalt in den Schigebieten *Innergebirg* zu gewinnen. Wäre nicht *Liebes Klima* die zukunftsweisende Ansprache für eine mehrjährige Ganzjahreskampagne?

Postskriptum
Als Leiter der Abteilung Transkulturelle Kommunikation am Fachbereich Kommunikationswissenschaft der Universität Salzburg befasse ich mich seit rund 30 Jahren mit dem breiten interdisziplinären wie interkulturellen Themenbereich, der in unserer Sprache früher Fremdenverkehr hieß und dann zum wesentlich eleganteren und weltläufig klingenden *Tourismus* wurde. In diesem Feld bin ich praktisch wie konzeptionell tätig, als Leiter von Entwicklungsprojekten mit touristischen Komponenten und als Mitglied des Aufsichtsrats der Salzburger Landestourismusgesellschaft. Mir sind die *nitty-gritty things,* gewissermaßen das *Eingemachte,* und die wesentlichen Herausforderungen im Tourismus aus eigener Erfahrung vertraut. Wissenschaftlich versuche ich insbesondere die kultur- und kommunikationstheoretische Konzeption des Tourismus mit empirischer Forschung zu ergründen und aufgrund meines Engagements in der Entwicklungspolitik rückten die ökologische Dimension bzw. das Prinzip von Nachhaltigkeit immer stärker in den Vordergrund.

In meiner Darstellung der Erklärungszusammenhänge befasse ich mich daher mit jenen Themen und Regionen, die ich aus eigener Arbeit kenne und über die ich eine praktische wie theoretische Expertise verfüge.

Im Laufe der Jahre publizierte ich eine Reihe von Projekt- und Forschungsberichten, wissenschaftliche Artikel und Bücher. Viele meiner früheren Einschätzungen haben sich bestätigt und sind zu validen empirischen Wissensbeständen geworden. Auf etliche dieser Texte greife ich zurück, um eine tragfähige These zu entwickeln. Wissenschaftler schreiben ja ab und zu, und, wie der große Philomorist Heinz Erhardt meinte, meistens ab. Gerne gebe ich daher zu, dass ich von der einen oder anderen meiner Publikationen abgeschrieben habe und führe sie als Verweise an. Dies trifft auch auf alle anderen Quellen zu, auf die sich meine Einsichten oder Erkenntnisse stützen. Zum Großteil sind dies Publikationen von Weggefährten und -gefährtinnen, bei denen ich mich für so manche Anregung bedanken möchte.

Das Buch widme ich meiner Frau Karin, der wunderbaren Begleiterin auf vielen Reisen nah und fern und durch dick und dünn des Lebens.

Im Nachsommer 2021 Kurt Luger

Inhaltsverzeichnis

1 Immer nach Hause oder ins Glück – warum reisen wir eigentlich? — 1

2 Nähe und Ferne, dazwischen Sehnsucht — 25

3 Orte des Glücks, mobile Privatisierung und emotionale Geografie — 57

4 Eine kurze Geschichte des Reisens und des Tourismus — 81

5 Utopien und Dystopien – Wunschtraum und Alptraum — 105

6 Die Vergangenheit war noch nie so schön wie heute — 131

7	Alpentourismus – Schönwetterzone im Klimawandel	171
8	Tourismus als Entwicklungsperspektive	207
9	Wege zur Nachhaltigkeit	235
10	Die Vision: smarte Touristen, minimalinvasiv	271

1

Immer nach Hause oder ins Glück – warum reisen wir eigentlich?

Die Meinung von den Reisezwecken wird sich durchaus nicht immer decken,
  wie große Zeugen uns beweisen.
  Man reise wohl nur um zu reisen, meint Goethe, nicht um anzukommen,
    Begeisterungskraft, genau genommen,
    sei der ureigenste Gewinn.
  Montaigne sieht des Reisens Sinn nur darin, dass man wiederkehrt.
    Darauf legt auch Novalis wert.
    Er drückt es ungefähr so aus – wohin wir gehen, wir gehen nach Haus.
  Doch Seume, der – und zwar zu Fuß, spazieren ging nach Syracus,
    sagt geistig, sportlich an die Dinge,
    es wird besser gehen, wenn man mehr ginge.
Eugen Roth, Der Sinn des Reisens.

Alles Unglück dieser Welt komme daher, dass es die Menschen in ihren Wohnungen auf die Dauer nicht aushielten – so hat einmal ein schlauer Kopf die ganze Problematik unserer unrastigen Zeit auf den Punkt gebracht. Während Novalis noch meinte, jede Reise führe letztlich immer nur nach Hause, denn das ganze Leben sei als eine solche zu begreifen, so findet der moderne Lebensstil im Unterwegssein sein Ziel. Hinaus, nur hinaus, so lautet das Motto, Mobilität wird zum Wert an sich. Aber kann das funktionieren, im Unterwegs sein zu sich zu finden? Wer sucht schon sich, wenn er oder sie von Attraktionen umlagert wird und tausenderlei Ablenkungen lauern, die als konfektionierte Produkte auf ihn oder sie als Protagonist einer Zielgruppe so zugeschneidert sind, dass man in sie nur hineinzuschlüpfen braucht, um sogleich im Zustand erschwinglichen Glücks zu landen?

Rund 1,5 Mrd. Touristenankünfte weltweit registrierte die UNO-Welttourismusorganisation für das Jahr 2019, dem letzten Jahr der boomenden Tourismuswirtschaft. Geschätzte 1.450 Mrd. US$ Einnahmen aus dem Tourismus wurden für das Jahr 2018 berechnet. 2020 gab es aufgrund der Corona Pandemie eine Milliarde weniger internationale Touristenankünfte und dieser Kollaps führte zu einem nahezu unvorstellbaren Einkommensverlust in der Höhe von 1,3 Billionen US$. Dieser betrifft nicht nur die Großen des Geschäfts, sondern etwa 100–120 Mio. Beschäftigte in dieser Branche.

Der Tourismus gehört weltweit zu den bedeutendsten Wirtschaftssektoren und rund 15 % vom Bruttoinlandsprodukt entfallen in der Alpenrepublik Österreich auf die Tourismus- und Freizeitwirtschaft. In den Bergregionen Tirols oder Salzburgs ist der Tourismus sogar der wichtigste Wirtschaftszweig mit allen vor- und nachgelagerten Sektoren.

Bis Corona dieser Entwicklung ein vorläufiges Ende setzte, stiegen die Umsätze weltweit von Jahr zu Jahr. Die Zahl der touristisch Reisenden nahm trotz der Angst vor Überfällen und Terroranschlägen weiter zu. Einige Jahre nach den tödlichen Attacken auf Touristen in Luxor oder auf Bali, nach dem Tsunami in Thailand und Indonesien, war die Angst schon wieder vergessen, übertrumpften die Umsätze das Niveau von vorher.[1] Auch Flugzeugabstürze, Massenverkehrsunfälle auf dem Weg in die Ferienparadiese oder Mega-Staus werden als unvermeidliche Nebenerscheinungen hingenommen. Viele Reisende haben sich an die erhöhte Gefahr gewöhnt, sie ist heute Reisebegleiterin nach fast überallhin, aber im Epochenvergleich ist das Reisen immer sicherer geworden. Seit der mittelalterlichen Queste, der Heldenreise des Rittertums, wissen wir, dass der ultimative Sinn des Reisens in der glücklichen bzw. gesunden Rückkehr nach dem Bestehen der Bewährungsproben besteht. Daran hat sich bis in unsere Zeit nichts geändert.

Was treibt die Leute heute hinaus, hinaus aus ihren vergleichsweise begünstigten Lebensumständen, denn es sind ja in erster Linie die Menschen der wohlhabenden westlichen Industriegesellschaften, die sich auf die Socken machen? Und das zum Zwecke des Vergnügens, nicht weil sie wie die Zugvögel oder Nomaden keine Nahrung mehr finden, aus ihrer Heimat flüchten mussten und Asyl suchen. Stoßstange an Stoßstange stauen Germanen und Skandinavier von Nord nach Süd, zuerst von Stuttgart nach München und weiter durch Österreich über die Tauernautobahn an die ersehnte Algenadria und darüber

---

[1] Wolfgang Aschauer, Tourismus im Schatten des Terrors. Eine vergleichende Analyse der Auswirkungen von Terroranschlägen (Bali, Sinai, Spanien). München 2008.

hinaus. Die coolen Briten nehmen stundenlange Wartezeiten auf Airports wegen Flugraumüberlastungen in Kauf, um dann an irgendeinem mediterranen Aloha-Beach zu rösten, Campingurlauber erdulden Dauerregen auf beziehungsfördernden sechs Quadratmetern Wohnwagenfläche oder im Survival-Kuppelzelt. Sie alle würden die Abgründe des freizeitlichen Reisens nicht in Kauf nehmen, gäbe es da nicht einen über allem stehenden Nutzen, der diese Unbill auf Schnurren und Episoden, auf Gesprächsstoff für einige Stunden Small Talk, zusammenstutzt.

Halb sank sie hin, halb zog es ihn
Die Reisemotivation bzw. die Motive für den Aufbruch bilden den Schlüssel zum Verständnis dieses globalen Bewegungsbedürfnisses. Ganz generell gilt es zwischen Schubfaktoren, d. h. den inneren Antriebskräften, und Zugfaktoren, den äußeren Einflüssen, zu unterscheiden. Egal ob es um die Kompensation von Defiziten geht, um die Erholung und Instandhaltung des eigenen Körpers, um die Suche nach dem Schönen, die Erweiterung des geistigen Horizonts oder um das Ausleben von unterdrückten Bedürfnissen – alle Reiseentscheidungen sind von Motiven beeinflusst, die dem einen oder anderen zugeordnet werden können. Die Schubfaktoren sagen uns, dass wir weg müssen um einem Mangel zu begegnen, den wir vor Ort erleiden – also Sonne statt Schnürlregen, Wellness statt Dalli-Dalli usw. Zugfaktoren bestimmen darüber, wohin wir reisen – es zieht uns an einen bestimmten Ort. Last-Minute-Bucher wollen nur weg, egal wohin sie die Schubkraft des nächsten Fliegers bringt, sie könnten überall landen. Weil die Tourismusindustrie aber den Markt für sich gewinnen will, wirbt sie unermüdlich, erfindet sie Trends und Moden, lockt mit Preisen oder der Einzigartigkeit von Ferienorten,

Buchten, Almen und Resorts. Ziele können so unwiderstehlich anziehen, dass sie zu einem *must* werden. Aber im nächsten Jahr lockt eine andere Destination, hat sich die eigene Bedürfnislage gewandelt, die Karawane zieht weiter.

Es gibt aber auch den Feriengast, der seit den 1980er Jahren dasselbe Quartier, denselben Ort aufsucht, nur dort und sonst nirgendwohin möchte, etwa wegen der betörenden Landschaft oder der Größe der Schnitzelportionen, vielleicht ist auch die Wirtin im Dirndlkleid ein Grund dafür oder weil der Schlaf im hoteleigenen Zirbenholz-Bett tiefer ausfällt und dem Gemüt eine vollkommene Entlastung verschafft. Dieser Zustand der Zufriedenheit, des erschwinglichen Glücks, wird jährlich wiederholt. Stammgäste gehen kein Risiko ein, denn sie wissen ja, was sie erwartet. Nach 25 Jahren wird ihre Standorttreue in der *Pension Waldbrand* mit einer Ehrennadel der Gemeinde belohnt und die Gäste dürfen sich ein bisschen als Einheimische fühlen. Interkulturell kam damit vielleicht etwas in Bewegung – Zuneigung nicht ausgeschlossen.

Früher reisten nur wenige – aus beruflichen Gründen und zum Broterwerb die Handwerksburschen, aus Gründen der höfischen Erziehung und zur geistigen Ertüchtigung die jungen Adeligen, die auf ihrer Grand Tour andere Königshäuser, die interessantesten Kirchen und Bibliotheken aufsuchten, manche von ihnen wohl auch die verruchtesten Bordelle oder Spelunken. Die soziale und politische Transformation der Gesellschaft im Laufe der Jahrhunderte bewirkte gewissermaßen eine Demokratisierung des Reisens. Mitte des 19. Jahrhunderts kam die Vergnügungsreise für Betuchte auf, entstanden die ersten Reisebüros, und das Bürgertum zog aus den Städten in die ländliche Sommerfrische. Erst die andauernde Friedensperiode nach dem Zweiten Weltkrieg und die Zunahme an Wohlstand und Freizeit führten zur

Integration des Urlaubs in den industriegesellschaftlichen Lebensstil. Sie ermöglichten Urlaubsreisen praktisch für alle Teile der Bevölkerung. In den Wiederaufbaujahren lebte man um zu arbeiten und der Tourismus wurde zum gesellschaftlichen Reparaturbetrieb, der den übermüdeten Körper und stockenden Motor wieder in Schwung zu bringen hatte.

Der zeitweilige Auszug der Massen aus ihrem geschäftigen Alltag führte auch zur Kritik an dieser Gesellschaft, die so massive Defizite aufbaute, dass sie in drei Wochen Erholung kaum zu kompensieren waren.[2] Aber die Arbeitswelt veränderte sich und mit dem aufkommenden Post-Materialismus auch die Rangordnung der Werte. Dies ebnete den Weg in die Freizeit- und Erlebnisgesellschaft.[3] Heute arbeitet man um möglichst gut zu leben, die *Weg von*-Bedürfnisse machten allmählich den *Hin zu*-Bedürfnissen Platz. Selbstverwirklichung, Freiheit, Genussmaximierung haben heute einen anderen Platz in der Wertehierarchie, gelten in der *Me-Gesellschaft* für Freizeit und für den Beruf. In der Freizeit bzw. im Urlaub erlebte Selbstbestimmung wird auch am Arbeitsplatz eingefordert, löst tendenziell Fremdbestimmung ab. Menschen sehnen sich nach unmittelbarer sinnlicher Erfahrung, suchen sozialen Kontakt und Authentizität, möchten Boden unter ihren Fußsohlen spüren und nicht nur im Industriebetrieb, im Büro oder in der Küche funktionieren. Als Touristen wollen sie natürlich ihren Stoffwechsel mobilisieren, aber viele suchen nach Selbst-

---

[2] Am klarsten ausgedrückt findet man diese Analyse in der Publikation des Schweizer Ökonomen Jost Krippendorf, Die Ferienmenschen, Zürich 1984.
[3] Der Wertewandel und mit ihm der Wandel der Lebensformen ist beispielhaft dargestellt in Roland Inglehart, Modernization and Postmodernization, Princeton 1997; Gerhard Schulze, Die Erlebnisgesellschaft, Kultursoziologie der Gegenwart, Frankfurt-New York 1992.

verbesserung, nach Ergänzung, auch nach Stärkung ihres Selbstwertgefühls.

Auf in die Spaß- und Erlebnisgesellschaft
Soziologisch gesehen handelt es sich um eine Art von *Kontrasterfahrung*. Die raumzeitliche Distanz zum Alltag und der demonstrative Erfahrungskonsum im Anderswo vermitteln den Eindruck, mitten im pulsierenden Leben zu stehen, voll dabei zu sein und teilzuhaben an den Errungenschaften der Moderne bzw. der Wohlstandsgesellschaft, zu denen die Urlaubsreise für die überwiegende Mehrheit der Menschen in den westlichen Industriegesellschaften einfach gehört.[4] Auch wenn drei Wochen Adriastrand wiederum eine Art von Monotonie erzeugen können – der Kontrast zum Heimatlichen macht den Reiz aus, weil es den Rhythmus bricht, den man gewohnt ist, der aber auch die Alltäglichkeit ausmacht, die eben zermürbend sein kann. Dennoch sehnen sich jetzt, in Zeiten von Covid-19 und ihren noch gefährlicheren Varianten, die Menschen nach ihrer Normalität, sie wollen ihr altes Leben wieder zurückhaben, den Alltag mit seinen eingefahrenen Ritualen und Konventionen, aber auch ihre kleinen Fluchten und Vergnügungen, die wegen Ausgangssperren, Beschränkungen der Beweglichkeit und Distanzvorschriften nicht möglich sind. Nicht reisen zu dürfen wird von vielen als die massivste Einschränkung empfunden, als Domestizierung und Verweigerung einer liebgewordenen Gewohnheit – des spontanen oder exakt geplanten, des häufigen oder ausnahmsweisen, des großen oder geringfügigen Ortswechsels in Verbindung mit Vergnügen, Freiheitsempfinden und Kontrasterleben.

---

[4] Horst Opaschowski, Umwelt.Freizeit.Mobilität, Wiesbaden 1999.

Mit einem als gelungen bezeichneten Urlaub an einem prestigeträchtigen Ort lässt sich sogar der Status in die Höhe schrauben, wird jedenfalls um Anerkennung bei Nachbarn und Verwandten gerungen. Mit jeder Ansichtskarte, jenem illustrierten Medium geschönter Welt, das als *Correspondenz-Karte* 1869 seinen Siegeszug in der touristischen Kommunikation antrat, wird dieser Zuwachs schriftlich vermittelt. Die herzlichen Grüße – heute vorwiegend via Instagram, WhatsApp oder Facebook abgesondert – verkünden, dass der Alltagsfrust an einem Bergsee oder an mediterranen Stränden abgelagert und gleichzeitig die beschädigte Identität, wenn nicht gar die Seele, erfolgreich repariert wird.

Bardolino und Mondschein, in der sündigen Nacht
Touristen wollen nicht nur wieder auftanken, sondern sie möchten auch etwas erleben, d. h. Abwechslung ins Leben bringen. Dieses Bedürfnis – im Volksmund mit *Tapetenwechsel* bezeichnet – verweist auf einen Zustand der psychischen Sättigung. Nicht die körperliche Ermüdung selbst wirkt als Auslöser von Leistungsabfall, sondern der Missmut und die Unlust, die diesen begleitenden. Von einer Urlaubsreise wird die nötige Veränderung erwartet, denn sie löst den Alltag ab und kann sich positiv auf das Zufriedenheitsniveau auswirken. Der Ortswechsel verändert auch das Verhalten: Dort, wo einen keiner kennt, lässt es sich etwas zügelloser leben, laufen die Ballermänner aller Länder in kurzen Hosen zur Höchstform auf, weil die Affektkontrolle wegfällt, jedenfalls viel schwächer wirkt. Im freizeitlichen Ausnahmezustand auf den Balearen oder den Kanaren sitzt der promiskuitive Orgasmus viel lockerer. Die Werbung beschwört den Kontrast zur Durchschnittsexistenz und provoziert Bedürfnisse wie Erwartungshaltungen: Alkoholexzesse,

das Austoben sexueller Vorlieben, entfesselte Hingabe an das Vergnügen, Verlust für das Gefühl von Raum und Zeit und in vielen Fällen wohl auch von Anstand – alles inklusive! Das touristische Reisen ähnelt darin ein wenig der früheren Rolle von Festen, Jahrmärkten und Ritualen im Jahresverlauf, denn es führt als Form des Ventilbrauches kurzzeitig aus der gewohnten Ordnung hinaus.[5]

Indem sich Touristen aus ihrer gewohnten Umgebung lösen, *jemand anders* werden, befreien sie sich wie maskierte Teilnehmer des Karnevals von Zwängen und Identitätsdruck. Die Regeln werden zwar nicht ganz aufgehoben, aber in der Badehose am Strand werden soziale Unterschiede eingeebnet und auf den Schutzhütten in den Bergen kursiert sowieso das Du, als wäre die klassen- und vorurteilslose Gesellschaft längst von der politischen Vision zur gelebten Realität geworden.

In der Begrenztheit des eigenen Ichs und dem Wunsch, der gewohnten Umgebung zu entkommen, liegt wohl eine Antwort auf die Frage, weshalb dieser periodische Abschied vom Alltag und die Rückkehr in diesen, zu einer kulturellen Konvention und einem globalen Muster geworden ist, aus dem sich folglich ein globaler Markt entwickelt hat, den wir Tourismus nennen. Dem Individuum eröffnet sich die Chance, Traum und Wirklichkeit zu modellieren, Imagination und reale Existenz ineinander verschwimmen zu lassen. Der Tourismus lebt von der Verzauberung, von Illusion und Sehnsucht, von Inszenierung und auch von etwas Verlogenheit. Im Erlebnismarketing versucht er Unterhaltungswünsche und Neugier, Bedürfnisse nach Entgrenzung, Erneuerung, ja nach Erlösung in

---

[5] Eine sehr treffende und auch heute gültige Zusammenschau touristischen Verhaltens liefert Christoph Hennig in dem Buch Reiselust, Touristen, Tourismus und Urlaubskultur, Frankfurt 1997.

konsumfähige Produkte und Wirtschaftsleistung umzusetzen.

Die Touristiker bzw. ihre Marketingexperten sind veritable Künstler im *Story Telling*, im Erfinden von Traditionen und Bedeutungen, indem sie Destinationen als sehenswert kodifizieren, ja ganze Landschaften kulturell überschreiben: An diesem See übte Schubert den Notenschlüssel, auf jener *Gstätt'n* kickte der junge *Goaleador* Hans Krankl, in diesem Hinterhof dribbelte einst David Alaba, und überall, wo seine Majestät der Kaiser einmal Wasser gelassen hat, auf der *Via Imperialis,* wie die kulturtouristische Kampagne der Österreich-Werbung damals hieß, wurde aus einem vermeintlich unbedeutsamen Ort gewissermaßen eine Attraktion, die auf jeden Fall einen Besuch oder wenigstens einen Abstecher lohnte.

Tatsächlich laufen durch ganz Europa außergewöhnliche und vom *Europarat* zertifizierte Kulturrouten wie etwa die *Mozartwege* oder die *Via Habsburg*. Auf einer Reise durch mehrere Länder kann in Schlössern, Burgen, prächtigen Kirchen, Klöstern, Abteien, Universitäten und Museen, entlang der bedeutenden Orten des monarchischen Konservativismus, spätbarocker Aufklärung und Gelehrsamkeit, eintausend Jahre Geschichte dieser einflussreichen Dynastie touristisch nachvollzogen werden.[6]

Der thematischen Fantasie beim Geschichten erzählen sind Touristikern jedenfalls keine Grenzen gesetzt. Davon zeugen unzählige künstliche Freizeitwelten mit ihrer individuellen Unterhaltungsgarantie oder die auch als touristische Erlebniswelten gestalteten Themenwege im Umfeld regionaler kulinarischer Besonderheiten wie die

---

[6] https://www.coe.int/de/web/cultural-routes/via-habsburg; https://www.coe.int/de/web/cultural-routes/certification1, aufgerufen 21.8.2021.

Badische Spargelstraße, die Deutsche Hopfenstraße, die Waldviertler Textilstraße, die Oberösterreichische Moststraße oder die unzähligen Weinstraßen.

Träume beleben und kolorieren unsere inneren Landkarten. Das gilt auch für den Film und das Fernsehen, beide ebenso stark frequentierte Vergnügungsräume. Wie die reale Ortsveränderung auf Reisen geben sie dem Nicht-Gewöhnlichen Raum, schaffen sie Spielraum für unsere Neugier und lassen unsere Wunschträume für einige Stunden, Tage und Wochen Wirklichkeit werden. Also reisen wir letztlich, um die eigene Lebensqualität zu steigern, und um unseren Träumen von einer vorgestellten schöneren Welt woanders als zu Hause näher zu kommen.

Reisen als Schlüsselpraxis der Lebensführung

In der spätmodernen *Kultur der performativen Selbstverwirklichung* wird das Reisen zu einer Form der Lebensgestaltung. Das Subjekt strebt nach Singularität, nach dem Besonderen, kuratiert die Elemente der Lebensführung, um daraus etwas Besonders, im besten Fall ein Kunstwerk zu machen. Andreas Reckwitz[7] hat bestechend herausgearbeitet, dass die neue Mittelklasse zwei einander ehemals oppositionelle Ideale zusammenführt: das romantische Ideal der Selbstverwirklichung, das um 1800 entstanden ist und auch sub- und gegenkulturelle Entwürfe wie die Bohème oder die Counter Culture enthält, und das bürgerliche Ideal der Lebensform, das nach sozialem Status durch Leistung und Bildung strebt. Es dominiert den Mittelstand seit dem 19. Jahrhundert und hat bis heute Bestand. Das Subjekt der Spätmoderne will

---

[7] Die Gesellschaft der Singularitäten. Berlin 2017; Das Ende der Illusionen. Politik, Ökonomie und Kultur in der Spätmoderne. Berlin 2019.

beides und beides wird von ihm verlangt: Selbstentfaltung und sozialer Erfolg.

Diese neue Mittelklasse verfügt über hohes Bildungsniveau und kulturelles Kapital und lebt im Modus der Singularisierung, stets auf der Suche nach dem Besonderen, dem Außergewöhnlichen, dem Authentischen und alle kulturellen Güter werden zu Singularitätsgütern, zu Mitgestaltern eines Lebensstils der Selbstverwirklichung und Selbstentgrenzung. Selbstverwirklichung gilt für den Bereich der Freizeit mit ihren Reisen ebenso wie für den Bereich der Arbeit, für persönliche Beziehungen, Partnerschaften und Familie. Das kosmopolitisch ausgerichtete spätmoderne Subjekt lebt in einer Hyperkultur, in der die klassischen Grenzen des kulturell Wertvollen aufgelöst wurden – die Grenzen zwischen dem Gegenwärtig-Modernen und dem Historischen, zwischen Hoch- und Populärkultur und auch zwischen dem eigenen und den fremden Kulturkreisen. Was immer geeignet ist, zur Singularität und zur Selbstentfaltung beizutragen, kommt in Frage, wird aus dem globalen Fundus der Kulturgüter erworben und angeeignet.

In so einem Rahmen muss die Reise ihren Beitrag zur Außergewöhnlichkeit des Reisenden beitragen, muss zu besonderen Orten führen, fernab von *catch-all* Ferienorten des industrialisierten Tourismus und muss Authentizität verspüren lassen. Das souveräne Selbst verfügt über Kompetenz, Bildung und kulturelle Kennerschaft, um die Qualität einer solchen Destination wertzuschätzen. Urlaub und Reisen werden zur „investiven Statusarbeit" und in Bildern dokumentiert, diese transformieren den Alltag bzw. dessen Einzigartigkeit in Szenen, woraus durch soziale Medien so etwas wie „wahrgenommene Besonderheit" entsteht. Geprägt von der romantischen Tradition, wo es um große Emotionalität, Originalität,

Vielfalt, Poesie, pittoreske Orte, einzigartige Völker und Kulturkreise geht, findet das spätmoderne Subjekt mit empathischer Individualität zur Selbstentfaltung. Gelebte Emotionalität in ihrer lustvollen Form rückte ins Zentrum spätmoderner Lebensformen und wurde zu einem Leitmotiv, das sicherlich weit über die neue Mittelklasse hinausreicht, die etwa ein Drittel unserer Gesellschaften charakterisiert. Wir streben doch alle – oder fast alle – nach positiven Emotionen, denn Freude, Erfüllung, Genuss, Lust, Begeisterung, soziale Harmonie, Intensität, Entfaltung des Selbst in allen Facetten – mit einem Wort Glück als Lebenssinn – gilt als zentrale Antriebskraft.

Aber das Risiko des Scheiterns ist etwa in Form von „negativen Unverfügbarkeiten" eingebaut.[8] Die „spätmoderne Enttäuschungsproduktion" führt zu Enttäuschungen angesichts der wahrgenommenen Diskrepanz zwischen Erwartung und Realität. Frustration, Angst, Wut, Trauer sind emotionale Reaktionen auf die Niederlagen, führen zu Dilemmata verschiedener Art und verlangen nach Bewältigungsstrategien, denn ein Ausstieg aus der Kultur der Selbstoptimierung, des gesellschaftlichen Fortschritts und des Strebens nach Glück als individuelles Projekt, ist eigentlich nicht vorgesehen.

Das Leben vergeht so schnell wie ein Urlaub

Im Bus zum Bahnhof:
    ich biete einer betagten Dame meinen Sitzplatz an,
    wir kommen ins Gespräch.
    Sie erzählt, dass sie jetzt schon fast 90 sei,
    sich an dies und jenes nicht mehr erinnern könne,
    und sie überhaupt den Eindruck hätte,
    das Leben vergehe so schnell wie ein Urlaub ….

---

[8] Hartmut Rosa, Unverfügbarkeit, Wien-Salzburg 2019.

Verglichen mit früheren Epochen gesellschaftlicher Entwicklung ist das heutige Leben in der nach Wohlstand und individuellen Nutzen strebenden Gesellschaft immer rigideren zeitlichen Regeln unterworfen. Diese Hochgeschwindigkeitsgesellschaft hat sich für viele von den Versprechen der Moderne wie größerer Autonomie oder Selbstverwirklichung verabschiedet. Hartmut Rosa[9] zufolge hat sie sich in einem *Beschleunigungszirkel* verfangen, der lediglich unser Lebenstempo vorantreibt. Diese soziale Beschleunigung erlaubt aber immer weniger die Realisierung von Lebensplänen, die politische Gestaltung der Gesellschaft steht nicht oder immer weniger im Einklang mit Ideen der Gerechtigkeit, des Fortschritts, der Nachhaltigkeit. Vielmehr führt die gesellschaftliche Entwicklung mit permanent überhöhter Geschwindigkeit zu einer *Entbettung von Raum und Zeit,* wie das Anthony Giddens[10] diagnostizierte. Sie erzeugt eine wachsende Entfremdung des Individuums von seiner räumlichen und materiellen Umgebung, weil es ihm kaum mehr gelingt, Handlungs- und Erlebnisepisoden zu einem ganzen Leben zusammenzufügen. Jürgen Habermas[11] nannte dies die *dreifache Entzweiung des Ich* – mit der Gesellschaft, mit der inneren Natur und mit der äußeren Natur. Die kurzlebige Welt des 21. Jahrhunderts erlaubt immer weniger Resonanzbeziehungen, Selbstentfremdung und Weltentfremdung in wachsendem Ausmaß sind die Konsequenz.[12]

---

[9] Beschleunigung und Entfremdung. Berlin 2013.
[10] The Consequences of Modernity. Cambridge 1990.
[11] Zur Rekonstruktion des Historischen Materialismus. Frankfurt 1974.
[12] Hartmut Rosa, Resonanz, Eine Soziologie der Weltbeziehung, Berlin 2016.

Der Urlaub als Antithese zur Beschleunigung
Diesem Zeitdiktat entgegengesetzt scheint der Urlaub bzw. der Tourismus als Teil des Versprechens der Moderne zu stehen, auch wenn er in den sozialen Normen der Zeitlichkeit gefangen bleibt, die in den spätmodernen Gesellschaften Zeitnot erzeugen. Er ist Bestandteil des Systems im Sinne eines Reparaturbetriebes, kann sich somit dem zeitökonomischen Kalkül nicht entziehen. Aber er fällt doch aus der Zeit, weil das Ausmaß an disponibler, also frei verfügbarer Zeit (garantiert auch im Sinne des gesetzlich verankerten Urlaubsanspruchs für die Beschäftigten), größer ist, und er überlässt es dem Individuum zu entscheiden, wie es diese Zeit verbringen möchte.[13] Wie das Abenteuer, das erst im Kontrast zum bürgerlichen Alltag seinen außergewöhnlichen Status als Fremdkörper unserer Existenz erfährt, so bleiben Arbeitszeit und Urlaubszeit untrennbar miteinander verbunden.

Das Zeitdiktat gilt auch für die beschränkte Zeit des Urlaubs, wo die Tage scheinbar doppelt oder dreifach so schnell verfliegen wie im Alltag, weil die Menschen besonders intensiv leben wollen oder endlich einmal Leben ins Leben bringen möchten. Die Intensität des Erlebens lässt die Zeit vermeintlich schneller schrumpfen. Der Soziologe Niklas Luhmann[14] diagnostizierte, dass Zeit nicht an sich knapp sei, der Eindruck der Knappheit vielmehr erst aus der *Überforderung des Erlebens durch die Erwartungen* entstünde. Was für den Alltag gilt, setzt sich im Urlaub fort. Das ursprünglich soziale Konstrukt Zeit hat sich verselbständigt, tritt uns als eigenständige Kraft

---

[13] Zur Unterscheidung von Zeitbudgets nach Determinationszeit, Obligationszeit und Dispositionszeit siehe Horst Opaschowski, Freizeitökonomie – Marketing von Erlebniswelten. Opladen 1993.
[14] Die Knappheit der Zeit und die Vordringlichkeit des Befristeten. In: Die Verwaltung – Zeitschrift für Verwaltungswissenschaft 1/1968, 3–30.

entgegen, die wir als Ressource unter zweckrationalen und zeitökonomischen Gesichtspunkten handhaben. Ein allfälliger Zeitgewinn wird sofort wieder rational verarbeitet und genutzt und noch mehr Erleben in eine beiläufig gewonnene Zeitreserve hineingestopft. So entsteht *Zeitnot* konsequenterweise geradezu als Ergebnis eines rational empfundenen Umgangs mit Zeit – und nicht als Ergebnis eines inkompetenten Zeitmanagements.

Kaum angekommen, sitzt man schon wieder im Flugzeug nach Hause, den Abglanz des Erlebnisses noch im Auge. Die Hochgeschwindigkeitsgesellschaft verlangt eine zeitliche Verdichtung in der Aneignung des Fremden und des Empfindens, einen komprimierten Erlebniskonsum. Einer Studie unter Deutschsprachigen Dritte Welt-Reisenden zufolge erschien diesen in höchstem Maße befremdlich, dass die in diesen Ländern lebende Bevölkerung Zeit im Überfluss zu haben schien.[15] In Afrika oder Asien säßen die Männer tagsüber in den Kaffeehäusern und spielten Karten, die Frauen unterhielten sich vor den Haustüren. Eine *Geschwindigkeit* war für die Besucher in diesem Alltag nicht sichtbar. Dies mag ein oberflächlicher Eindruck sein, denn die eigentlichen Arbeitsvollzüge der Einheimischen entziehen sich meist dem touristischen Auge. Klar ist aber, dass Kulturen in unterschiedlichen Geschwindigkeiten leben. Andreas Obrecht zufolge herrscht in den Zentren der ökonomischen Betriebsamkeit Zeitnot, weil sich in dem Tempo der Gegenwart die Zukunft verwirklicht, Wachstum und Produktivitätssteigerung an die systemische Verknappung von Zeit gebunden sind. Beschleunigung und Zeitökonomie gelten seit der

---

[15] Bernd Schmidt, Der Orient – Fantasia 1001 Nacht. Wie Touristen Fremdes sehen und verstehen. Schriftenreihe des Arbeitskreises für Tourismus und Entwicklung, Ammerland 2001.

industriellen Revolution als Garanten für Mehrwert und Reichtum. In den armen Gesellschaften scheint es hingegen Zeit in Hülle und Fülle zu geben, denn die Gegenwart ist kein Durchgangsstadium für die in der Zukunft zu erreichenden Ziele. In den Zentren herrscht daher Reichtum und Zeitarmut, an der Peripherie herrscht Armut und Zeitreichtum.[16]

Langsamkeit, Inselträume, Rückzug in *Entschleunigungsoasen* nach dem Motto *Lieber ein bisschen Bewegung auf Jamaika oder im Oberpinzgau, als Dalli, Dalli in Deutschland* – aus diesem Stoff sind die Sehnsüchte, die von Millionen Erholungssüchtigen über das Jahr kultiviert und dann in zwei oder drei Wochen ausgetobt werden. Das *Reise-Ich* findet in der Fremde Refugien auf Zeit und erfährt damit einen ferialen Ausstieg aus einer Welt der Zumutungen, Inanspruchnahmen und Überforderungen. Diese Flucht aus dem Alltag, aus der Zeit wie aus dem Raum, reicht noch nicht aus, um das Urlaubs- und Reiseverhalten umfassend zu erklären. Aber der *Eskapismus*[17] ist das zentrale Motiv der *Ferienmenschen*. Neben der unstillbaren touristischen Neugier auf Neues und nach Atemberaubender Schönheit gehört er zu den zentralen Triebfaktoren für das entfesselte Wachstum der Freizeitindustrie.

Augenblick – verweile doch, du bist so schön! Gleichgültigkeit gegenüber der Zeit – wer kann sich das schon

---

[16] Zeitreichtum – Zeitarmut. Von der Ordnung der Sterblichkeit zum Mythos der Machbarkeit. Frankfurt 2003.

[17] Dieser Begriff ist in der Kommunikations- und Medienwissenschaft gebräuchlich als Erklärung für den Rückzug aus dem überfordernden Alltag und der Flucht aus der realen Welt in die Bilderwelt der Unterhaltungs- und Zerstreuungsmedien. In der Tourismuswissenschaft gilt er als Reisemotiv bzw. zur Begründung für den temporalen Ausstieg aus den Routinen der Normalität. Den Tourismus betreffend siehe etwa Jörn Mundt, Einführung in den Tourismus, München-Wien 1998.

leisten? Muße erleben viele gehetzte Zeitgenossen und Genossinnen nur noch in den allerletzten Winkeln ihres Alltags – oder eben im Urlaub. Auch dafür hat der ambulante Reparaturbetrieb Tourismus Angebote entwickelt, fängt die Getriebenen der *chronokratischen Welt* mit Offerten ein, die Momente zweckfreien Erlebens versprechen, die Langsamkeit oder Geschwindigkeitsreduktion als Kompensation oder Therapie gegen Unruhe oder Raserei anbieten.

Die globale Tourismuswirtschaft – so schnell und flexibel sie sich in ihrem Marketing und der Jagd nach Kundschaft auch zeigt – bezüglich der Verfolgung der UN-Entwicklungsziele (SDGs, Sustainable Development Goals) oder eigener Nachhaltigkeitsziele entspricht sie dem *langsamen Chronotyp*. Es hat Dekaden gedauert, bis das Prinzip der Nachhaltigkeit, ausgehend von *Rio 1992* und den *Resolutionen der UNO-Generalversammlungen*, überhaupt in das Kalkül der Branche, in die Tourismuspolitik bzw. in die touristische Praxis auf nationaler Ebene Eingang oder gar Umsetzung gefunden hat. In etlichen Sektoren – allen voran die Kreuzschifffahrt und der Billigflugverkehr – wird man wohl noch länger warten müssen, weil deren kurzfristige bzw. partikulare ökonomische Interessen den Zielsetzungen der globalen *Agenda 2030* entgegenstehen.

Zeit im Glück
Tourismushabitate sind Heterotope, also Anders-Orte.[18] Wir erleben sie als *Begehrensräume* und als *Orte des Glücks*.[19] Die *Erlebnisraum-Bewirtschaftung* durch den

---

[18] Zur Raumtheorie siehe überblickshaft Stephan Günzel, Raum, Eine kulturwissenschaftliche Einführung, Bielefeld 2017, und Marc Augé, Nicht-Orte, München 2012.
[19] Ausführlich dazu Karlheinz Wöhler, Touristifizierung von Räumen, Wiesbaden 2011.

1 Immer nach Hause oder ins Glück – warum ...

Tourismus macht aus Städten, Industriegebieten, insbesondere aber aus Naturräumen touristisch bedeutsame Orte, die sinnlich erschlossen und emotional angeeignet werden. In der Vorstellungswelt handelt es sich dabei um ein äußeres Glück, um irdische Paradiese, gefüllt mit etwas Luxus, kulinarischen Höhepunkten, mit schönen Frauen oder Männern in Meeresbuchten, im Winter sind es Fünfstern-Wellnesslandschaften und lawinenfreie Pulverschneehänge. Stimmungsvolle Sonnenauf- und -untergänge sowie glänzende Gipfel gehören natürlich auch dazu. Diese Images werden millionenfach in Medien und Werbebroschüren kolportiert und schaffen Sehnsuchtsbilder einer *emotionalen Geografie,* der wir letztlich alle nachreisen.

Jenseits der lautstarken Inszenierungen des Medien-Glücks, zu denen der geglückte Urlaub gehört, gibt es aber auch den Weg nach innen, zu sich selbst, als leise Form der Annäherung an Glückseligkeit. Der Tourismus lebt von dieser Erfahrung eines *Anders-Ortes* und auch von der *Anders-Zeit,* die ein zumindest kurzfristiges Ausklinken aus dem alltäglichen Zeitkorsett vorsieht. Diese Erfahrung lässt sich aber kaum als Souvenir mit nach Hause nehmen. Es bleibt bei der *Verzauberung vor Ort,* der ausgelösten Irritation wie Begeisterung für einen anderen Lebensstil, ein anderes Tempo, dem Staunen darüber, wie lange etwa ein Abendessen oder das Warten darauf dauern darf.

Reisen im menschlichen Tempo – zu Fuß zum Ich
Die Rückkehr zu sich und das im menschlichen Tempo, im Wandern oder Gehen, hat in Form des Trekking- oder Wandertourismus einen enormen Aufstieg und auch Bedeutungswandel erlebt. Sein eigenes Tempo finden, Sinnsuche auf neuen Wegen oder alten Pfaden – der Wandertourismus hat in den Bergregionen der Welt nicht

nur eine große Tradition, sondern liegt in Verbindung mit der Eigenverantwortung für Gesundheit vollkommen im Trend.[20] Das *Gehen als Akt der Selbsterfahrung* einer sitzenden Kultur wird zur *Technik des Umgangs mit sich selbst.*

Bergsteigen ist der Versuch, sich durch sportliche Bewegung in der Vertikale über die Leerstellen der abendländischen Gesellschaft hinwegzusetzen und dem Körper einen herausfordernden Entfaltungsspielraum zu gönnen. Die damit beabsichtigte Versöhnung mit der Natur und die Suche nach dem einfachen Leben erklären, weshalb die bei Hindus und Muslimen vom Glauben vorgeschriebene kulturelle Praxis des Pilgerns auch in unseren säkularen Gesellschaften zunimmt. Der *homo viator,* der aufbrechende, suchende Mensch, ist aus dem Nischenmarkt herausgewachsen. Die *Peregrinage* hat sich vom Bußgang mit religiösem Hintergrund – Wallfahrten gibt es ja auch in der Christlichen Welt – zur Fußreise in einem offenen, spirituellen Tourismus entwickelt. Er speist sich aus der Sehnsucht nach postmateriellen Werten, Ganzheitsvorstellungen und einem Drang nach Übersinnlichem, wobei Spiritualität als eine nach Sinn und Bedeutung suchende Lebenseinstellung zu sehen ist, die über das Ich bzw. sich selbst hinausreicht. Die langsame, körperlich abtastende Fortbewegung etwa einer Waldbadenden Person, ermöglicht dieser das Eintauchen in eine Gegenwelt von Naturbedingungen. Die Landschaft, bestehend aus Bäumen und Pflanzen, wird im Gegensatz zu schnelleren Fortbewegungsarten Gegenstand sinnlicher Erlebnisse und Erfahrungen und steht dem Zeitgeist der Raserei entgegen.

---

[20] Gabriele Knoll, Handbuch Wandertourismus, Konstanz und München 2016; Christian Hlade, Das große Buch vom Wandern, Wien 2019.

1 Immer nach Hause oder ins Glück – warum ...

Zeitwohlstand erlaubt es, das Tempo herauszunehmen, um Intensität zu finden. *Slow Tourism* weist den Weg in Richtung natur- und kulturnah bzw. Nachhaltigkeit, denn die Qualität bzw. die Intensität des Wahrnehmens und Erlebens hängt von der Art und Weise sowie von der Geschwindigkeit ab, mit der sich Menschen durch den Raum bewegen. Wenn die Großstadt zu einer „Steigerung des Nervenlebens" und zur „Verdichtung von Zeit" führt, wie der deutsche Kulturphilosoph Georg Simmel schon vor 120 Jahren formulierte,[21] so bildet die Erfahrung von Natur und Ruhe die Komplementarität für ein erfülltes Leben. Die Tradition der Sommerfrische entspringt diesem Stadt-Land Kontrast und mit ihr erfolgte der Aufstieg der Region um den Semmering (Wiener Alpen) oder des Salzkammerguts zu *Sehnsuchtsdestinationen*.[22] Wer Sehnsucht nach Natur empfindet, erlebt gerade einen Mangel davon, denn Sehnsucht bezeichnet einen Zustand der Unterversorgung, der sich emotional wie körperlich als Defizitempfinden ausdrückt und nach Befriedigung verlangt.

Ein Großteil der Alpen-Touristen kommt aus städtischen Ballungsräumen, wo Natur vielfach auf ein Straßenbegleitgrün und auf Pflanzen reduziert ist, die Treibhausgasen und großen Mengen an Hundekot widerstehen. Es ist ebenso empirisch erwiesen, dass die in ländlichen Regionen wohnende Bevölkerung im Vergleich zu den Städtern weniger auf Reisen geht. Schon die Gründung der Natur- und Alpenvereine Mitte des

---

[21] Die Großstädte und das Geistesleben. In: Georg Simmel: Gesamtausgabe. Aufsätze und Abhandlungen 1901–1908. Frankfurt 1995, 116–131.
[22] Wolfgang Kos (Hg.), Die Eroberung der Landschaft. Semmering-Rax-Schneeberg. Katalog zur Niederösterreichischen Landesausstellung Schloss Gloggnitz 1992. Wien 1992.

19. Jahrhunderts erfolgte durch Adelige und das gebildete Bürgertum europäischer Großstädte.

Der naturnahe Tourismus etwa in Schutzgebieten oder Nationalparken will die Qualitäten und Werte eines Gebietes sichtbar machen und den Besuchern durch den „eigenen Augenschein" deren Verständnis sowie glückshafte Erfahrungen ermöglichen. Der Begriff des *Naturgenusses* geht auf Alexander von Humboldt zurück und umfasst ein Spektrum von Erfahrungen, die nicht im strengen Sinne lebensnotwendig sind, aber unser Leben bereichern, verschönern, es mit Sinn erfüllen und unsere Lebensfreude steigern. Dieses *Glück des Schauenden* vermag uns Natur – wie Ernst Bloch es nannte – als *Lebensganzheit* näher zu bringen.

Gefrorene Zeit – Fotografie als Metapher für Zeitstillstand
Wie das Abenteuer ohne die Erzählung darüber nicht auskommt, so gilt auch für den Urlaub oder touristisches Reisen, dass sie dokumentiert werden wollen, um den *Höhepunkt des Jahres* für die Ewigkeit festzuhalten. In der erzählerischen Annäherung und dem sich entfaltenden Diskurs mit sich selbst entsteht die Chance zur Selbstvergewisserung, wodurch die Erfahrungen in die eigene Biographie verankert werden können. Analog dazu macht erst die Fotografie bzw. die fotografische Inventarisierung der Fremde, den Urlaub zu einem erinnerungswürdigen Ereignis.

Versuchen professionelle Fotografen „im Schnappschuss dem Leben den entscheidenden Augenblick zu entreißen", so sind die Amateure vorwiegend daran interessiert, private Erinnerungsfotos zu schießen.[23] Die ganze Welt

---

[23] Thomas Theye, Der geraubte Schatten. Die Photographie als ethnographisches Dokument. München 1989.

im Selfie[24] – es geht um das Festhalten und Bannen des Geschwinden und Flüchtigen, mit der Absicht, das Vergängliche auf Eis zu legen und damit Zeit zu bewahren, einen vergangenen Zustand als gewünschte Erinnerung in Fotoalben oder digitalen Speichern zu konservieren.

Fotografieren im Falle außergewöhnlicher Umstände wie im Urlaub, der für viele als biografischer Höhepunkt verstanden wird, fixiert nicht nur einen Wirklichkeitsausschnitt, sondern auch einen Zeitausschnitt und wendet sich *gegen das Entschwinden der Zeit.* Die Fotografien erlauben so Blicke auf längst vergangene Zeiten, Situationen und Ereignisse. Das Bild holt die Menschen und Gegenstände aus ihrer räumlichen wie zeitlichen Ferne in die Gegenwart, und bewahrt in illustrativer Weise verschwindende Ereignisse für die Nachwelt auf.

Jede Fotografie – so schreibt Susan Sontag – ist daher eine Art *memento mori.* „Fotografieren bedeutet teilnehmen an der Sterblichkeit, Verletzlichkeit und Wandelbarkeit anderer Menschen oder Dinge. Eben dadurch, dass sie diesen einen Moment herausgreifen und erstarren lassen, bezeugen alle Fotografien das unerbittliche Verfließen der Zeit."[25]

So sind Urlaubsfotos Erinnerungen an einen zeitlichen Ausnahmezustand, an schöne Stunden, Tage oder Wochen, ein Versuch, Ereignisse für den Moment der Betrachtung wieder in Erinnerung zu rufen oder die Zeit auf symbolische Weise zum Stillstand zu zwingen. Ein Versuch, eine Handvoll Glück festzuhalten für die Ewigkeit, weil der Urlaub doch so schnell vorbei geht, fast so schnell wie ein Leben …

---

[24] Marco d'Eramo: Die Welt im Selfie. Eine Besichtigung des touristischen Zeitalters. Berlin 2018.
[25] Über Fotografie. Frankfurt 1999, 21.

2

Nähe und Ferne, dazwischen Sehnsucht

Kennen Sie die höchsten gebirge?
Ich glaube, dass es die sehnsüchte der menschen sind …
H.C. Artmann

I haven't been everywhere, but it's on my list.
Susan Sontag

Die Spannung zwischen Nähe und Ferne, dem Eigenen und dem vermeintlich Fremden, dem Bekannten und dem Vorgestellten, diese Dialektik gehört zum Tourismus wie die Bugwelle zum Schiff. Wenn wir reisen, sind immer alle Antennen ausgefahren, wir sind stets auf der Suche nach Unterschieden zum Vertrauten. Die Annäherung an das Fremde beginnt mit dem ständigen Vergleich. „Diese Bucht schaut so ähnlich aus wie die damals in Portugal!", „Die machen die Nudeln ganz anders als wir!", „So einen Dreck gäbe es zu Hause nicht!", „Die Lederjacken sind ja viel billiger als bei uns, und so chic, nimm gleich zwei!" Das eigene Bezugssystem, die eigene kulturelle Ordnung dient als Bezugsrahmen, das Gewohnte als Maß der Dinge. Zu Beginn muss das so sein, denn einen Standpunkt braucht der reisende Mensch schließlich, wenn er sich so schnell durch den Raum bewegt, dass er nichts mehr sieht oder nur noch Abziehbilder einer undurchdringlichen Realität wahrnimmt.

Exotismus und Xenophobie – Der Reiz der Fremde und ihre Ablehnung

Die Gegensätzlichkeit und damit die unvermeidliche Anziehungskraft von Eigenem und Fremdem liegt in der menschlichen Natur. Die Ethnopsychoanalyse führt sie auf die menschlichen Entwicklungsstufen zurück. Angst vor dem Fremden aber auch Hingabe ans Fremde, beides ist in uns und wird uns anerzogen. Eine xenophobe Grundstimmung – so Mario Erdheim – begegnet nicht nur anderen Kulturen feindlich und ablehnend, sondern auch jenen Bereichen der eigenen Kultur, die „anders" sind und Sigmund Freud als das „innere Ausland" bezeichnete, weil sie identitätsbedrohend wirken können.[1] Julia Kristeva meint, die Fremdheit wohnt uns inne und wir tragen die Basis unseres Verhaltens zum Fremden in uns, denn „Fremde sind wir uns selbst".[2] Angstfantasien, die auf Fremde projiziert werden, durch Sozialisation und eigene Erfahrung erworben oder durch Medien vermittelt, gehören zu den Ursachen für die Produktion von Feindbildern. Sie stecken somit auch in jedem Reisenden,

---

[1] Zur Ethnopsychoanalyse von Exotismus und Xenophobie. In: Mario Erdheim (Hg.), Die Psychoanalyse und das Unbewusste in der Kultur. Frankfurt 1988, 258–265.
[2] Fremde sind wir uns selbst. Frankfurt 1990.

werden aktiviert und artikuliert, v. a. dort, wo das eigene Symbol- und Bedeutungssystem versagt und vor lauter Fremdheit kein Sinn mehr entschlüsselt werden kann.

Wurzelt die *Xenophobie* in der kindlichen Entwicklung und Sozialisation, so ist der *Exotismus* eine Erscheinung der Adoleszenz. Die Jugend, die Zeit der forcierten Identitätsbildung, der Erkundungen und Experimente mit dem zeitlich begrenzten Ausbruch aus dem schützenden Kreis der Familie, wird zur Lebensphase der Weltentdeckung und Ich-Erfahrung. Der Reiz des Fremden wirkt faszinierend, anziehend und begehrenswert, der geografische und sinnliche Horizont öffnet sich, die Welt wird größer und die Selbsterfahrung lässt das Ich aufleben. Im Exotismus – im Sinne auch *jugendlicher Neugier* – steckt eine maßgebliche Triebfeder des Tourismus generell.

Die frühen Entdeckungsfahrten in den Süden oder Weltumseglungen waren von risikosuchenden Seefahrern, von Söldnern und Kaufleuten unter der Flagge ihrer Könige unternommen worden. Sie segelten wegen der hohen Gewinnerwartungen aus dem Handel mit Gewürzen und Seide und aus Gier nach Gold und Edelsteinen. Begleitende Wissenschaftler versuchten dem Bauplan der Welt und ihrer Biodiversität auf die Spur zu kommen. Die überlieferten Reiseschilderungen enthalten zahlreiche Verweise auf Zustände, die wir heute als elysische Gefilde und exotische Idylle interpretieren würden. Nach Monaten auf See waren die Europäer verzaubert von den freizügigen Lebensformen der Insulaner, von der Symphonie betörender Gerüche und von dem botanischen Überfluss der Tropen. Es schien ihnen, als hätten sie Paradiesluft geschnuppert. Dem Heißhunger nach Sex waren kaum Grenzen gesetzt und auch diese Information machte die Runde, animierte andere

Wagemute zu überseeischen Abenteuern und zu einem kühnen Leben.[3]

Wenn sich mitteleuropäische Touristen heute über die obere Adria hinauswagen und derlei Grenzüberschreitungen riskieren, so wollen etliche wohl auch in diesen ethnisch bunten Maskenball eintauchen und in ihren Augen Exotik flimmern sehen. Für empfindsame Naturen führen solche Reisen ins Ich und in die Nachdenklichkeit. Sie verändern Charakter und Denkweisen, denn – wie Lehrmeister Goethe in den Wahlverwandtschaften formulierte – „keiner wandelt ungestraft unter Palmen, und die Gesinnungen ändern sich gewiss in einem Lande, wo Elefanten und Tiger zu Hause sind".

Interrail, Jugendreisen oder Sprachurlaube im Ausland für die Heranwachsenden sind Angebote der Tourismusindustrie aber gleichzeitig Einübungen in eine Gesellschaft, die das Überschreiten der eigenen Grenzen und Fremdheitserfahrung – wenngleich industriell organisiert – zu einem konstitutiven und mit Wertschätzung verbundenen Bestandteil der kulturellen Ordnung gemacht hat. Ausbruch aus dem Alltag und familiärer Enge, *Weg von* dem Gewohnten und *Hin zu* dem Außergewöhnlichen, der erlebnishaften Steigerung und Überhöhung des Moments, sind die zwei beherrschende Grundmotive jeglichen touristischen Unterfangens.

---

[3] Die Geschichte der europäisch-überseeischen Begegnungen ist eine zutiefst widersprüchliche, wie Urs Bittlerli in seiner Publikation Die ‚Wilden' und die ‚Zivilisierten', München 1991, exemplarisch herausarbeitet. Die Kolonialreiche ebneten durch ihre Eroberungen und Jahrhunderte dauernde Herrschaft auch den Weg in den heutigen Nord-Süd-Konflikt. Pointiert wird dieser dargestellt von Jean Ziegler, Die neuen Herrscher der Welt und ihre globalen Widersacher, München 2003.

Professionelles Exotikmanagement – Wärme in der Ferne
Christoph Hennig schreibt in dem zitierten Buch über Reiselust und Urlaubskultur, dass es im touristischen Reisen selten darum geht, etwas vollständig Neues zu sehen. Vielmehr erhoffen wir uns, die Wahrheit der kollektiven Fantasien zu erleben. Der Tourismus entfaltet sich im Spannungsfeld von kulturell vermittelten Fantasien und realer Ortsveränderung. Sein Ziel besteht in einer scheinbar paradoxen Form des Erlebens: in der sinnlichen Erfahrung imaginärer Welten.

Es hängt von verschiedenen Faktoren ab, wie viel Fremdes sich Touristen zumuten oder tolerieren können. In der interkulturellen Kommunikationstheorie geht man davon aus, dass Angst und Unsicherheit die bestimmenden Faktoren für das Ausmaß des Erträglichen sind und sie führen auf die Psychogenese bzw. Soziogenese der Fremdheitsbeziehung zurück. Je weniger man von dem Fremden und Unbekannten weiß, desto größer wird die Furcht sein, umso zurückhaltender der Umgang und geringer der Aktionsraum. Je reiseerfahrener die Menschen sind, desto abenteuerlustiger und wagemutiger werden sie. Auch heute noch wagen sich nur einige Prozent der Deutschen oder Österreicher über die bekannten Ferienziele an den europäischen Küsten oder in den Alpen hinaus.

Die Geschichte des Sommertourismus zeichnet dies beispielhaft nach. Die ersten Fahrten der nach dem Zweiten Weltkrieg rasch automobil werdenden Bundesdeutschen führten vorzugsweise in Gegenden, wo sie schon vor dem Krieg ihre Urlaube verbracht hatten: an die heimischen Küsten, in die österreichischen und bayerischen Berge, an die Seen des Alpenvorlandes. „Nicht daheim und doch zu Hause" war ein Slogan der Österreichischen Fremdenverkehrswerbung in den 1970er Jahren, der erfolgreich mit dem Vertrauten im Fremden kokettierte. Im Laufe der Jahre dehnte sich der Aktionsradius über die Adria, die Küsten Spaniens und die griechischen Inseln hinaus, später kamen die Türkei und Tunesien hinzu. Dafür waren verkehrstechnische Gründe wie die Entwicklung und Verbilligung von Flugreisen verantwortlich, aber auch die rasant gestiegene individuelle Mobilität führte zur Überwindung von Begrenztheit. Professionelles Tourismusmarketing, niedrige Preise und günstige Wechselkurse, die Schlager und Filme, die Österreich und Italien als ideale Urlaubsdestinationen propagierten, trugen das ihre dazu bei, dass die Alpen und der touristisch überformte mediterrane Raum bald zu einem vertrauten Terrain wurden. Im Laufe der 1980er Jahre gerieten fernere Destinationen immer stärker ins Visier der Tourismusindustrie. Manche *Traumziele* in der Dritten Welt bekamen so viel Zuspruch, dass man von einer *weißen Industrie* zu sprechen begann. Der Wunschtraum von der großen Freiheit und die Beherrschung der touristischen Situation im bekannten Ausland förderten die Neugier der Reisenden nach neuen touristischen Herausforderungen.

Nicht nur die Reisebranche betreibt professionelles Management des Exotischen. Die Medien – von der Reiseliteratur bis zum Fernsehmagazin, vom Heimatfilm bis zum Diavortrag, Millionen von Websites und Postings, also die gesamte Kommunikations- und Kulturindustrie – sind lebhafte Akteure im Geschäft mit der Reisesehnsucht, weil der Urlaub bzw. die Nah- und Fernreise zu einem begehrten Produkt und Bestandteil des bürgerlichen Lebensstils geworden sind.

Reisejournalisten, jeder Blogger oder Influencer und jede, die auf ihrem Smartphone ein Foto zu versenden beherrscht, kann so zu einem leichtfüßigen Fluchthelfer in echte und falsche Paradiese werden. Die Fotos der Touristen modellieren den uralten Menschheitstraum von einem Sinnbild des Friedens und Überflusses, von Freundschaft und Glück. Sie konstruieren Mythen von der Kraft der Natur und von der Magie einer Begegnung mit dem einfachen griechischen Wein und dem dazugehörigen Bauern. In unzähligen Artikeln oder Fernsehbildern über die Malediven, Mauritius oder die Kanarischen Inseln tauchen die immer gleichen Sonnenuntergänge auf, sind blütenweiße Strände belebt von mandeläugigen Eingeborenenmädchen oder dunkelhäutigen Jünglingen, die sich wie Raubkatzen bewegen. Wie oft wurden schon die Ferienclubs unter dem Kreuz des Südens – wenngleich oft ummauerte Inseln des Überflusses in einer Landschaft der Armut – als Inbegriff des menschlichen Freiheitstraumes beschworen? Die Marketender der Erlebnisindustrie sind Konstrukteure eines geschönten Bildes vom Fremden, das auch in jedem gedruckten oder digitalen Reisekatalog zu finden ist und dort als Bestandteil des Produktes zum Kauf feilgeboten wird. Der Fremde – dort ein edler Wilder, hier bei uns tendenziell ein Abschiebeposten.[4]

Touristen begegnen in den seltensten Fällen einer fremden Kultur, sondern deren auf Stereotype reduzierte Mythen bzw. Inszenierungen mit Echtheitszertifikat. Aber solange die Aufführung nicht wie von der Stange wirkt, wird die inszenierte Echtheit angenommen, weil ohnedies längst alle Beteiligten wissen, dass das „Echte" und Unverfälschte eine Mystifikation ist und die Einheimischen wie auf einer Bühne agieren, wenn sie sich beobachtet fühlen. Touristen wie Einheimische spielen ihre Rollen und beide Seiten kennen die Spielregeln. Die touristische Inszenierung wird zum *real fake* – der Tourismus lebt von der Verzauberung, Verführung, Illusion, er gehört zur Unterhaltungsindustrie wie die Fernsehshows

---

[4] Ausführlich zur Rolle der Massenmedien Kurt Luger, Perfekte Völkermissverständigung, in: Zeitschrift für Entwicklungspolitik, Heft 3/1990, 5–23.

an Samstag Abenden, die wie ein Hüttenabend arrangiert sind, oder die Hollywoodfilme, in denen die Welt zumeist auch viel schöner ist als in Wirklichkeit. Der Reiz liegt in der Verdichtung der Vielfalt, der Choreographie von Höhepunkten, die sprachlos macht, einen staunen, wenngleich nicht notwendigerweise begreifen lässt, denn es liegen ganze Welten zwischen dem Rosenheimer Tischlermeister oder der Gmundner Keramikhändlerin auf TUI-Urlaub und dem tanzenden Massai Hirten oder der Bananenverkäuferin im Bergland Nepals. Es besteht genügend Differenz, um Verwunderung oder Begeisterung zu erregen, aber auch darin liegt Erlebnischarakter, selbst wenn es sich um flüchtige oder oberflächliche Eindrücke handeln mag. Touristen sind ja schließlich keine Ethnologen. Sie begnügen sich im Regelfall mit als „sehenswert" geadelten kulturellen Belanglosigkeiten. Artefakte lokaler Schaukultur wie das Defilee der Goldhaubenfrauen eines Alpendorfes oder der Watschentanz der *Holzhackerbuam* als Höhepunkt des Tiroler Heimatabends in den Salzburger Bergen erregen die Aufmerksamkeit der Besucher und ihre Kameras und Smartphones surren im Dauereinsatz.

Der Ethnologe hingegen will die fremde Kultur durchdringen, sie in ihrer inneren Logik begreifen, und dazu muss er ein fremdes Symbolsystem und dessen Codes zu deuten lernen. Um die Kultur eines Volkes zu verstehen, so der amerikanische Anthropologe Clifford Geertz, muss man seine Normalität enthüllen, ohne dass seine Besonderheit dabei zu kurz kommt. In den Kontext ihrer eigenen Alltäglichkeit gestellt, schwindet ihre Unverständlichkeit, wird sie erreichbar.[5] Für Touristen bleibt die

---

[5] Dichte Beschreibung. Beiträge zum Verstehen kultureller Systeme. Frankfurt 1991.

Kultur eines fremden Volkes im Prinzip unerreichbar. An diesem fremden Alltag, den Routinen, den mit Langeweile und Arbeit behafteten Vollzügen anderer Kulturen, haben allenfalls speziell interessierte Reisende sowie Hobby-Anthropologen Interesse.

Eine solche Begegnung lässt sich auch nicht als Pauschalreise organisieren, denn Kulturbegegnung braucht Zeit, viel Zeit, langsames aufeinander Zugehen, bis Ort, Landschaft und Gesehenes an Bedeutung verlieren und Menschen verschiedener Herkunft, Ethnizität, Religion und kultureller Ordnung in eine derart intensive Austauschbeziehung eintreten können. Einzelreisenden kann ein tiefes Eindringen eher gelingen, aber auch nur dann, wenn sie – wie Peter Matthiesen meint – auf das Fremde zugehen in gelassener Erwartung der Dinge, die da kommen werden, frei von Abwehrmechanismen, mit wenig Gepäck und ohne Festhalten und Zurückweisen.[6] Der Religionssoziologe Mircea Eliade vertraut seinem *Indischen Tagebuch* an, dass es geradezu unmöglich sei an einem Ort, an dem man selbst aus dem Rahmen fällt, etwas zu verstehen. Für ihn gibt es nur ein sicheres Mittel, einer Landschaft oder einem Erlebnis in Asien gerecht zu werden: nämlich nichts Bestimmtes zu suchen. „Wenn du Glück hast, wirst du völlig Unerwartetes treffen – wenn nicht, so versuche es woanders. Keinesfalls aber besteht die Aussicht, irgendetwas Außergewöhnliches zu erleben und ein echtes Verständnis der Phänomene zu gewinnen, wenn man davon ausgeht, man werde alles finden, was man sucht. Der Grund ist einfach: Der Mensch erfährt nichts selbständig, alles wird ihm offenbart."[7]

---

[6] Auf der Spur des Schneeleoparden, Bern-München-Wien 1978.
[7] Indisches Tagebuch. Reisenotizen 1928–1931. München 1996, 219.

Fluchthelfer in die Paradiese
Der ethnologische Forschungsbericht, der literarische und der journalistische Reisebericht haben ein Ziel gemeinsam, nämlich die Überschreitung der eigenen Kulturgrenzen. Aber sie erreichen es oder scheitern daran auf unterschiedliche Weise, weil ihr Handwerkszeug ein unterschiedliches ist. Die Aufgabe von Ethnologen ist die *dichte Beschreibung*, die interpretierende Durchdringung einer fremden Kultur. Dazu müssen sie denken und fühlen lernen, wie die von ihnen Beforschten, d. h. sie verlassen tendenziell die Position der Außenstehenden und werden zu Involvierten, gewissermaßen zu Kulturnomaden. Ihre biographische Befindlichkeit und ihre kulturelle Herkunft spielen dabei eine untergeordnete Rolle, wenngleich diese in ihre Beobachtungen und in den Text einfließen. Man nimmt seine Kultur mit, wohin man geht, hat Ernst Bloch diesen Umstand einmal beschrieben. In der Zeit des Kolonialismus oder des Deutschen Reiches haben die Ethnologen den ihnen national vorgeschriebenen Rassismus auch mitgenommen, ihn vor Ort bestätigen lassen und als wissenschaftliche Erkenntnis verbreitet.

Der literarische Reisebericht, der als Genre auf eine große Tradition verweisen kann, gibt dem *Ich* wesentlich mehr Spielraum.[8] Ob sich der Schriftsteller bzw. die Autorin auf eine überwiegend biographische Auffassung vom Dort-Sein festlegt oder auf eine abenteuerliche, eine beobachtende oder reflektierende, es wird damit ein bekenntnishaftes Verfahren bestimmt, das im Text zum Ausdruck gebracht wird. Das Grundmuster – „Ich war dort" – teilen sie mit den Ethnologen, aber im

---

[8] Eine gute Einführung in das Genre der Reiseliteratur liefert Peter Brenner, Der Reisebericht, Frankfurt 1989.

Unterschied zu diesen wird das *Ich* wichtiger: es wird zu einem Filter, das dem öffentlichen Räsonieren eine andere Richtung gibt. Selbst in der Reflexion drückt sich diese gewollte Subjektivität aus, denn das Publikum soll nachvollziehen können, was die reisenden Autoren empfunden haben, sollen an deren Interpretationen teilhaben können, ohne einen Kulturwechsel, eine Perspektivenänderung vornehmen zu müssen. Je nach interkultureller Empathie bzw. Perspektive erfährt man in diesen literarischen Erkundungen über die bereisten Länder mehr oder weniger, über den Autor oder die Schriftstellerin hingegen sehr viel.

Berühmte Beispiele für die *biographische Form,* in der die fremde Kultur als Faszinosum wie als zu entdeckende Bereicherung des eigenen Kosmos gesehen wird, sind etwa die *Italienische Reise* des Weimarer Geheimrats Johann Wolfgang von Goethe, die philosophische Meditation Pier Paolo Pasolinis über den *Atem Indiens* oder Herbert Tichys Lebensweisheiten *Was ich von Asien gelernt habe.* Für die *beobachtende Form* steht paradigmatisch der große Südamerikabericht des Alexander von Humboldt, der wie kaum ein anderer Autor auf empirische Tatsachen, Zahlen und Tabellen zur Beschreibung und Analyse seiner Beobachtungen zurückgreift. Keine Zahlen, aber Offenbarungen in Form von Begegnungen mit Menschen und ihren fremdartigen Lebensweisen, enthalten Cees Notebooms einfühlsame Reiseerzählungen. Als Beispiele höchst anspruchsvoller *Abenteuerliteratur* können die umfassenden Tibet-Berichte von Sven Hedin oder von Alexandra David-Neel gelten. Wie die Erkundungen der Weltreisenden Kaufmannstochter Ida Pfeiffer oder des Weltenbummlers Richard Burton, führten deren Reisen vor mehr als einhundert Jahren in damals noch kaum bekannte Weltregionen. Für die *reflektierende Tradition* sind die *Denkbilder* des Flaneurs Walter Benjamin charakteristisch, weil darin die Betrachtung des Stadtbildes mit der Reflexion der ihm zugrundeliegenden kollektiven Struktur verbunden wird. Ähnliches gilt für Simone de Beauvoirs Reisetagebuch, das sie von ihrer ausgedehnten Amerika-Reise 1947 publizierte.

Heinrich Heine, dem „letzten Dichter der deutschen Romantik", verdanken wir das Genre des *Reisebilds*. In der 1826 veröffentlichten *Harzreise* vollzieht er einen Paradigmenwechsel auf dem Feld der Reiseliteratur, in dem er den politischen Stillstand der Restaurationszeit, die weltanschauliche Stubenhockerei einer ganzen Epoche kontrastiv ins Bild setzte. Mit der Kritik an den anderswo herrschenden Zuständen war die Situation in eigenen Landen gemeint, ein der Zensur geschuldeter Etikettenschwindel. In seinen Reisebildern kommt die ruhelose Suche nach dem eigenen Ort in der Geschichte und die eigene Unrast zum Ausdruck und sie markieren den Beginn des literarischen Reisejournalismus.[9]

Journalistische Reiseberichte und die Reiseführer-Literatur gehen auf die Tradition der *descriptiones* und der *itinerare* zurück. Sie sind im Grunde Anleitungen zum richtigen Reisen, haben also primär eine Dienstleistungsfunktion. Derartige Reiseführer deckten seinerzeit den Bedarf an schriftlichem Material zu den verschiedenen Reiserouten der Kreuzfahrer, der Jerusalem-Pilger und später der jungen Adeligen und Scholaren auf ihrer *Grand Tour* ab, wiesen also bereits eine ausgesprochen publikumsbezogene Orientierung auf. Hans Tuchers Reisebuch über Palästina, das 1482 erschien,

---

[9] Ausführlich dazu Daniel Cuonz, Heines Unrast, Poetologie einer Selbstverortung, in: Zeitschrift für Literaturwissenschaft, Ästhetik und Kulturwissenschaften, Heft 2/2018, 165–184.

begründete die Tradition der gedruckten Reisebücher. Diese breitete sich im 16. und 17. Jahrhundert im Zuge der *Methodisierung des Reisens*[10] über ganz Europa aus und wurde im aufkommenden Eisenbahn- und Tourismuszeitalter in den 1830er Jahren von John Murray (Handbooks for Travellers) und von Karl Baedecker (Reiseführer für Reiseziele im In- und Ausland) aufgegriffen. Aufgabe dieser Reiseführer war es nicht, wie in den Berichten der Entdeckungsreisenden, eine neue Weltsicht zu bieten, auch nicht die Neubestimmung des eigenkulturellen Selbstverständnisses oder eine neue Auffassung des Fremden zu vermitteln. Neben den Informationen zur Erleichterung des Reisens etablierten die *Baedecker* – der Name wurde im deutschen Sprachraum bald als Synonym für Reiseführer verwendet – den *touristischen Blick*. Sie legten fest, was als sehenswert galt und kanalisierten damit die Neugier. So wurde das Kuriose kanonisiert und der sich eben auf die ganze Welt erweiternde Blick auf das Spektakuläre und als das Besondere beschriebene wieder verengt.[11]

Die Reise- und Wahrnehmungsform des Tourismus, die auf eine rund zweihundertjährige Entwicklungsgeschichte verweisen kann, bildet somit genau das Gegenteil von dem, was zeitgenössische Ethnologen wollen: fremde Kulturen werden als *Gegenwelt exotisiert,* damit sie als Reiseziel, als *Reiz der Fremde,* als ästhetische Faszination durch die Tourismusindustrie verwertbar werden. Fremde Kulturen in ihrer Normalität zu schildern und damit ver-

---

[10] Eine umfassende Darstellung des Reisens in dieser Epoche bietet Justin Stagl, Eine Geschichte der Neugier, Die Kunst des Reisens 1550–1800, Wien-Köln-Weimar 2002.
[11] Zur Diskussion was in der angloamerikanischen Literatur als „tourist gaze" bezeichnet wird siehe John Urry, The Tourist Gaze, London 1990 und Dean MacCannell, Empty Meeting Grounds, The Tourist Papers, London 1992.

stehbar zu machen, widerspräche zweifach der marktwirtschaftlichen Logik des Kapitalismus: erstens der Tourismusindustrie, die den Ferntourismus-Markt neu zu konzipieren hätte und zweitens der Kultur- und Medienindustrie, die von der Vermarktung des Sensationellen und Außergewöhnlichen lebt.

Vor dem Zeitalter der Filmkameras und Smartphones, der Auslandskorrespondenten und des Ferntourismus, war die fotografisch illustrierte Reisebeschreibung das wichtigste Medium der europäischen Kenntnis über andere Zivilisationen.[12] Sie lieferte das Rohmaterial an Daten, Bildern und Charakteren, das von den Daheimgebliebenen weiterverarbeitet wurde – von den überwiegend männlichen Forschern, Philosophen, Poeten und Autoren der Kolportageromane sowie von den Journalisten in den Illustrierten und Magazinen. Sie prägten die Images anderer Länder und Kulturen dauerhaft.

Typisch dafür sind die Bilder von den *Wilden* – wer kennt nicht Winnetou? – die der 1842 geborene Karl May, einer der erfolgreichsten Autoren deutscher Zunge des 20. Jahrhunderts, entworfen hatte und die bis heute in den Fantasien der Heranwachsenden zirkulieren. Seine deutschsprachige Gesamtauflage lag 1913, ein Jahr nach seinem Tode, bei 1,3 Mio. Büchern, 1970 hatte sie bereits 50 Mio. erreicht, die Taschenbuchausgaben nicht mitgerechnet. Nicht die damaligen deutschen Kolonien, sondern die Savannen und Prärien Nordamerikas bildeten den Schauplatz seiner Schilderungen, Gebiete, die er zu diesem Zeitpunkt – wir schreiben die Jahre 1860 bis 1880 – noch nie betreten hatte. Aber Tausende verarmte

---

[12] Exemplarisch Kurt Kaindl, Harald P. Lechenperg. Pionier des Fotojournalismus 1929–1937, Salzburg 1990.

Bauern, Arbeiter und Weber Schlesiens und Sachsens, Menschen aus seiner Heimat, wanderten in dieser Zeit nach Nordamerika aus, um dort ihr Glück zu suchen. Die Romane Karl Mays sind Märchen, Erzählungen über ein *gelobtes Land,* in denen alle Figuren frei erfunden sind.[13]

Ganz anders und doch auch zur Gattung der *Sehnsuchtsliteratur* gehörend sind die Himalaya-Heldenepen eines Reinhold Messner.[14] Obwohl das Ego und die Sinnsuche des wohl berühmtesten Bergsteigers unserer Zeit immer im Zentrum stehen, kommen die Bergbewohner darin nicht nur als Träger von Expeditionsausrüstung vor. Nach der Besteigung aller Achttausender gründete er in Südtirol die *Messner Mountain Museen* und im Pustertaler Bruneck ist eines gänzlich den Bergvölkern dieser Welt gewidmet. Während Messner über alle Gipfel und buchstäblich *Bis ans Ende der Welt* ging, um zu seinen Einsichten zu kommen, die er in einer Millionenauflage publiziert, war Karl May ein Gedankenreisender. Sein Aktionsradius beschränkte sich auf einen kleinen Teil Deutschlands und für einige Jahre sogar auf eine Zelle von sechs Quadratmetern.

Die Medien und die zuliefernden Agenturen für Öffentlichkeitsarbeit und Marketing sind unerlässliche Kolporteure des Schönen und Erlebenswerten in diesem Geschäft mit der Sehnsucht. Sie erzählen von Refugien in den Alpen mit Wellness-Buddhismus als *signature treatment* ebenso wie von ultimativen kulinarischen Höhepunkten mit Fado-Begleitung im *Bairro Alto* Lissabons oder von pittoresken Flohmärkten in den *backstreets of London*. Dem Außergewöhnlichen verpflichtet

---

[13] Helmut Schmiedt, Karl May, Leben, Werk und Wirkung. Frankfurt 1992.
[14] Wissenschaftlich aufgearbeitet hat dieses Genre Dominik Siegrist, Sehnsucht Himalaya, Alltagsgeografie und Naturdiskurs in deutschsprachigen Bergsteigerreiseberichten, Zürich 1996.

wird in Liedern, in Filmen, in Magazinen und in Interviews die Faszination von New York als die Stadt der Städte beschworen. Natürlich bleibt da kein Platz mehr um auf den täglich erfahrbaren Alptraum der Stadtneurotiker, die Drogenszene oder die Gewalt der Hinterhöfe hinzuweisen. Die Wirklichkeit macht Urlaub. In kaum einer Artikelserie über Inselträume oder *Secret Escapes*-Destinationen stinkt der dortige Touristenmüll zum Himmel, werden die tatsächlichen Lebensbedingungen der Inselbewohner angesprochen oder der ungleiche Nutzen diskutiert, den der Tourismus stiftet. Auch das touristische Handeln wird kaum reflektiert. Wenn Sie lieber Sonnenöl statt Heizöl kaufen wollen, fliegen Sie mit uns nach *Egalwohin,* die Wärme gibt's in der Ferne! Raus aus dem Alltag, rein in den Flieger, das Glück ist buchbar – so lautet die Botschaft, die in den millionenhaft verkauften Traveller-Magazinen und auf den bunten Tourismusseiten der Zeitungsbeilagen als Weisung ausgegeben wird.

„Der Tourismus ist nichts anderes als der Versuch, den in die Ferne projizierten Wunschtraum der Romantik leibhaftig zu verwirklichen", schrieb der fernsichtige Hans Magnus Enzensberger bereits 1958 in seiner Kritik am Tourismus. „Je mehr sich die bürgerliche Gesellschaft schloss, durch ihre Werte, Normen, restriktiver, repressiver wurde, desto angestrengter versuchte der Bürger, ihr als Tourist zu entkommen."[15] Daran hat sich bis heute wenig geändert, nur die Fluchtbewegung ist im Zuge der vollständigen Etablierung des industriewirtschaftlichen Gesellschaftssystems zur Konvention gereift, Bestandteil des westlichen Lebensstils geworden und umfasst

---

[15] Eine Theorie des Tourismus. in: Hans Magnus Enzensberger, Einzelheiten I, Bewußtseins-Industrie, Frankfurt 1967, 4. Auflage, 179–205, 190–191.

mittlerweile rund 15 % des Weltbruttosozialprodukts. Etwa ein Sechstel der Weltbevölkerung geht auf Reisen, zwei Drittel der Bevölkerung in den westlichen Industriestaaten fahren regelmäßig auf Urlaub. Aus der Befreiung von den Zwängen der industrialisierten Welt entstand eine eigene *Kulturindustrie,* die Flucht aus der das gesamte Leben durchdringenden Warenwelt ist ihrerseits zur Ware geworden, zu einem hoch diversifizierten Freizeit-, Erholungs- und Reisemarkt. Dies ist nicht verwunderlich, sondern entspricht vollkommen der Logik einer kapitalistischen Gesellschaftsordnung, die eben alles vermarktet, auch die Sehnsüchte, die sie durch ihre eigenen Widersprüche produziert.

Zwischen der globalen Medienindustrie und dem Tourismus bestehen daher auffällige Ähnlichkeiten. Beide kanalisieren Fluchtbewegungen aus dem defizitär empfundenen Alltag, beide agieren als *ambulante Therapieräume,* die man kurzzeitig aufsucht. Beide liefern *Traumweltangebote* und in trivialen Fernsehserien wie *Das Traumschiff, Der Bergdoktor* oder in *Donna Leons Venedig-Krimis* findet eine Fusion statt, die den aggregierten Sehnsuchtsvorrat anspricht. Der Tourismus gilt als wichtige Krücke, mit der Menschen versuchen aus ihrer Identitätskrise, die breite Gesellschaftsschichten befallen hat, auszubrechen, Er ist ein Hilfsmittel wie die Ideologisierung jener *geborgten Identität,* die die Zugehörigkeit zu nur einer Gemeinschaft, einer Gruppe, einer Nation betont, was gleichzeitig eine Zurückdrängung oder den Ausschluss der anderen bedeutet.[16] Xenophobie und Exotismus sind beides Vermeidungsstrategien. Etwas holzschnittartig formuliert könnte man sagen, dass die Xenophobie

---

[16] Siehe dazu Kenneth Gergen, The Saturated Self, Dilemmas of Identity in Contemporary Life, News York 1991.

einer Haltung entspricht, bei der man das Fremde meidet, um das Eigene nicht in Frage stellen zu müssen. Beim Exotismus zieht man in die Fremde, um zu Hause nichts ändern zu müssen.

In der völlig unüberschaubaren Fülle von Reisebildern und Tourismusliteratur gibt es daher nur die heile Welt, obwohl mittlerweile alle wissen, dass der Tourismus nicht nur Vergnügen und Erholung erzeugt, sondern ihm auch eine kultur- und landschaftszerstörerische Kraft innewohnt. Touristen zerstören vielfach das, was sie suchen, indem sie es finden – alle zusammen in großer Masse und noch dazu gleichzeitig! Andererseits schlägt sich seine enorme ökonomische Bedeutung in tausenden Arbeitsplätzen nieder, als globales Dienstleistungsgewerbe schafft er Einkommen, Wertschöpfung und Wohlstand in vielen Regionen dieser Welt. Der Tourismus verändert auch das Zusammenleben der Bereisten und gilt als Motor sozialen wie kulturellen Wandels.

Die Bilderwelt der linearen Medien sowie der digitalen, konsumiert auf dem *second screen* der Smartphones, spielt eine ganz wesentliche Rolle in der Produktion von Erwartungshaltungen, Leitbildern, Stereotypen und Klischees. Wie die österreichischen und deutschen Heimatfilme der Nachkriegszeit liefern Kataloge, Reiseseiten und Sehnsuchtsliteratur vorwiegend behübschte Realitäten und immer wieder auch zurechtgelogene Bilder. Würden die Urlaubsziele unter dem Kreuz des Südens oder in den Alpen nicht nur als von Katalog-Indios bzw. von Lederhosen tragenden Reservats-Österreichern und Alphorn-Schweizern besiedelte Disneylands angepriesen, entstünden vielleicht nicht jene falschen Erwartungen, bei deren Einlösung sich Touristen wie *abgekühlte Soldaten* verhalten – so hat Jean Paul Sartre die Invasion der touristischen Massen einmal genannt. Insbesondere der Ferntourismus in die Länder des globalen Südens trägt nicht selten Züge einer neokolonialistischen Veranstaltung ohne Rücksichtnahme auf Menschen, Kulturen und Ökologie in den bereisten Entwicklungsländern.[17] Aber auch in den völlig überlaufenen Zentren des europäischen Massentourismus lässt sich die destruktive Kraft des Tourismus studieren. Amsterdam, Barcelona, Venedig, Dubrovnik, Florenz und etliche andere Kultstätten europäischer Zivilisation können ein Lied davon singen.

Was der Anthropologe Lévi-Strauss in seinem 1955 als Reisebuch publizierten Forschungsbericht *Traurige Tropen* über die Lust an Reisen und Reiseberichten angesichts der fortschreitend irreversiblen Naturzerstörung festhielt, gilt heute im Zeitalter der atomaren Bedrohung, der Zerstörung alter Kulturen und der möglichen Klimakatastrophen noch viel mehr.

„So verstehe ich die Leidenschaft für Reiseberichte, ihre Verrücktheit und ihren Betrug. Sie geben uns die Illusion von etwas, das nicht mehr existiert und doch existieren müsste, damit wir der erdrückenden Gewissheit entrinnen, dass zwanzigtausend Jahre Geschichte verspielt sind."[18]

Abenteuer light

Abenteuerurlaub, Abenteuerspielplatz, Abenteuerpark, Abenteuerclub, Abenteuerzeitschrift, Abenteuer Nassrasur. Wo normierte Routine den Alltag bestimmt, wird selbst der Umgang mit Rasierschaum und Klinge zum Abenteuer. *Erlebnismarketing* heißt die mediale Zauberformel, aus der einfache Fußwanderungen zum leicht abenteuerlich und verwegen klingenden *Trekking* werden.

---

[17] Eine ausführliche Diskussion über diesen Zusammenhand siehe Herbert Baumhackl, Gariele Habinger, Franz Kolland und Kurt Luger (Hg.), Tourismus in der „Dritten Welt", Zur Diskussion einer Entwicklungsperspektive, Wien 2006.
[18] Traurige Tropen, Frankfurt 1978, 31.

Alle genannten Begriffe haben eine gemeinsame Wurzel, über die sie als außergewöhnliches Erlebnis definiert werden. Aufbrechen, unterwegs sein, Neues erfahren, die Suche nach Risiko und Gefahr, Unerwartetem und Unberechenbarem, verbunden mit geographischer Veränderung – also ein Wagnis mit ungewissem Ausgang. Georg Simmel erkannte schon 1911, dass alle Merkmale des bürgerlichen Abenteuers in ein System eingebunden sind, die der Alltag vorgibt und das Abenteuer zu einem wichtigen Bestandteil unseres Lebens machen. Obwohl als Fremdkörper in unserer Existenz sind beide unausweichlich miteinander verbunden.[19]

Die Sehnsucht nach Abenteuer impliziert immer den Schritt aus einer kulturellen Ordnung heraus, revoltiert gegen Einschränkung und stellt somit eine zeitlich beschränkte Grenzüberschreitung dar. Dies trifft besonders auf das sexuelle Abenteuer zu, weil erotische Ausbrüche mit Tabus und der bürgerlichen Sexualordnung brechen, Grundwerte in Frage stellen. Mit leuchtenden Augen berichteten die ersten Südsee-Entdecker von den unbekümmerten Lebens- und Liebesformen der Insulaner und mit Neid blickte man lange Zeit nach Frankreich, dessen Kultur angeblich eine größere Freizügigkeit einräumt: Ein Franzose – ein Grandseigneur, zwei Franzosen – ein Liebespaar, drei Franzosen – ein ideales Ehepaar. Es derart *auf Französisch* zu treiben verstößt zwar gegen die herrschende Moral, gehört aber zum Vorrat der sittenwidrigen Wunschträume und Fantasiewelten ganzer Generationen. Paris gilt bis heute als die ultimative Welthauptstadt der Liebe.

---

[19] Das Abenteuer, in: Georg Simmel, Philosophische Kultur. Gesammelte Essais, Berlin 1983, 13–26.

Waren die ersten Abenteuerreisenden entweder junge Adelige oder Wissenschaftler, so stellen heute ledige bzw. kinderlose Großstädter, überwiegend Männer in akademischen Berufen, somit *Kopfarbeiter,* das Gros der Abenteuertouristen und Fernreisenden. Der typische Globetrotter ist im besten Mannesalter und kann aufgrund seines gesicherten Einkommens sein Verlangen nach exotischen Ferien befriedigen. Flüchteten sich in der Abkehr von der Zwangs- und Überflussgesellschaft die Bürgerkinder der *68er Generation* in die exotische Ferne eines indischen Ashrams, um dort das einfache Leben zu leben, so wurde spätestens in den 1990er Jahren der typische Abenteuertourist modern. Das Abenteuer in Form des *Erlebnisurlaubs,* als Expedition, Entdeckungsreise bzw. als *Adrenalin-Tourismus* in Katalogen beworben, wurde zum Unterscheidungsmerkmal, zur Abgrenzung von der Masse und als Kennzeichen von Individualität gesellschaftsfähig gemacht, d. h. in die bürgerliche Distinktions- und Weltordnung integriert. Modebewusste Erlebnismenschen dominieren seither das Profil der Abenteuerreisenden. Die kommerzielle Verbreitung der Erlebnisreisen führt dazu, dass sich immer mehr Menschen in exotische Länder wagen, weil der Abenteuer-Urlaub – wie paradox – immer sicherer wurde. Mit der Ausbreitung des Internets konnte im Laufe der Jahre dann auch in den entlegensten Regionen die Verbindung zum Heimathafen aufrechterhalten werden. Tourismusrouten dienen heute als Investment-Wegweiser für Telekommunikationsunternehmen und Internet Provider. Der WiFi-Standard ist in vielen unterentwickelten, aber vom Tourismus erschlossenen Gebieten auf dem neuesten technischen Stand, nur die Sanitäreinrichtungen halten auf dem Niveau des Mittelalters und verweisen damit auf einen hinteren Platz des Landes im Ranking des Human Development Index.

Im Zeitalter der entfesselten Motorisierung erfolgt die Erfahrung des Fremden sehr viel häufiger als Passage, auf der Durchfahrt von Ausgangspunkt zu Endpunkt mit einer flüchtigen Wahrnehmung der Landschaft. Der *Panoramablick* nimmt nur Konturen wahr, die Komplexität eines Kulturraumes wird allenfalls auf einige markante Sehenswürdigkeiten reduziert. Aber auch sie können faszinieren, Atmosphäre und damit Gefühlsraum vermitteln. Eine ebenfalls beliebte Form der Fremderfahrung bietet die Reise mit dem Wohnmobil. Im Zentrum des Geschehens steht das Unterwegs sein, aber in gewohnter Umgebung, mit *Schöfferhofer Weizen* und *TV Spielfilm*, d. h. man reist im eigenen Wohnzimmer. Wie asiatische Touristen in Europa praktisch nur in Bataillonstärke auftreten und das Fremde mit Abstand, aus der gesicherten Distanz, die eine Gruppe aufbaut, konsumieren, so kann man eigentlich jede Gruppenreise unter dem Aspekt der Risikominimierung betrachten. Studienreisen in die Wüste per Jeep im Konvoi, die Durchquerung der Alpen in der Seilschaft, die Städtefahrten des Seniorenheimes im klimatisierten Reisebus – in allen Fällen bietet die Gruppe das Sicherheitsgefühl, das die Auseinandersetzung mit dem Unbekannten, Fremden, Unwägbaren zu einem Distanz-Erlebnis werden lässt.

Der Fremde als Konstrukt

V: Fremd ist der Fremde nur in der Fremde.
K: Das ist nicht unrichtig. Und warum fühlt sich ein Fremder nur in der Fremde fremd?
V: Weil jeder Fremde, der sich fremd fühlt, ein Fremder ist und zwar solange, bis er sich nicht mehr fremd fühlt, dann ist er kein Fremder mehr.

2 Nähe und Ferne, dazwischen Sehnsucht

K: Und was sind Einheimische?
V: Der Einheimische kennt zwar den Fremden nicht, kennt aber am ersten Blick, dass es sich um einen Fremden handelt.
 Karl Valentin, Monologe und Dialoge mit Liesl Karlstadt

Das Fremde ist ein Konstrukt, das nur im Verhältnis zum Eigenen existiert. Die als fremd erscheinenden Eigenschaften „des Fremden" werden in dessen eigenem Umfeld als normal empfunden, außerhalb seines Kontextes aber als fremd. Fremdheit ist also keine Eigenschaft von Menschen oder Dingen, sondern eine Zuschreibung, die Distanz und Differenz innerhalb sozialer Beziehungen definiert. Es wird nicht nur das Fremde markiert, sondern auch das Eigene. Wenn das Ausmaß an Fremdheit von Menschen, Kulturen, Landschaften für den Tourismus eine Bedeutung hat, etwa weil die Freude an Unterschieden, die Neugier als emissionsfreie Antriebskraft und der Kontakt mit anderen Ethnien und Kulturen ein wichtiges Motiv für Reisen bildet, so stellt sich die Frage, worin die Anziehungskraft des Fremden tatsächlich liegt und wie Anziehendes konsumiert bzw. Abstoßendes aussortiert wird.

Im Wesentlichen sind es – folgt man Ortfried Schäffter[20] – vier Ordnungsschemata, *Modi des Fremderlebens,* die das Spektrum von Erfahrungsmöglichkeiten zwischen Faszination und Bedrohung abdecken. Im ersten Schema interpretieren wir *Fremdheit als Resonanzboden des Eigenen* und gehen von einem fundamentalen Gleichklang von Unterschiedlichem aus. Im weinseligen Wienerlied „Menschen, Menschen, san ma alle" kommt diese grund-

---

[20] Modi des Fremderlebens. Deutungsmuster im Umgang mit Fremdheit. In: Ortfried Schäffter (Hg.), Das Fremde – Erfahrungsmöglichkeiten zwischen Faszination und Bedrohung. Opladen 1998, 11–44.

legende Verschmelzung typisch zum Ausdruck. Derartige Verbrüderungen über Grenzen von Kultur, Klasse und Geschlecht hinweg werden gelegentlich als völkerverbindende Komponente des Tourismus interpretiert, der im Wesentlichen aus einem Angebot von Staunenswertem, Momenten des Genusses und interkulturell folgenlosen Erlebnissen besteht.

Das zweite Schema versteht die *Fremdheit als Gegenbild,* als Negation von Eigenheit, das auf die Ausgrenzung des Andersartigen hinausläuft. Das Fremde wird zum „natürlichen Feind". Die Aufmerksamkeit richtet sich nicht auf das Gemeinsame, sondern auf das Gegensätzliche, auf die Grenzlinien. Diese Sichtweise dominiert im Flüchtlingsdiskurs, denn Touristen kommen und gehen, Flüchtlinge und Asylsuchende jedoch kommen und wollen bleiben. Wenn Menschen fremder Kulturen zuwandern und sich die Majoritätsbevölkerung abgrenzen und distanzieren will, sind Zugehörigkeitskonflikte an der Tagesordnung.

Das dritte Schema interpretiert *Fremdheit als Chance zur Ich-Ergänzung und Vervollständigung,* das Fremde wird als strukturelle Ergänzung vereinnahmt – afrikanisch tanzen, arabisch kochen, Ayurveda und Feng Shui, Mangas und Bossa Nova etc. werden in den eigenen Lebensstil integriert. Das Fremde wird als Lernfeld gesehen, Neugierde und Risikobereitschaft sind Voraussetzung. Man besucht jene Regionen und Kulturen, von denen man sich eine Komplettierung der eigenen Persönlichkeit verspricht. Wie der ultimative Zweck jeglicher Reisetätigkeit letztlich in der gesunden Rückkehr besteht, so wird in diesem Fall eine Anregung, eine veränderte Einstellung, vielleicht sogar ein „anderer" Mensch, als Trophäe nach Hause mitgebracht.

Albert Camus ist die Einsicht zu verdanken, dass wir auf Reisen stärker angreifbar sind als in unserer gewohnten Umgebung. Was den Wert des Reisens ausmache, sei die

Angst, denn gerade die Fahrt ins Ungewisse hätte weniger mit Vergnügen zu tun als vielmehr mit einer Form von Askese. Fern von unserer Heimat und unserer Sprache überfällt uns eine unbestimmte Angst, und wir empfinden das Verlangen, in den Schutz unserer alten Gewohnheiten zurückzukehren. „In diesem Moment fiebern wir und sind zugleich durchlässig" – im Reisen sieht er gleichsam eine höhere und ernstere Wissenschaft, die uns zum Selbst zurückführt.[21]

In den ersten drei Varianten des Fremderlebens wird bei aller Unterschiedlichkeit das Fremde als letztlich doch etwas „Eigenes" in die Identität eingebunden bzw. vereinnahmt, wobei im zweiten Schema eben die Abgrenzung identitätsstiftend wirkt. Das vierte Schema, das *Fremdheit als Komplementarität* auffasst, geht von einer prinzipiellen Andersartigkeit und Nicht-Aneignungsfähigkeit aus, aber durch die Vielfalt wird die Welt eine runde: Wie Welle und Teilchen erst zusammen das Licht ausmachen, sind Eigenes und Fremdes unverzichtbare und einander bedingende Bestandteile gesellschaftlicher Existenz und Wirklichkeit.[22]

Tourismus und Kulturindustrie sind heute globale Erscheinungen, die die Separiertheit und Besonderheit von Kulturen weitgehend aufheben. In der Kulturtheorie ist von Weltbürgern ohne eigenes Territorium die Rede, von durch und durch hybriden, transkulturellen Persönlichkeiten. Obwohl Elemente jeder Kultur tendenziell für alle anderen Kulturen Einflussgrößen bilden, so zeigt sich

---

[21] Tagebücher 1935–1951, Reinbek 1972.

[22] Zur theoretischen Vertiefung siehe Erich Hamberger, Kommunikation und Komplementarität – Fragmente einer transdisziplinären und transkulturellen Kommunikationstheorie, sowie Thomas Herdin/Kurt Luger, Kultur als Medium der Kommunikation, beide in: Erich Hamberger/Kurt Luger (Hg.), Transdisziplinäre Kommunikation, Wien 2008.

in der Praxis doch, dass kulturelle Unterschiede oft schwer zu verkraften sind. *Perfekte Völkermissverständigung* und interkulturelle Konflikte sind daher häufiger das Ergebnis als geglückte Kommunikation. In der Begegnung mit Menschen aus einer anderen Kultur kann bei Touristen ein starkes Gefühl der Hilflosigkeit, der Angst und Aggression hervorgerufen werden. In der Mehrzahl der Fälle wird ohnedies der nähere Kontakt vermieden bzw. auf das Notwendigste reduziert, andererseits verführt die Urlaubssituation zu Leichtsinn und Neugier, steigt die Bereitschaft zum Spiel mit der Angstlust.

Kulturelle Konfusion oder gar *Kulturschock*[23] entstehen dann, wenn die eigenen Vorstellungen über die angemessene Deutung der Welt nicht mehr stimmen, kulturelle Andersartigkeit nicht mehr in das eigene Erfahrungssystem sinnhaft integriert werden können. Speisen, Ungeziefer, Geräusche, Gerüche, andere Hygienestandards, Traditionen, Gesten, Sprache, das ungewohnte andere Verständnis von Nähe und Distanz – all das kann Stress und Angst erzeugen, seelisches Ungleichgewicht hervorrufen und in Orientierungslosigkeit münden. Derart geschockt sehnen sich die einen nach Hause zurück, gehen nicht mehr aus dem Hotel, scheuen jeg-

---

[23] Kulturschock ist ein zentrales Thema interkultureller Kommunikation und durch Kurvenmodelle auch reichhaltig illustriert. Man bezeichnet damit den Sturz von der Euphorie in ein Gefühl, dass man fehl am Platze ist, sich aber langsam in die fremde Umgebung einfügt und Verständnis wie Kompetenz entwickelt. Für Expatriates ist das ein zentrales Problem, im Tourismus spricht man eher von Konfusion. Ein guter wissenschaftlicher Beitrag dazu ist von Petri Hottola, Culture Confusion: Intercultural Adaptation in Tourism, erschienen in den Annals of Tourism Research, Heft 2/2004, online: https://doi.org/10.1016/j.annals.2004.01.003. Der Buchmarkt reagiert auf derartige Irritationen mit einer Fülle von Reise Know-how Literatur. Eine grundlegende Auseinandersetzung erfolgt bei Thomas Herdin/Kurt Luger, Wir und die Anderen. Interkulturelles Begegnungsfeld Tourismus. in: Roman Egger/Thomas Herdin (Hg.), Tourismus im Spannungsfeld von Polaritäten, Wien 2010, 337–357.

lichen Fremdkontakt, ertränken die Angst im Alkohol, die anderen geraten wegen jeder Kleinigkeit in Wut, beobachten genau jegliche Körperreaktion, sind fixiert auf ihre Peristaltik, fühlen sich hilflos, waschen sich ständig die Hände und verweigern die Nahrungsaufnahme. Ein Versuch des Stressabbaus endet in der Flucht, im Kampf, in der Abscheu und Ablehnung. Allfällige Vorurteile mutieren so leicht zu Feindbildern, werden zu xenophoben Einstellungen und führen zu rassistischen Äußerungen. Die enttäuschte Illusion bewirkt die Rückstufung der Einheimischen zu Unterentwickelten, sie werden zu Bewohnern von *Schurkenstaaten* degradiert.

Der optimistische Charakter hingegen versucht es mit Humor und Toleranz um zur inneren Akzeptanz der Umstände zu kommen. Man findet letztlich einige Vorzüge der lokalen Kultur und versucht sich auf die Gegebenheiten einzulassen. Auf diese Weise hievt man sich nicht nur aus der Depression, sondern wird letztlich auch erfolgreich interkulturelle Kontakte schließen. In der Maximalvariante verliebt sich der Ausländer in die fremde Kultur, wobei zwischenmenschliche Kontakte diese Zuneigung massiv beschleunigen können, kleidet und verhält sich wie Einheimische, nimmt den Lebensstil der fremden Kultur an und wird für kurze Zeit quasi selbst zum *Eingeborenen.*

Lässt man sich auf das Fremde derart intensiv ein, besteht die Vollkommenheit des Abenteuers eben *nicht* darin, dass es in dem Zeitraum einer Nacht begonnen und beendet wird, wie Italo Calvino in der Erzählung *Reise eines Angestellten* behauptet. Es ist wohl die Imagination des *Edlen Wilden,* die solide Projektion des Traums vom einfachen Leben, die Antithese zum europäischen Zivilisationswahnsinn und seinen Zwängen, die Elemente bzw. Modelle anderen Lebens für Touristen – zumindest für die Dauer eines Urlaubsaufenthalts – attraktiv erscheinen lassen. Der zwanglos anmutende Arbeitsalltag, die Anspruchslosigkeit, *arm aber glücklich,* die scheinbar unbesorgte Daseinsfreude, die soziale Gleichheit ohne Besitzstreben oder der von der Natur bestimmte Lebensrhythmus stellen sich polemisch der neuzeitlichen Kultur entgegen.

Insbesondere der entspannte Umgang mit der Zeit, die deutlich geringere Geschwindigkeit des Alltagslebens, fasziniert die in engen Zeitkorsetten steckenden Europäer. In diesem Bild von der heilen Welt auf dem wolkenlosen Alti Plano Südamerikas oder der lauen afrikanischen Sommernacht, am Palmenstrand oder im Luxuszeltresort in der Serengeti, fehlt konsequent jeglicher Realitätsbezug. Touristen sind geradezu blind für das Politisch-Hässliche oder die Härten der Lebensvollzüge in alpinen Regionen und in tropischen Breiten. Von Hunger, Armut und ähnlichen Unzumutbarkeiten wollen die Wenigsten etwas hören oder sehen. Ihre Fantasien und Kopfgeburten bauen auf jenen Bildern auf, die von den Hochglanzprodukten der Tourismus- wie der Unterhaltungsindustrie in Umlauf gebracht worden sind. Aus diesem Schema brechen nur gut vorbereitete und reiseerfahrene Touristen aus, die politisch, ökologisch und kulturell sensibilisiert ihre Umwelt kritisch betrachten und erhebliche Defizite bzw. Abweichungen vom Gebrauchswertversprechen feststellen.

Das Fremde hat es so an sich, dass es fremder aussieht, als es ist
Dass die Darstellungen fremder Kulturen und Länder eine mediale oder touristische Konstruktion sind, sollte uns im Zeitalter der technologischen Verdichtung und Relativierung von Raum und Zeit nicht verwundern. Die Massenmedien sind jene Instanzen, die die Bilder von der Welt erzeugen und massenhaft in Umlauf bringen,

mit Stereotypen handeln, die letztlich unser Denken und Fühlen massiv beeinflussen und mitbestimmen. Aber wenige Regionen sind derart mystifiziert und von Trugbildern verfremdet wie Tibet. Die *Fünf Tibeter*-Gymnastik am Morgen, Samsara für den Blusenausschnitt am Abend, Chakra-Meditation für die männliche und weibliche Sexualität, Yakbutter-Tee für die Ausdauer, Blessings vom Dalai Lama für das erfüllte Leben – alles wird in die *Konstruktion Tibet* hineingestopft. Touristen suchen in dieser spirituell aufgeladenen Destination der Sehnsucht, die von westlichen Literaten und den Bildern Hollywoods ständig neue Nahrung erhält, den Ort des ewigen und wunschlosen Glücks. Weil der ferne Protest gegen die chinesische Unterdrückung den Nomaden und Kleinbauern auf dem Dach der Welt aber wenig hilft, wird der Dalai Lama von der internationalen Medienöffentlichkeit besonders ehrfürchtig hofiert, ist seine Geschichte doch für die Medien wie geschaffen. Ein Gott zum Anfassen betritt die Weltbühne, moralisch einwandfrei und mit großer Ausstrahlung verbreitet er die Botschaft des Friedens und bringt die Bürokraten in Beijing in Bedrängnis – ein einfacher Mönch heimst wie ein Rockstar Applaus ein und wird zum Superstar.

Aus der Mystik des alten Tibet haben die Medien eine *Traumwelt* gezaubert – wie der Tibetologe Martin Brauen[24] minutiös nachweist – und die wachsende Tourismusindustrie tut ihr Bestes, um die Legenden zu beleben, denn die Einmaligkeit einer Reise auf das Dach der Welt liegt nicht nur darin, dass man sich 4000 m über dem Meeresspiegel aufhält, sondern auch in der Höhe des Preises. Touristiker bemächtigen sich der medial verbreiteten Bilder und die Verbindung zwischen

---

[24] Traumwelt Tibet, Bern-Stuttgart-Wien 2000.

Imagination und Traum, Fiktion und Tourismus kommt in der *Traumreise* bzw. im *Traumland Tibet* zum Ausdruck. Der gemeinsame Nenner liegt darin, dass Realitäten durch Gefühlselemente ersetzt werden. Während im praktischen Leben diesen Projektionsprozessen ständig Grenzen gesetzt werden, ist das im Film oder im Tourismus nicht der Fall, da lässt sich folgenlos träumen. Wenn China den Zugang zu Tibet für Westtouristen verbietet, was immer wieder der Fall ist, bleibt von so einer Reise tatsächlich nur eine Illusion übrig – und die Hoffnung, dass sich die Grenzbalken bald wieder öffnen und den Tibetern noch ein Quantum an Selbstbestimmung erhalten bleibt.

Nicht nur im Himalaya sind Touristen auf der Suche nach dem Ort des ewigen Glücks bzw. nach der Einlösung der Versprechen, die Filme und Sehnsuchtsliteratur erzeugten. Auch wenn im Film, wie Paul Valéry meinte, alle Attribute des Traumes mit der Präzision des Wirklichen ausgestattet sind, so gestalten Touristen ihre Wirklichkeitswahrnehmung doch selbst. Sie reisen den Bildern nach, die sie aus Filmen, von Postkarten und Postings schon kennen, um dann mit der eigenen Kamera jenes Bild zu machen, das alle anderen enthält. Das Erlebnis besteht in der Überhöhung dieses einen Augenblicks, der Rest mag im Schatten der ungewissen Erinnerung untergehen. Nichts ist lügenhafter als das eigene Gedächtnis, wenn es um die Erinnerung geht. Aber das Bild hält fotografisch fest, was an Selbstvergewisserung notwendig erschien. Das Fremde wurde durch eigenen Augenschein wahrgenommen und die Begegnung dokumentiert. Das Foto ist Konserve und Trophäe gleichzeitig, wie das Souvenir. Das exotische Souvenir gehört in seiner trivialisierten Form als *Airport Art* zur geglückten Fernreise wie die Fotobeweise. Die Anerkennung zu Hause schafft eine zusätzliche Befriedigung, macht das Unternehmen ex post zu einem Erlebnis der besonderen Art, auch wenn man einiges durchlitten hat.

Es sind die europäischen Fantasien, die seit Jahrhunderten die exotischen Welten auf Stereotype[25] reduzieren. Der Tourismus, die Mode, die Unterhaltungsindustrie verheimatlichen die Fremde – Exotik ist heute überall – und bewahren sie gleichzeitig als Projektionsfläche von Sehnsüchten und Träumen. Diese höchst widersprüchliche und gespaltene Einstellung prägt das Abendland seit jeher in seiner Rezeption des Anderen.[26] Europäische Maler entwarfen orientalische Szenen, die mit der Realität nichts zu tun hatten, aber sie malten sich ihre Wünsche und Träume von der Seele um diese zu retten. Stehen Strandurlaube an der türkischen oder kroatischen Mittelmeerküste ganz oben auf der Beliebtheitsskala, so interessieren die Türkin oder der Kroate als Nachbarn zu Hause kaum, auch die Flüchtlinge aus afrikanischen Ländern oder aus den Kriegsgebieten Kleinasiens, der Wiege der Menschheit, erfahren keine Wertschätzung. Die Haltung fremden Kulturen gegenüber war stets eine ambivalente und ist bis heute von Eigennutz geprägt.

Aus Träumen entstehen Traumata, wenn die Träume verletzt werden oder Vorstellungen unerfüllt bleiben. Die exotische Welt ist keine Traumwelt, kein Fluchtraum, keine Idylle, aber sie wird so gehandelt, auf das Sehnsuchtsmotiv festgelegt. In Wahrheit besteht sie aus vielen fernen gefährdeten Welten, die wir mit unseren Fantasien herholen. Der Tourismus vereinfacht die beschwerliche

---

[25] Dieser schillernde Begriff hat viele Facetten und ist ein zentrales Forschungsthema in den Sozialwissenschaften. Beispielhaft dazu Martina Thiele, Medien und Stereotype, Konturen eines Forschungsfeldes, Bielefeld 2015.
[26] Siehe dazu die faszinierende Publikation von Rolf Neuhaus, Reisen nach Ophir, Von der Suche nach dem Glück in der Ferne, Von Humboldt bis Hesse, von Timbuktu bis Tahiti, Wiesbaden 2020.

Annäherung, die Kitschindustrie trivialisiert und verbilligt die Inbesitznahme, wir leben in einem Klischee der fernen Welt in einer Fülle von Stereotypen, in Massen von exotischen Bildern ertrinkend.

Erlebnishafte Reisezufriedenheit entsteht in der touristischen Beziehung zwischen Eigenem und Fremdem am ehesten dann, wenn man sich gut vorbereitet auf den Weg gemacht hat und seine Vorstellungen dem Umfeld anpasste bzw. vor Ort nichts zerstört hat, also mit einem guten Gewissen den Heimweg antreten kann. Touristen sind mehr Suchende als Findende, und gerade die reichen und mobilen Eliten, die ständig im Aufbruch und ohne Visa oder *Aufenthaltstitel* unterwegs sind, vermitteln den Eindruck von territorialer Unbehaustheit, stets auf der Suche nach Novitäten, die es zu konsumieren und zu inkorporieren gilt. Die Jagd nach Traumwelten bewirkt keine Sesshaftigkeit, erlaubt keine Bindungen von Dauer, sondern nur Zerstreuung. Oft bleibt es beim *tourist gaze*, beim *staunenden Blick* und *begaffen,* weil die postkoloniale Kinderstube nicht mehr zulässt oder die Werkzeuge wie Respekt, Demut, Empathie und Offenheit oder Decodierungs- sowie Interpretationstechniken fehlen. Das sollte aber niemanden davon abhalten, den Tanz mit dem Fremden zu wagen, einen ersten Schritt zu setzen und sei er noch so zaghaft.

3

Orte des Glücks, mobile Privatisierung und emotionale Geografie

Kennst du das Land wo die Zitronen blühn.
 Im dunkeln Laub die Goldorangen glühn,
 Ein sanfter Wind vom blauen Himmel weht,
 Die Myrte still und hoch der Lorbeer steht,
 Kennst du es wohl?
 Dahin! Dahin.
 Möcht' ich mit dir, o mein Geliebter, ziehn!
Johann Wolfgang von Goethe, Wilhelm Meister, 1776.

Komm ein bisschen mit nach Italien,
 komm ein bisschen mit ans blaue Meer,
 und wir tun als ob das Leben.
 eine schöne Reise wär.
Gesungen von Catharina Valente & Silvio Francesco.
Text Kurt Feltz, Musik Heinz Gietz, 1956.

Zu den wesentlichen Kennzeichen unserer westlichen industrialisierten Kultur gehört die Mobilität oder besser gesagt, die totale Mobilmachung, die zumindest scheinbar vollständige Verfügung über Raum und Zeit. In 24 h können wir bzw. die finanziell Begünstigten in dieser Gesellschaft, die *kinetische Avantgarde,* an nahezu jeden Ort der Welt fliegen und die Heranwachsenden von heute lernen im selben Zeitraum mittels *Interrail* drei europäische Bahnhöfe kennen. Auf Knopfdruck verfügen wir live über die Bilder, die uns im Heimquadrat zugänglich gemacht und nach Belieben an- und abgeknipst oder auf dem Smartphone her- und weggewischt werden können. Für diese kulturelle und kommunikationstechnologische Globalisierung sind zwei Errungenschaften verantwortlich: der internationale Tourismus und die Entwicklung der Medien- und Kulturindustrie, die in Verbindung mit dem Internet zu einem jederzeit verfügbaren globalen Bildermarkt geworden ist.

Die voranschreitende Industrialisierung, die Verstädterung und Erhöhung der regionalen Mobilität, die Steigerung der Einkommen und die Sättigung alltäglicher Konsumbedürfnisse, das immer breiter und preisgünstiger werdende Tourismusangebot, die Umleitung gesellschaftlicher Differenzierungs- und Prestigewünsche auf Konsumdemonstration und Symbole führte in den westlichen Industriestaaten zu massentouristischen Erscheinungen. Dies trifft auf viele beliebte und damit vielbesuchte Orte zu, auf historische Altstädte, auf Schipisten in den Alpen und auf viele Meeresküsten, die zum Teil Opfer des *Massentourismus* wurden, diesen aber auch provozierten und suchten. Der Tourismus der großen Zahl bzw. das Leben in ständiger Aufbruchsstimmung sind Gestaltungselemente des industriegesellschaftlichen Lebensstils. Die Tourismusindustrie stellt für alle sozialen Gruppen erschwingliche Angebote bereit und so wurden Urlaubsreisen im Laufe der Jahre zu einem Bestandteil des demonstrativen Lebenswohlstands. Je nach

Wohlstandsniveau gehören sie zur periodischen Routine, die Abwechslung in den Alltag bringt und erhöhen als Konsumartikel die Genusskonzentration einer Erlebnisgesellschaft, die Tourismus als *mobile Freizeit* versteht.

Wie die Medien- und Tourismusindustrie kulturellen Wandel bewirken können, illustriert ein Blick auf die 1960er Jahre, in denen Urlaub und Tourismus als Teil des Lebensstils kulturell verankert wurden. Sie sind das Jahrzehnt der bemühten Entgrenzungsversuche, nicht nur in Fragen gesellschaftlicher Werte und Moralvorstellungen, sondern auch in der Befriedigung geträumter Außenkontakte. Sie lassen sich als das Jahrzehnt beschreiben, in dem die *mobile Privatisierung* den Lebensstil der meisten Österreicher – aber auch den der Deutschen, der Niederländer usw. – erstmals merkbar prägte.

Dieser von Raymond Williams[1] und der Forschungstradition des britischen Kulturalismus geprägte Begriff bringt die Koexistenz des Unterschiedlichen auf den Punkt. Er bedeutet zum einen die Suche nach individueller, privater Freiheit und damit Identität innerhalb der gesellschaftlich abgesteckten Spielräume und Zwänge. Gefunden wurde sie vorwiegend im Konsum, in der Ausgestaltung der Wohnung und im familiären Bereich. In Österreich wurde das Fernsehgerät zur charakteristischen technischen Errungenschaft der 1960er Jahre, vergleichbar dem Kühlschrank in der Dekade zuvor. Steigende Einkommen, die Massenproduktion und Verbilligung der Geräte, Ansprüche an Bequemlichkeit, Prestigekäufe usw. führten dazu, dass die Zahl der Fernsehhaushalte von 200.000 im Jahr 1960 auf 1,4 Mio. im Jahr 1970 stieg. Mit dieser Privatisierung einer ging auch eine Domestizierung, weil sie für viele Menschen einen

---

[1] Television – Technology and Cultural Form, Glasgow 1973.

tendenziellen Rückzug aus aktiven politischen Zusammenhängen bedeutete.

Gleichzeitig bot aber die Technik erstmals die Möglichkeit zu ungeahnter mentaler Mobilität und eine Chance an Ereignissen weltweit teilzunehmen, von der frühere Generationen nicht einmal zu träumen wagten. Die Bevölkerung konnte durch dieses Medium an der Hinausschiebung des Horizonts teilhaben, erlebte weltweite Medienereignisse wie Weltraumflüge, Mondlandung und Olympische Spiele und konnte aus den eigenen vier Wänden heraus direkt mitverfolgen, wie die USA das kleine Vietnam in die Steinzeit zurückbombten. Das Fernsehen – so beschreibt Siegfried Zielinski diese Situation – fusionierte die Grauen der Kriege und militärischen Massenmorde mit der Normalität des Wohnzimmeralltags.[2]

Im selben Zeitraum stieg die Zahl der PKWs von 404.000 auf 1,2 Mio., der Mindesturlaub wurde von zwei auf drei Wochen erhöht und die Wochenarbeitszeit gemäß Kollektivvertrag sukzessive auf 40 Wochenstunden reduziert. Dieser Zuwachs an disponibler Zeit begünstigte die physische Form von Mobilität und führte zu einem kollektiven Aufbruch in den Urlaub. Zum Inbegriff der Auslandsreise wurde für die Österreicher und auch für die Deutschen die Fahrt an die Obere Adria, die von den Besserverdienern schon in den fünfziger Jahren angetreten worden war und nun auch für weniger Betuchte erschwinglich wurde. Wie die Kleinodien der österreichischen Provinz wurde die Traumwelt der Trivialromane, Filme und Schlager *(Capri-Fischer, Ja ja der Chianti-Wein)* mit ihrer Mixtur aus Meer, Musik und romantischer Liebe zur problemlos benutzbaren

---

[2] Die Ferne der Nähe und die Nähe der Ferne. Bilder und Kommentare zum TV-Alltag der 60er. In: CheSchahShit. Die sechziger Jahre zwischen Cocktail und Molotow. Berlin 1984, 50–61.

Landschaftskulisse. Wärme und Süden bildeten die Fluchträume zur in den Schlagern oft beklagten „kalten Welt". Auch der Mythos von der Südsee fand seinen trivialisierten Ausläufer in den Schnulzen mit Hawaiigitarren und Aloha-Chören und der Traum von einer Südseereise mit einem Kreuzfahrtschiff steht bis heute ganz oben in den Wunschvorstellungen vieler reiselustiger Silver-Ager.

Stand das beleuchtete Segelschiff zuerst noch als Chiffre der Sehnsucht nach der Ferne auf dem Fernsehgerät, konnte man nun dem Alltagsleben nicht nur mental entfliehen, sondern sich tatsächlich für einige Wochen ausklinken und imaginären Traumgrenzen nähern. Der individuelle Aktionsradius wurde erheblich ausgedehnt und der zusehends automobilisierte Verkehr der Fremden entwickelte sich zum Tourismus der Massen, den die Österreicher zunehmend als Gäste, in noch größerem Ausmaß aber als Bereiste erlebten. Kamen 1954 erst 42 % der Ausländer mit ihrem Auto nach Österreich, waren es 1960 bereits 84 % und daran hat sich bis heute wenig geändert. Das Lebensgefühl wandelte sich vom Statischen zum Mobilen, zum Wohnen und zum Verkehren. Die neuen Kommunikationsmittel, PKWs und Autobahnen, Flugverkehr und Fernsehen, brachten die Hierarchie zwischen Nähe und Ferne zusehends durcheinander und förderten gleichzeitig die Bildung von Identitäten, die das Fremde im Eigenen zu absorbieren versuchten. Massenkultur wie Tourismus kanalisierten die Bedürfnisse der Menschen einer mehr und mehr von Leistung und Konsum angetriebenen Welt und die Vermarktung der Sehnsüchte und Entgrenzungswünsche wurde zu einer eigenen Industrie.[3]

---

[3] Ausführlich dargestellt bei Kurt Luger/Franz Rest, Mobile Privatisierung. Kultur und Tourismus in der Zweiten Republik. in: Reinhard Sieder, Heinz Steinert und Emmerich Talos (Hg.), Österreich 1945–1995, Wien 1995, 655–670.

Das Ausleben von Individualität durch räumliche Entgrenzung, die hohe Frequenz der Flugreisen und der stetig expandierende private PKW-Verkehr haben während der letzten Dekaden eine Dimension erreicht, die in Form von Treibhausgasen erheblich zu den negativen Auswirkungen auf das Klima beitragen, ja den Klimawandel forcieren. Nach Angaben der UNO-Welttourismusgesellschaft entfallen auf den Tourismussektor mehr als fünf Prozent aller von Menschen verursachten CO2-Emissionen – mit steigender Tendenz.[4]

Die Wahrnehmung des Raums
Die Konsumhaltung etwa gegenüber der Natur – die ja ein vordringliches Ziel touristischen Reisens darstellt – ist Ausdruck einer Hochgeschwindigkeitsgesellschaft, die auch im Tourismus vom schnellen Gebrauch des Erlebnishaften, vom rasanten Wechsel der Attraktionen und vom rastlosen Vorwärtsstürmen zu immer Neuem geprägt wird. Dabei geht durch die Geschwindigkeit Qualität verloren, weil die Wahrnehmung notgedrungen oberflächlich oder flüchtig wird, das Verständnis für den Kontext meist gar nicht entstehen kann.

Landschaft besteht nicht ohne Betrachter, sie ist eine Leistung des Subjekts und an dessen Zuwendung gebunden. Was wir heute unter dem *Begriff Landschaft* verstehen, entstand im 18. Jahrhundert. Vorher wurde Natur bzw. die von Menschen wahrnehmbare Umgebung als Schöpfung, als geordnetes Ganzes gesehen, das keiner besonderen ästhetischen Vermittlung oder Interpretation bedurfte. Die Umgebung stand in praktischer oder moralischer Beziehung zum Menschen. Erst als Natur

---

[4] https://www.e-unwto.org/doi/book/10.18111/9789284416660, Dezember 2019, 30.7.2021.

zum Objekt wissenschaftlicher Erforschung, technischer Nutzung und wirtschaftlicher Aneignung wurde, in ihre Einzelteile gewissermaßen zerlegt worden war, entstand die Aufgabe, sie unter emotionaler Zuwendung wieder zu einem ästhetischen Ganzen zusammenzufügen. Das Material der Natur werde zum *Gebilde Landschaft* umgebaut, wie Georg Simmel Ende des 19. Jahrhunderts in seiner *Philosophie der Landschaft* schreibt.[5]

Wer in die Landschaft schaut – der Topos wurde übrigens von Niederländischen Malern geprägt und bezeichnet die zentralperspektivische Darstellung einer schönen Gegend, Bilder von ländlichen Szenerien – wählt einen Standort und ausgehend von diesem einen Ausschnitt, einen Teil des Ganzen. Beim empfindsam Schauenden stellt sich der Wunsch ein, im vorgefundenen Ausschnitt ein Ganzes zu erleben. Es war und ist Aufgabe der Maler und Dichter, die Einzelteile zu einem Ganzen, zu einer Komposition zu verschmelzen. Ihre Ästhetisierung von bestimmten Landschaftsausschnitten, Blickpunkten und Blickfeldern, ist Vorbedingung für den touristischen Landschaftsgenuss. Der Begriff ging später in die Umgangssprache ein und bezeichnete nun im Rahmen kulturell geprägter Wahrnehmungsmuster das Ergebnis von ästhetisch-subjektiver Wahrnehmung, in der ein empfindender Betrachter eine von der Natur allein (Naturlandschaft) oder von Natur und Menschenhand (Kulturlandschaft) geformte Gegend als harmonische, individuelle, bildhafte Ganzheit betrachtet. Das heißt, die Einheit einer Landschaft bzw. ihrer Schönheit resultiert nicht aus einem Kausalzusammenhang der objektiven Gegenstände in einem Gebiet, sondern aus der ästhetischen, selektierenden und synthetisierenden

---

[5] https://socio.ch/sim/verschiedenes/1913/landschaft.htm, 30.7.2021.

Wahrnehmung. Auswählen und aus einer subjektiven Perspektive passend zusammenfügen – so entsteht im Auge des Betrachters das Landschaftsbild.

Im Rahmen der Aufklärungs- und Zivilisationskritik deutete man (Kultur–)Landschaften nun nicht mehr als subjektiv-ästhetische Ganzheiten, sondern als objektiv gegebene regionale Einheiten, als *einzigartigen organischen Zusammenhang von Land und Leuten*. Dies wurde als Ergebnis gelungener kultureller Entwicklung verstanden, deren ästhetischer Ausdruck die Schönheit der Landschaft sei. Seitdem symbolisiert in der europäischen Kultur das Sehen von Landschaft – insbesondere das einer kleinteiligen vorindustriellen Kulturlandschaft – das Ideal harmonischer, nachhaltiger, einzigartiger regionaler Mensch-Natur-Einheiten bzw. sozial-ökologischer Systeme, die es gegen Globalisierung und Industrialisierung, gegen Verbetonisierung und Zersiedelung zu schützen gilt.[6]

Technische Eingriffe in die Natur durch den Bau von Siedlungen, Gewerbegebieten, Straßen, Parkflächen, Kreisverkehre, Brücken, Seilbahnen, Strommasten, Regulierungen von Flüssen und ähnliche Veränderungen einer vormals unberührten Landschaft können als massive Störfaktoren wirken und gesellschaftlichen Protest hervorrufen. Aber schon in der nächstfolgenden Generation können sie als Selbstverständlichkeit interpretiert werden. Die Sichtweisen, was als unberührt, schön oder als zerstörerisch empfunden wird, ändern sich im Laufe der Jahre und so kann

---

[6] Grundlegende Betrachtungen dazu bei Thomas Kirchhoff, 2012, Landschaft. Naturphilosophische Grundbegriffe. http://www.naturphilosophie.org/landschaft, 21.5.2021; Ian Thompson (Ed.) Rethinking Landscape, A Critical Reader, London 2008.

es vorkommen, dass manche Veränderungen als schleichend und kaum auffallend eintreten und zum neuen Alltag werden.[7]

Gerade dem Tourismus wird vorgeworfen, dass er viel natürliche Landschaft verbrauche, weil er sie für die *Erlebnisraumbewirtschaftung* aufbereitet – denkt man an Schipisten und Speicherseen für die Kunstschneeerzeugung, oder den Bau von Hotelanlagen, Chaletdörfern, Golfplätzen usw. etwa auf den Baleareninseln, wo Millionen ausgelassener Urlauber die Nächte durchfeiern und viele Senioren den Herbst ihres Lebens in der Sonne verbringen wollen. Andererseits kann durch die Restauration historischer Bauten und der nachfolgenden touristischen Nutzung auch ein wesentlicher Beitrag zur Bewahrung des architektonischen Erbes erfolgen. Durch die Errichtung einer Straße oder einer Seilbahn wird es einem größeren Publikum ermöglicht, die vorhandene Schönheit der Natur in vollem Ausmaß zu erleben bzw. die neue Dimension einer gestalteten Landschaft als spektakuläre sinnliche Erfahrung zu genießen. Derartig massive Eingriffe in die Natur wurden früher aus rein ökonomischem Kalkül durchgeführt und mit der Erwartung einer hohen regionalen Wertschöpfung begründet. Heutzutage, in Zeiten des fortgeschrittenen Klimawandels, sind derartige Großprojekte nur noch zu rechtfertigen, wenn ihr gesamtgesellschaftlicher Nutzen und ihre Umweltverträglichkeit erwiesen sind. Das heißt aber nicht, dass dubiose Investorenspekulationen auf jeden Fall verhindert werden können.

---

[7] Martin Burckhardt, Metamorphosen von Raum und Zeit – Eine Geschichte der Wahrnehmung, Frankfurt 1997.

Beim Lesen deiner Postkarte höre ich die Brandung rauschen

Wenn wir heute von *imaginärer* oder von *emotionaler Geografie* sprechen, so messen wir Landschaften, Regionen, Städten – spezifischen Orten innerhalb eines geografischen Raumes – eine hohe symbolische wie auch emotionale Bedeutung zu. Geografische Weltvorstellungen beruhen auf Wertungen, auf ideologischen Vorgaben politischer wie religiöser Art, auf literarischen Darstellungen, Fotografien, Filmen, Träumen und Fantasien, die zu symbolischen Räumen, zu psychologischen Raumkonstruktionen oder auch zu Utopien werden können. Das betrifft das eigene Umfeld – beispielhaft etwa in dem auch ideologisch besetzten Begriff von *Heimat* – oder den im Sinne einer Sehnsuchtsdestination als Wunschtraum imaginierten *Fernraum*. Vorgestellte Bilder im Kopf machen Räume erst zu Orten, imaginierte Landschaften prägen die subjektive Erfahrung von Landschaft schon bevor wir sie aus eigener Anschauung kennenlernen, denn sie steuern unsere Wahrnehmung, Sehnsüchte und unsere Vorstellungen vom Schönen.[8]

Touristen reisen Bildern bzw. Vorstellungen nach. Sie suchen die sinnliche Erfahrung imaginierter Welten und schaffen sich mit Fantasie und Projektion eigene Erfahrungsräume. Während der Reise suchen Touristen die Bestätigung ihrer imaginären Geografien, der vorgestellten Bilder, und die touristische Wahrnehmung auf der Reise, im Urlaub, wird weitestgehend der Imagination folgen bzw. dieser angepasst. Der Imagination mög-

---

[8] Zu Theorie und Semiotik von Raum und Räumlichkeit siehe Stephan Günzel, Raum – Eine kulturwissenschaftliche Einführung, Bielefeld 2017; Michael Seebacher, Raumkonstruktion in der Geographie, Band 14 der Abhandlungen zur Geographie und Regionalforschung, Wien 2012; Karlheinz Wöhler, Andreas Pott und Vera Denzer (Hg.), Tourismusräume. Zur soziokulturellen Konstruktion eines globalen Phänomens, Bielefeld 2010.

licherweise widersprechende Realitäten, die mit den Erwartungen und Wünschen nicht in Einklang zu bringen sind, werden bewusst ferngehalten. Die durch Literatur, Fotografien und Film ausgelösten Weltbilder schaffen ein beständiges Kontinuum an Wahrnehmung, sie finden eine Verstärkung in den Konstruktionen des Tourismusmarketings, das durch Bild und Sprache Illusionen produziert, Traumwelten, von denen man vergessen hat, dass sie welche sind. Weltbilder imaginieren Landschaften, deren Bewohner und ideelle Konzepte, sie statten den Raum mit Sinn und Bedeutung aus. So verschmilzt bei der Wahrnehmung von Landschaften der gedankliche Raum, gestaltet durch Zeichen und Symbole, mit dem physischen Raum. Die imaginäre Geografie semiotisiert den Raum, belegt ihn mit Zeichen und Sinn.

In allen Gesellschaften und bei allen Individuen sucht die Imagination ihre Räume abseits der alltäglichen Verrichtungen. Das kulturelle Erbe in Form von Festen und Spielen, Riten und Ritualen, Märchen und Mythen, aber auch Tagträume und besonders das Reisen geben der Einbildungskraft Nahrung. Aus ihrer Positionierung zwischen Realität und Imagination schöpft die Reise ihre besondere Kraft, ermöglicht dem Individuum Abwechslung und für eine bestimmte Zeit aus dem standardisierten Alltagsleben und erschöpfenden Routinen auszusteigen. Es spielt keine Rolle, ob dies aus Abwendung davon oder wegen der Hinwendung zum Amüsement mit der Absicht, sein Leben durch neue Erfahrungen zu bereichern, erfolgt. Keine der vielen verfügbaren Unterhaltungstechniken verbindet reale Aktivität und fiktive Erfahrung in diesem Ausmaß wie das Reisen. Im Urlaub sind wir körperlich unterwegs und betreten gleichzeitig Räume der Imagination. Dies erlaubt eine ganzheitliche Erfahrung, deren Verlust in der arbeitsteiligen modernen Industriegesellschaft von vielen Menschen empfunden wird und daher nach Kompensation verlangt. Der Tourismus verknüpft Fantasietätigkeit und physische Handlungen, er findet seinen Schauplatz zugleich im Reich der Imagination und in der Körperwelt, führt in wirkliche, materiell greifbare Welten und bleibt dennoch dem Imaginären, den Träumen und Wünschen verhaftet. Darin sieht auch Christoph Hennig in seinem Buch *Reiselust* ein zentrales Element, das die Faszination des Reisens erklärt.

Geschwindigkeit und Wahrnehmung
Die Qualität bzw. die Intensität des Wahrnehmens oder des Erlebens hängt von der Art und Weise und von der Geschwindigkeit ab, mit der sich Menschen durch den Raum bewegen. Landschaft existiert ja nicht an und für sich, sondern entsteht als Bild einer Landschaft in den Köpfen ihrer Betrachter. Aus der Fülle nebeneinander existierender Dinge und Eindrücken davon ein zusammenhängendes Ganzes herauszufinden, darin eine Landschaft zu erblicken, ist die kulturelle Leistung des Betrachters, eine schöpferische Tat des Gehirns – so argumentiert Lucius Burckhardt, der Erfinder der Spaziergangwissenschaft, der *Promenadologie*.[9] Je schneller das Verkehrsmittel, umso flüchtiger und grobkörniger wird der Gesamteindruck, das Besondere oder Typische einer besuchten Gegend als Landschaft lässt sich nicht mehr identifizieren. Gemalte Landschaftsbilder prägen bis heute Sichtweisen und Schönheitsempfinden, Landschaftsgärten erschließen sich dem Betrachter oft nur durch Aussichtspunkte, die per Fußmarsch erreichbar sind. So entsteht in der Beschleunigungsgesellschaft Sehnsucht nach vermeintlich *intakten* Landschaftsbildern, wie sie in

---

[9] Warum ist Landschaft schön? Die Spaziergangswissenschaft. Berlin 2011.

Tourismusprospekten und in Schöner Leben-Zeitschriften zu finden sind, in der Realität aber nur zugänglich sind, wenn vom hochgerüsteten Mobilitätsprinzip Abstand genommen wird.

Naturräumen – als vorgestelltes *Arkadien* und ideales Refugium der Besinnlichkeit – steht Marc Augé zufolge eine Vielzahl an *Nicht-Orten* wie Flughäfen, Bahnhöfen, Autobahnraststätten, Hotelketten und Supermärkten gegenüber, die selbst keine anthropologischen Orte sind. An diesen kann man nicht heimisch werden, sie stellen eher in Bewegung aufgesuchte Behausungen in dem globalen Netz von Verkehrsmitteln und mobiler Infrastrukturen dar.[10] Während diese Nicht-Orte stetig mehr werden und unsere Alltagserfahrung durchmöblieren, schrumpft die Zahl an Orten, auf die der Mensch bzw. die Gesellschaft weniger Einfluss nimmt. In der deutschen Bevölkerung etwa herrscht große Einigkeit darüber, dass naturnahe Gebiete in ihrer noch bestehenden Ursprünglichkeit vor der Gesellschaft geschützt werden und Nutzungsbeschränkungen unterliegen müssen, aber doch zugänglich bleiben sollen. Von einem derartigen *Wildnis*-Charakter kann man in den Alpenländern eigentlich nur noch in ganz kleinen Gebieten innerhalb der Kernzonen von Nationalparks oder Schutzgebieten sprechen.

Die Geschichte der Landschaft ist damit auch eine der Verkehrsmittel, denn ihre Erfahrung ist ein Resultat der Geschwindigkeit, mit der ein Raum durchmessen wird. Die alltäglichen Vollzüge und Lebensweisen der Menschen wurden im Epochenverlauf immer mobiler und schneller. Die – für heutige Verhältnisse ungemein langsame – Fahrt mit der Eisenbahn im 19. Jahrhundert bewirkte eine zweidimensionale Panoramawelt

---

[10] Marc Augé, Nicht-Orte, München 2010.

bestehend aus Raum und Zeit und gab der Wahrnehmung einen Flüchtigkeitscharakter.[11] Nicht die Zielrichtung der eigenen Bewegung war aus dem Coupéfenster zu erleben, sondern das lediglich zu schnell laufende endlose Band einer um ihren Vordergrund beschnittenen Folge von Ansichten. Die Eisenbahn inszeniert durch die Geschwindigkeit gewissermaßen eine neue Landschaft und die neue Wahrnehmungsform eines sich fließend bewegenden Raum-Zeit-Panoramas. Die Bewegung des Zuges durch die Landschaft, den eigentlich ruhenden Teil dieser Beziehung, erzeugt den Eindruck einer sich bewegenden bzw. verändernden Landschaft, seine Geschwindigkeit lässt Gegenstände und Szenen in einer unmittelbaren Folge erscheinen. Der *panoramatische Blick* aus dem Abteilfenster verlangt eine schnelle Synthese durch das Auge, um das Relationsgefüge herzustellen. Es fängt eine durch die Bewegung entstehende Szenerie ein, deren Flüchtigkeit die Erfassung des Ganzen im Überblick geradezu unmöglich macht.

Etwa um die Mitte des 19. Jahrhunderts erlebte die *Panoramenkunst* ihre Blütezeit. Maler produzierten riesige Rundbilder, die Wert auf die detailgetreue Rekonstruktion des wiedergegebenen Augenblicks legten, denn genau dieser fixiert den punktuell verewigten Zeitpunkt der Ansicht. Großpanoramen waren für ein breites Publikum bestimmt und somit frühe Massenmedien. Der irische Miniaturenmaler Robert Barker, der als Erfinder dieses Genres und des terminus technicus (*pan orama* – alles sehen) gilt, ließ sich beides eigens patentieren.

---

[11] Ausführlich nachgezeichnet von Wolfgang Schievelbusch, Geschichte der Eisenbahnreise. Zur Industrialisierung von Raum und Zeit im 19. Jahrhundert, Frankfurt 1993.

3 Orte des Glücks, mobile Privatisierung ...

Besonders beliebt waren sogenannte *Moving Panoramas,* horizontal gerollte streifenartige Leinwandgemälde. Sie gelten als Vorläufer des Films, weil sie den Eindruck hervorriefen, man erlebe eine vorbeiziehende Landschaft.

Panoramen von Sydney, Hobart Town auf Tasmanien oder Gibraltar entzückten das imperiale Bewusstsein der großstädtischen Besucher in England, auf dem Kontinent waren Berge das bevorzugte Thema der Panoramen. Die Gipfelwelt der Schweizer Alpen wurde zum Publikumsrenner, zwischen 1810 und 1850 bedienten viele *Cosmoramisten* die Jahrmärkte, präsentierten ihre Guckkasten-Panoramen. Dioramen schafften es, die Illusion eines Tagesverlaufs von Sonnenaufgang bis Sonnenuntergang zu vermitteln. Der größte Publikumserfolg war das *Moving Panorama,* welches die Besteigung des Mont Blanc abbildete. Die 1852 eröffnete Show erlebte 2000 Aufführungen und ihr Erfolg trug wesentlich zur Alpenbegeisterung und zur Hebung des Tourismus in Chamonix bei. Der Kulturphilosoph und führende Kunstkritiker des Viktorianischen England, John Ruskin, notierte verärgert, dass dieser Ort am Fuße des höchsten Berges der Alpen vom englischen Mob so bevölkert sei wie Picadilly zur Hauptverkehrszeit.[12]

Panoramen erlauben den Betrachtern einen 360 Grad Rundblick auf ein Gemälde aus der Zentralperspektive. Diese stehen im Zentrum und überblicken wie von einem Turm das Geschehen auf der Leinwand. Gemalte Panoramen zeigen in erster Linie Städte und ihre Umgebung, Schlachtenszenen zur See und zu Land, sowie Gebirgslandschaften. Enorm große Rundbilder wie etwa das *Sattler-Panorama* von der Stadt Salzburg und dem *Landschaftsgarten* seiner Umgebung, das fünf Meter Höhe

---

[12] Stephan Oettermann, Berge weiten den Blick. in: Stephan Kunz et.al, Die Schwerkraft der Berge 1774–1997, Basel/Frankfurt 1997, 49–55.

und 26 m Länge misst und in den späten 1820er Jahren gemalt wurde, bedienten die Schaulust eines breiten Publikums.[13] Der Künstler Johann Michael Sattler und seine Familie zerlegten und verpackten das Panorama und den für die Ausstellung notwendigen Holzpavillon und gingen damit auf Reisen. Sie fuhren damit auf einem Hausboot und mit Fuhrwerken mehr als zehn Jahre durch das kunstsinnige Europa, wo sie das Rundbild gegen einen Eintrittspreis präsentierten. Der Künstler verdiente damit für seine Familie den Unterhalt und machte gleichzeitig die Schönheit der Stadt überall bekannt.

Bei diesem Einsatz im damals nicht einfach zu bereisenden Europa handelt es sich um eine Frühform von Tourismus-Marketing bzw. von *Location Placement.* Sie fand gut hundert Jahre später eine Fortsetzung durch den Hollywood-Film *The Sound of Music,* einem märchenhaften Plot mit Gesangseinlagen, der an bezaubernden Schauplätzen in Stadt und Land Salzburg spielt. Musik ist Verbindungsenergie und die Verfilmung des Musicals zieht bis heute hunderttausende Touristen insbesondere aus den USA und ganz Asien in das Salzburger Land und beweist damit die Ausstrahlungs- wie Anziehungskraft von Bildern, die eine *Heterotopie,* einen Ort des Glücks als lokalisierbare Utopie, versprechen.

Das Erhabene und Naturschöne
Landschaft ist das große Thema der Kunst um 1800. Sie figuriert als besondere Form des Naturraums, als Gesicht des Landes, wirkt als Erscheinung direkt auf den Betrachter im Spiegel subjektiver Empfindungen und ästhetischer Deutungsmuster. Nach den üppigen und ausladenden

---

[13] Erich Marx, 360 Grad – Vom Sattler-Panorama zum Location Placement. in: Kurt Luger/Franz Rest (Hg.), Alpenreisen, Innsbruck 2017, 497–512.

Raumkonstruktionen des Barock engt sich der Landschaftsausschnitt ein, der Blick wendet sich von der Ferne dem Nahen und Details zu. Blickpunkte romantischer Gefühlskunst fixieren die Wildnis, wo sie harmonisch und die Unwegsamkeit idyllisch wirkt. Das Zeitalter der Romantik ist gekennzeichnet durch eine *Sakralisierung* von Landschaft, sie wird Gegenstand geradezu religiöser Andacht. Malerei, Musik und Literatur erschaffen neue Stimmungsräume als Hilfsmittel gegen die Krankheiten der Zivilisation, die man im Wesentlichen den städtischen Gebieten zuordnet. Es beginnt das Zeitalter der Entdeckung der Hochgebirge und Meereslandschaften. In der ersten Hälfte des 19. Jahrhunderts entsteht, getragen von den romantischen Strömungen, eine Begeisterung für pittoreske Gebirgslandschaften, die als *voyage pittoresque* bis weit in die Moderne hinein bestimmend bleibt und in der Folge auch den Alpentourismus stimuliert.[14]

Als Erhabenes und Naturschönes findet Landschaft im 19. Jahrhundert Eingang in die romantisch-idealistische Philosophie und Literatur.[15] Im Begriff des *Sublimen* bzw. *Erhabenen* drückt sich das ambivalente Gefühl aus Lust und Schrecken gegenüber der überwältigenden und fremden Natur im Gegensatz zum reinen Wohlgefallen am schönen Kunstwerk aus. Am Beispiel der Alpen lassen sich die Entstehungsbedingungen ästhetischer Erfahrung und Zuschreibungen explizit nachvollziehen. Bis ins 18. Jahrhundert hinein galten die Gebirge als Schreckensort

---

[14] Die kunstgeschichtlichen Zusammenhänge diskutiert Doris Hallama, Erhaben-bedrohlich-verbaut, Gebirgsbezwingung in der Kunstgeschichte, in: Michael Kasper, Martin Korenjak, Robert Rollinger, Andreas Rudigier (Hg.), Alltag-Albtraum-Abenteuer, Gebirgsüberschreitung und Gipfelsturm in der Geschichte. Wien-Köln-Weimar 2015, 205–222.

[15] Marjorie H. Nicolson, Mountain Gloom and Mountain Glory. The Development of the Aesthetics of the Infinite, Ithaca/New York 1959.

und als Verkehrshindernis, als Zumutung auch für ihre Bewohner, und wurden weitgehend gemieden. Dergleichen galt auch für Wald, Meer oder Wüste, die ebenso als lebensfeindliche Orte abgelehnt und gemieden wurden, oder nur unter Aufbietung größter Kompetenz und mit göttlichem Beistand gemeistert werden konnten. Erst durch die Imaginationen der Poeten, der Maler und Philosophen werden die Alpen zu einem sehnsuchtsbehafteten Imaginationsraum.

In der Idee des Erhabenen, des gebannten und ästhetisierten Schreckens, liegt die Vorbedingung für den Landschaftskult der letzten Jahrhunderte. Sie bildete die Weichenstellung zum modernen Natur- und Bergtourismus und das Erhabene der Natur bzw. Bergwelt durch eigenen Augenschein kennenzulernen wird zu einem zentralen Reisemotiv.

Dieses positive Alpenbild basiert auf einer idealisierten Sicht aus der Optik des Flachlandes und definiert die Berge als peripheren Raum, macht ihn gleichzeitig zum Rückzugsraum und seine Landschaft durch die poetische Zeichenfunktion zu einem Garanten für eine heile Welt, die den Gegensatz zu Stadt und Zivilisation signalisiert. In der Ausblendung der harten Lebensbedingungen der Bevölkerung in den Alpen bzw. deren Idealisierung (der *edle Wilde* in der Figur des glücklichen Älplers) und der Interpretation der Landschaft als heile Welt aus touristischer Perspektive, sieht Matthias Stremlow den Ausgangspunkt für die heutige Sicht auf einen geradezu utopisch anmutenden Gegenraum. Aus der furchteinflößenden Bergwelt wurde eine Postkartenidylle – zumindest in den Köpfen der Alpenreisenden.[16]

---

[16] Matthias Stremlow, Die Alpen aus der Untersicht. Kontinuität und Wandel von Alpenbildern seit 1700, Bern 1998.

Innerhalb von zwei Jahrhunderten erfahren die Alpen auf diese Weise eine Neubewertung auf den mentalen Landkarten. Sie wurde durch eine intellektuelle Elite entwickelt und eingeübt – zuerst in der Bedeutungsveränderung zum Sehnsuchtsort, und dann durch die Alpenreisen und den aufkommenden Alpinismus. Der ländliche bzw. alpine Raum erfuhr eine neue Codierung in den Vorstellungen des dominanten urbanen Kulturbewusstseins. Die emotionale Überhöhung des Phänomens Alpen in der zusehends aufgeklärten, bürgerlichen Gesellschaft trug Züge einer Naturtheologie. Am Gipfel manifestiert sich der Mensch als Herrscher über die Natur. Früher hatte nur Gott den Überblick, jetzt gewann auch der Mensch den *göttlichen Blick*.[17]

Ausgelöst und begleitet wurde dieser Prozess von einer wissenschaftlich-rationalen Raumerschließung und Raumbeherrschung sowie der ästhetisch-emotionalen Zuwendung. Beide sind auch im Kontext der historischen Zeitumstände zu sehen, die von massiven gesellschaftlichen und wirtschaftlichen Veränderungen geprägt waren, von einer Welt des rapiden Wandels von monarchischen bzw. feudalen zu republikanischen Strukturen, und dem Aufstieg des städtischen wohlhabenden Bürgertums, das dank seiner wirtschaftlichen Machtstellung auch eine politische Führungsposition beanspruchte.

Dieses romantische Alpenbild ist wirkmächtig bis in die Gegenwart, weil es das geschichtslos Ursprüngliche mit dem Ausdruck einer scheinbar vollkommenen Harmonie von Landschaft und Mensch, von Farbe und ‚Paradiesluft' verbindet. Darin schlummert noch das antike Motiv der Ideallandschaft *Arkadien*, das in der

---

[17] Eine grandiose Kulturgeschichte des frühen Alpinismus von 1750–1850 liefert Martin Scharfe, Berg-Sucht, Wien-Köln-Weimar 2007.

frühen Hirtendichtung als Stätte sorgenlosen Glücks gelobt wird. Wir finden es heute in den Werbebotschaften des Tourismusmarketings ebenso wie auf den Titelseiten von *Coffee Table*-Büchern, stereotype Bilder einer vermeintlich intakten Welt. Darin wird eine Urlandschaft imaginiert, die als authentisch und ökologisch makellos eingestuft wird. 250 Jahre nach dem schwärmerischen Briefroman *Julie, ou la nouvelle Héloise* eines Jean-Jaques Rousseau oder dem aufklärerischen Versgedicht *Die Alpen* des Berner Naturforschers Albrecht von Haller wird mit suggestiven Symbolbildern voll von Sehnsucht nach wie vor der Wunsch nach grenzenloser Freiheit modelliert und die gewissermaßen ‚unberührte' alpine Landschaft als idealer Zufluchtsort affichiert.[18]

Als die zwei zentralen ästhetischen Kategorien dieses Bildes figurieren somit *das Schöne* und *das Erhabene*. Wer über die Schönheit eines Gegenstandes urteilt, so der deutsche Philosoph Immanuel Kant, behauptet zugleich, ein Urteil zu fällen, dem auch andere zustimmen müssten. Für ihn hat Schönheit daher den Anspruch *subjektiver Allgemeinheit*, darüber kann man unterschiedlicher Meinung sein und im Gegensatz zum Guten oder Angenehmen, wo persönliches Interesse an dem Gegenstand mitspielt, definiert er Schönheit daher als „interesseloses Wohlgefallen". Leichter lässt sich eine Übereinstimmung herstellen bei der zweiten Kategorie, dem Erhabenen. Sie hatte auf die Neucodierung und Veränderung des Alpenbildes größere Auswirkungen, denn darin komme zum Ausdruck „das schlechthin Große" des Naturschauspiels, oder, wie es der Renaissance-Gelehrte Francesco Petrarca

---

[18] Von den alten und von neuen Alpenbildern handelt der Katalog anlässlich der Ausstellung in der Salzburger Residenzgalerie. Erika Oehring (Hg.), Alpen – Sehnsuchtsort & Bühne, Salzburg 2011.

ausdrückte, als er am Schreibtisch seine Besteigung des Mont Ventoux literarisch verarbeitete, etwas, das „jeden Maßstab der Sinne übertrifft".[19]

Orte des Glücks – Heterotopie
Ein dergestalt in die nähere oder weitere Ferne projizierte Ort kann als *Heterotopie* bezeichnet werden. Diese Begrifflichkeit fand Eingang in die Kultur- und Tourismustheorie, wo sie als *Anders-Ort* oder als *lokalisierbare Utopie* interpretiert wird. Als *Gegenorte* dienen solche Räume der emotionalen Stabilisierung gesellschaftlicher Abläufe, und Michel Foucault,[20] der die raumtheoretische Debatte mit diesem Begriff bereichert hatte, nennt den Garten als das älteste Beispiel einer Heterotopie. Ein solcher mit viel Grün, fließendem Wasser und aus Sicherheitsgründen mit Büschen eingesäumt, wird in der Altpersischen Dichtung übrigens als *Paradies* bezeichnet. Motive des Gartens finden sich in abstrahierter Form in Teppichen visualisiert und Foucault erkennt darin Elemente eines idealen Sehnsuchtsorts ohne jegliche Gefühlstrübung, Reibung oder Verwerfung. Dies steht im Kontrast zu anderen emotional aufgeladenen heterotopen Orten wie dem Friedhof, dem Gefängnis oder der psychiatrischen Anstalt, die er mit

---

[19] Michael Jakob, Das Gebirge, das Heilige und das Erhabene. in: Stephan Kunz et.al., Die Schwerkraft der Berge 1774–1997, Basel-Frankfurt 1997, 75–81. Hier: 81. Der Autor dekonstruiert in seinem fabelhaften Aufsatz die weitum vertretene Annahme, mit Francesco Petrarca hätte der Alpinismus seinen Ausgang genommen, denn der Gelehrte hätte ‚nur des Augenscheins wegen' diesen Berg bestiegen. Den Brief, in dem Petrarca von seiner Bergtour ergriffen berichtet, hat er nachweislich erst „an der Schwelle des Lebensalters zur gravitas stehend und auf seine Jugend ... zurückblickend" geschrieben, rund 17 Jahre nach der Besteigung. Mir erscheint das relevant, denn bis in die heutige Zeit erregen Ungereimtheiten in der Alpinliteratur öffentliche Aufmerksamkeit.

[20] Die Heterotopien. Der utopische Körper, Zwei Radiovorträge, Frankfurt 2005.

problematischen Ausnahme- und Sonderzuständen verknüpft.

Die Außeralltäglichkeit heterotoper Orte kennzeichnet Tourismusräume als emotionale Fluchträume, Nischen, in denen die Einzelnen sogar gegen die gesellschaftlichen Konventionen verstoßende Gefühle äußern und kultivieren können. Heterotopien sind somit quasi-künstliche Orte, in denen alles in Erscheinung tritt, was das Alltägliche ausschließen lässt und Klaus Kufeld sieht im Kreuzfahrtschiff die perfekte Illusion des quasi-utopischen Integrals, wenn gutes Essen, Barmusik und Liegestuhl geboten sind, wenn Wunschgedanke und gutes Leben einen temporären Ort haben – das alles auf weiter See und nur der blaue Himmel spannt sich über dem mit der Seele baumelnden Ich! Die Schiffs-Heterotopie ist für ihn ein wohliges Zuhause auf Reisen.[21]

Die Urlaubsfahrt im PKW mit Wohnwagenanhänger oder mit dem Campingbus entspricht einer Variante, die auf den Luxus verzichtet, aber ebenso heterotope Erfahrungen im Kontext der eigenen Familie und Häuslichkeit ermöglicht.

Tourismushabitate bezeichnet Karlheinz Wöhler[22] als Begehrensräume und als *Orte des Glücks*. Sie werden mit Erlebnishaftem inszeniert und mit Bedeutungen versehen, von Touristen sinnlich erschlossen und emotional angeeignet. Es geht dabei um ein äußeres Glück, um irdische Paradiese, gefüllt mit außeralltäglichen Höhepunkten, die lautstark auch von den Medien als Idealbilder propagiert werden. Gerade solche Bilder des Außergewöhnlichen und *moments of bliss* festzuhalten ist Aufgabe der Fotografie, die früher Reisefotografen und

---

[21] Die Reise als Utopie, München 2010.
[22] Touristifizierung von Räumen, Wiesbaden 2011.

Bildjournalisten vorbehalten blieb. Die technisch immer einfacher zu bedienende Kompaktkamera bekam aber allmählich einen festen Platz im Reisegepäck aller Touristen. Heute gehört eine digitale Kamera zur Standardausstattung jedes Smartphones und so besteht eine noch größere Chance, das Flüchtige, Vergängliche und Schöne zu bewahren und einen vergangenen Zustand zu konservieren. Das fotografische Verhalten impliziert einen projektiven Moment – die Vorwegnahme einer später erwünschten Erinnerung, das Einfangen einer Stimmung, die man gerne wieder erleben will, wenn man das Bild nach einiger Zeit wieder zur Hand nimmt.

4

Eine kurze Geschichte des Reisens und des Tourismus

… so dass sich wohl sagen lässt, dass die Reisen für jede Art des Lebens keineswegs unwichtig sind
Theodor Zwinger, Methodus Apodemica, 1577

Sie schwärmen sehr für die Natur
Und heben den Verkehr
Sie schwärmen sehr für die Natur
Und kennen die Umgebung nur
Von Ansichtskarten her
Erich Kästner, Vornehme Leute 1200 m hoch

Die Menschheitsgeschichte ist auch eine Geschichte der Bewegung, der Mobilität, des Hinausschiebens der Horizonte. Waren vorerst hauptsächlich Kreuzfahrer, Soldaten, Boten und Pilger unterwegs gewesen, so nimmt im Zeitalter des Humanismus die Mobilität zu. Im Laufe des 16. Jahrhunderts entstehen Metropolen des Handels und der Wissenschaft, erweitern sich die Geschäftsfelder für Händler. Reisen aus religiösen, pädagogischen oder wissenschaftlichen Motiven machten Rom, Neapel, Paris oder Straßburg zu Fixpunkten vieler junger Adeliger, Scholaren und Künstler. Zwischen diesen Städten entstanden – wie auch in China oder in der arabischen Welt – die ersten befestigten Wege, Vorläufer der heutigen Straßennetze und die dazu gehörigen Kartenwerke. Der systematische Ausbau von Postverkehrsnetzen durch forcierten Straßenbau unter Zuhilfenahme der Techniken der Landvermessung erfolgte in Europa erst zu Beginn des 19. Jahrhunderts.[1]

Das übliche Verkehrsmittel während dieser Epoche war die Pferdekutsche, die man eben über die Postrouten benutzte. Wo es keine für Kutschen befahrbaren Trassen gab, etwa auf Passübergängen, wurden Reisende von Einheimischen in Tragsesseln transportiert. Zu Fuß unterwegs waren nur umherziehende Arme, Vaganten, Handwerker auf dem Weg zu einer neuen Arbeitsstelle, Wanderhändler oder Poeten auf der Suche nach Abenteuer und Selbstbestätigung wie der aus Sachsen stammende Johann Gottfried Seume. Seine Alpenüberquerung unter dem Titel *Spaziergang nach Syrakus,* 1802 publiziert, stand wie die zur Sehnsuchtsliteratur verarbeiteten Wanderungen Jean-Jaques Rousseaus am Beginn des Weges zum heutigen naturnahen Tourismus bzw. zum Alpentourismus.

Die Reiseberichte dieser Zeit sind voll von Beschwerden über die Herbergen, die Gasthäuser, aber auch über die anderen Reisenden und deren Manieren bzw. Verhaltensweisen. Mit der europaweiten Verbreitung der *Ordinari-Fahrpost* kamen Anfang des 17. Jahrhunderts die ersten

---

[1] Einen guten Überblick gibt das Buch Reisekultur, Von der Pilgerfahrt zum modernen Tourismus, hgg. von Hermann Bausinger, Klaus Beyrer und Gottfried Korff, München 1991.

Reisekompendien auf den Markt, die Angaben über Wegenetz, Poststationen und empfehlenswerte Unterkünfte gaben. Unter den vielen Reisenden, die im 18. Jahrhundert zwischen Paris und Moskau, London, Stockholm, Rom, Hamburg und Wien unterwegs waren, können die Musiker wohl auf eine der ältesten Traditionen zurückblicken. Sie waren, schon lange bevor das Reisen zu Bildungs- oder Vergnügungszwecken Mode wurde, als Spielleute durch Europa gezogen und hatten Fürsten, Bischöfe, Könige, Bürger und Bauern unterhalten. Sie taten dies auf Jahrmärkten, Reichstagen, zu Hochzeits- und Krönungsfeierlichkeiten, in Wallfahrtsorten und auf Konzilen. Mozarts Briefe an seine Schwester oder seinen Vater enthalten immer wieder Klagen über die Unannehmlichkeiten auf Reisen, die ihn in dieser Frühzeit globalisierter Konzertkultur quer durch Europa führten. An die „Allerliebste Schwester", schrieb er etwa im August 1771 aus Mailand, dass er auf der Reise „vielle hiz" ausgestanden hätte und „der staub hat uns beständig impertinent sechiert". Aus München schrieb er an den „mon très cher Père" nach Salzburg, dass die Reise zwar kurz aber sehr beschwerlich, die Sitze hart wie Stein waren und er hätte keine Minute in der Nacht geschlafen, „dieser Wagen stößt einem noch die Seele heraus".[2] Die Reisen dieser Zeit waren gewiss keine Vergnügungsreisen, sondern erfolgten aus beruflichen Gründen und die bis zum Zielort zu durchfahrende Landschaft – so schön und unberührt sie auch gewesen sein mag – war für diese Reisenden von völlig untergeordneter Bedeutung.

Die Personen- wie die Postbeförderung waren aber stets auch durch kriegerische Ereignisse stark beeinträchtigt.

---

[2] Stefan Kunze (Hg.), Wolfgang Amadeus Mozart. Briefe, Stuttgart 2005, 47 und 163

An der Wende vom 18. zum 19. Jahrhunderts etwa war Reisen behindert durch die revolutionären Ereignisse in Frankreich, die politischen Umwälzungen in deren Folge und durch die Eroberungsfeldzüge Napoleons. Erst nach dem Wiener Kongress 1815 investierten die Postverwaltungen wieder in die Weiterentwicklung ihrer Dienste. Vernachlässigte Wege und Straßen mussten verbessert werden und die in Holland und Frankreich schon im Zeitalter des Barocks extra angelegten gepflasterten Landstraßen (frz. Chaussee) zur Beschleunigung des Verkehrs wurden auch in anderen Ländern errichtet. Mit dem sich entwickelnden Eilpostwesen entstand daraus ein Konzept von Fernstraßen, deren Bedeutung über den Komfort im Individualverkehr hinausging und mit militärischem Interesse verbunden wurde. Diese Straßen reduzierten die Reisedauer der Postkutschenfahrt erheblich und wegen der glatteren Oberfläche konnten Pferdefuhrwerke auch eine höhere Last transportieren.

Schon 1754 war etwa zwischen Berlin und Potsdam eine schnellfahrende *Journalière* eingerichtet worden. In England erfolgte die schnellere Personenbeförderung mit den *Mail Coachs* und in Frankreich mit der *Malle-Poste*. Die Geschwindigkeit ging allerdings auf Kosten der Bequemlichkeit, denn man wollte Personen so schnell wie Briefe befördern. Dies gelang nur, weil man die Zahl der Zwischenaufenthalte drastisch verringerte. 1828 bestand eine tägliche Reiseverbindung zwischen Berlin und Paris und drei Mal wöchentlich gab es eine Schnellpostverbindung zwischen Paris und Petersburg. Die Reisezeit auf dieser Strecke konnte von drei auf zwei Wochen reduziert werden.[3]

---

[3] Dazu ausführlich: Hermann Glaser/Thomas Werner, Die Post in ihrer Zeit, Eine Kulturgeschichte menschlicher Kommunikation, Heidelberg 1990.

Neugier und Erkenntnis
Die Epoche vom Späthumanismus bis zur wissenschaftlichen Revolution – etwa Mitte des 16. bis Mitte des 17. Jahrhunderts – bezeichnet der Kultursoziologe Justin Stagl[4] als das Zeitalter der „epistemologischen Neugier". Es brachte auch die Kulturtechnik einer ausgefeilten Reisekunst, der *ars apodemica,* hervor. Bei der *Apodemik* stand das systematische und methodische Reisen aus wissenschaftlichen Gründen, zur Sammlung der „über die Welt verstreuten Schätze der Weisheit und der Tugend", im Vordergrund. Zur Unterscheidung des richtigen Reisens (peregrinari) vom nutzlosen Umherschweifen (vagari) zitiert Stagl den aus einer Danziger Gelehrtenfamilie stammenden Samuel Zwicker und dessen Definition aus dem Jahr 1577. „Die Reise ist nämlich ein Ortswechsel, der von einem dazu geeigneten Menschen unternommen wird aus der Begierde und dem Wunsch, auswärtige Orte zu durchwandern, zu besehen und kennen zu lernen, um dort irgendein Gut zu erwerben, das entweder dem Vaterland und den Freunden oder uns selbst nützlich sein könnte."[5]

Die Verfeinerung der drei Kulturtechniken Reisen, Umfragen und systematisches Sammeln, die später zum Methodenkanon der Sozialforschung werden sollten, nahm in dieser Zeit ihren Anfang.

Im ausgehenden 18. Jahrhundert verblasste die Fiktion des idealen Gesamtreisenden mit seinem wissenschaftlichen Anspruch, dafür findet eine stärker auf die

---

[4] Im Folgenden dazu Justin Stagl, Eine Geschichte der Neugier, Die Kunst des Reisens 1550–1800, Wien-Köln-Weimar 2002, sowie Bausinger, Beyrer und Korff, München 1991.
[5] Ebd., 95.

Empfindungen des Individuums ausgerichtete Reiseform mit der entsprechenden Reiseliteratur eine Fortsetzung.

Galt für die *peregrinatio academica,* die Gelehrtenreise, die niederländische Universitätsstadt Leiden als unentbehrliche Reisestation, so war die Kaiserstadt Wien eine solche für die Adelsreise im Zeitalter des Absolutismus. Die *Grand Tour* der jungen Stammhalter alteingesessener und grundbesitzender Adelsgeschlechter erfolgten zum Zwecke der Einpassung in die standesgemäße Lebensart und Umgangsformen der europäischen Aristokratie. Diese Reisen dienten der umfassenden Bildung wie der Einübung in das Vergnügen der gehobenen Kreise. Die Reisetätigkeit der jungen Kavaliere erfolgte unter der Obhut eines Hofmeisters und zwischen den wichtigsten Städten, Schlössern sowie Universitäten bewegte man sich mit der Kutsche. Frankreich bereiste man wegen der galanten Sitten, der modischen Eleganz und des geselligen Umgangs, in Italien war das Augenmerk auf die baulichen Zeugnisse der Antike, die höfische Kunst der Oper und die vergleichende Staatenkunde gerichtet. Für den katholischen Adel war Rom der Höhepunkt der Reise, die Niederlande und England besuchte man wegen ihres höherrangigen wirtschaftlich-technischen Entwicklungsstandes und Wien war ein unentbehrlicher Zielort, weil die Kaiserstadt für die jungen Adeligen zugleich Bewährungsprobe des bisher Erlernten und Sprungbrett für die zukünftige Verwendung in Herrscherdiensten war. Hofleben und Weltstadterfahrung, zwei Hauptzüge adeliger Reiseerfahrung, trafen hier eng verbunden aufeinander.

In der zweiten Hälfte des 18. Jahrhunderts entwickelt sich als frühe Form des heutigen Wandertourismus die Fußreise, jene langsame, den Raum gleichsam abtastende Fortbewegung durch Landschaft und Gesellschaft. Sie diente als Mittel zur Sammlung körperlicher und sinnlicher Erfahrung durch eigene Anschauung, folgend dem Ideenhorizont der Aufklärung. Durch Festhalten und Niederschreiben wurde das Gesehene geordnet und in ein System von Erfahrung gebracht. Damit beginnt die große Zeit der Reiseliteratur, die die Selbstfindung des eigenen Ich in der Fremde als wichtige Schule bürgerlicher Charakterbildung in den Vordergrund rückt. Die Fußreise hatte aber auch einen antifeudalen Aspekt und verkörperte eine Haltung, die sich symbolisch von der lebemännischen Grand Tour der jungen Adeligen unterschied. Der aufrechte Gang war insbesondere in den deutschen Landen, den damaligen Fürstentümern und Königreichen, ein Element des bürgerlichen Oppositionsgeistes gegen die Adelsprivilegien des Spätabsolutismus, drückte er doch eine soziale Parteinahme für das Volk aus.

Formen und Phasen des Tourismus
Versucht man den Tourismus zu systematisieren, in eine chronologische Ordnung der Entwicklung zu bringen, so geht mit den adeligen und später großbürgerlich geprägten Individualreisen eine erste Epoche des Reisens zu Ende. Wenngleich insbesondere die Grand Tour primär aus anderen Motiven unternommen wurde, so sind doch deutlich Elemente eines frühen Bildungs- und Kulturtourismus darin festzustellen. Die besuchten Orte waren die antiken Kunststätten, Kirchen, Klöster, Schatz- und Kunstkammern und ähnliche Sehenswürdigkeiten in ganz Europa. Die mit der Aufklärung entstehende bürgerliche Bildungsreise diente der Horizonterweiterung in jeglichem Sinn und orientierte sich an den gleichen und ähnlichen Orten in Italien und später in Griechenland. Das Reisen wird zu dieser Zeit eine neue Form adäquater Welterfahrung, inspiriert durch die Lektüre großer Schriftsteller (wie etwa die Italienreisen Goethes im ausgehenden 18. Jahrhundert), die eine Italien-Sehnsucht nördlich der

Alpen auslösten.[6] Die üblichen Reisemittel dieser Zeit waren die Kutsche und das Segelschiff. Das Straßennetz war von geringer Dichte, die Straßen schlecht, die Reisegeschwindigkeit niedrig.

Schon im 15. Jahrhundert erfolgen die ersten Weltreisen der von Krone und Kaufleuten finanzierten Entdecker, Soldaten und Wissenschaftler, dringen Europäer auf die anderen völlig unbekannten Kontinente vor, nehmen sie in Besitz und unterwerfen die lokale Bevölkerung. Seit dem 16. Jahrhundert reisen Jesuiten wie die Händler entlang der Seidenstraße an den Hof des chinesischen Kaisers. Erst acht Jahre nach seinem Aufbruch berichtete der Linzer Pater Grueber seinem Auftraggeber, dem Papst, von den Lebensumständen am Hof des chinesischen Kaisers und von den Waffenarsenalen im Reich der Mitte.[7] Die Entstehung wie die Ausdehnung der Kolonialreiche in Übersee und die Erzählungen von exotischen Inseln und wundersamen Gegenden weckten das Interesse breiter Gesellschaftskreise. Abenteurer durchquerten zu Pferd oder mit Kamelen die Wüsten und Gebirge der Welt, machten sich auf die Suche nach den Quellen des Nil und fanden einen florierenden Sklavenhandel quer über den dunklen Kontinent. Gegen Ende des 19. Jahrhunderts wächst die Reiselust des Bürgertums durch Weltausstellungen in europäischen Hauptstädten ins Unermessliche. Sie zeichnen ein operettenhaftes Asien oder Afrika mit kolonialer Propaganda, die von zwei Elementen lebt – von fremden Landschaften und weißen Kolonialherren, die in den Tropen ihre höchst privilegierte

---

[6] Hier und im Folgenden ausführlich Rüdiger Hachtmann, Tourismus und Tourismusgeschichte, in: Docupedia-Zeitgeschichte, 22.12.2010 (online: http://dx.doi.org/10.14765/zzf.dok.2.312.v1, 20.04.2021).

[7] Johannes Grueber, Als Kundschafter des Papstes nach China 1656–1664, Stuttgart 1985.

Lebensart kultivieren. Auch die damalige Reiseliteratur ist von der Überlegenheit der europäischen Zivilisation geprägt, wie Edward Saids Schriften *Orientalismus* und *Kultur & Imperialismus* vor Augen führen.

In den Jahren zwischen den Weltkriegen unternahmen Draufgänger die ersten Fernreisen mit Motorrädern und Autos, zogen Expeditionen in die Hochgebirge Südamerikas und Asiens. Ihre Reiseberichte und Fotos fesselten das Publikum ebenso wie das Ringen der Alpinisten um die Gipfel und mit dem Tod. Die enorme Sehnsucht nach Welterfahrung, nach Mobilität und friedlicher Begegnung mit anderen Völkern sowie nach unterhaltsamen Formen der Ablenkung führten nach den entbehrungsreichen Kriegsjahren letztlich zu einem globalen Reisemarkt, der sich in der zweiten Hälfte des 20. Jahrhunderts zu einem der weltweit größten Wirtschaftszweige entwickelte. Aber Reisen als selbstverständlicher Bestandteil von Kultur bzw. einer Lebensweise blieb bis heute ein Privileg der Wohlhabenderen in der westlichen Welt. Die schönsten Ecken der armen Länder des globalen Südens wurden zwar im Laufe der Diversifizierung des Marktes zu exklusiven Destinationen des Ferntourismus, aber außer den lokalen Eliten können sich dort bis heute nur kleine Segmente der Bevölkerung Urlaubsreisen leisten.

Meeresküsten- und Badetourismus

Das Fräulein stand am Meere
und seufzte lang und bang,
es rührte sie so sehre
der Sonnenuntergang.
Mein Fräulein! Sein Sie munter,
das ist ein altes Stück;
hier vorne geht sie unter
und kehrt von hinten zurück.
Heinrich Heine, Das Fräulein stand am Meere.

Um die Mitte des 18. Jahrhunderts beginnt zunächst in Großbritannien, gegen Ende des Jahrhunderts auch auf dem europäischen Kontinent, der Bädertourismus bzw. die Hinwendung zum Meer. In Scarborough startete der Badetourismus bereits im 17. Jahrhundert und vom Baden im Meer wird schon in den 1720er Jahren berichtet. In der zweiten Hälfte des 18. Jahrhunderts wurden an der englischen Südküste im kleinen Fischerdorf Brighton die Grundlagen zum Modebad der feinen englischen Gesellschaft gelegt. Kurpromenaden und Meereswasser-Badehäuser entstanden und der Ort erfuhr seine Aufwertung durch die Pläne des englischen Königshauses, sich hier eine Sommerresidenz zu errichten. Auf dem Festland entstanden die ersten Seebadeanstalten an der französischen Atlantikküste und am Ärmelkanal, etwas später an der Ostsee.

Dem Meer, der unbändigen Natur, wurden Kräfte zugeschrieben, um im Menschen Harmonie zwischen Körper und Seele wieder herzustellen, dem Verlust von Lebensenergie und der verbreiteten Melancholie und Unruhe entgegenzuwirken. Die von derart erwartungsvoller Neugier stimulierte Meereslust – so Alain Corbin[8] in seiner umfassenden Studie über das Abendland und die Entdeckung der Küste – drängte die elitäre Gesellschaft zur Reise ans Meer, weil es die schon damals als schädlich empfundenen Auswirkungen der urbanen Zivilisation, den *Spleen* und die ungesunden Folgen der Bequemlichkeit zu beheben imstande sei. Man war überzeugt, dass ein Meeresaufenthalt den vom Denken überanstrengten Geist wieder gesund werden lässt, denn der Strand härtet Individuen ab, die sich von der Bequemlichkeit so haben versklaven lassen, dass sie nur noch auf dem Teppich

---

[8] Meereslust, Das Abendland und die Entdeckung der Küste, Frankfurt 1994.

laufen könnten. Die Ozeane verkörpern im Kontrast dazu die ungebändigte Natur, die keine Lüge duldet. Daraus entsteht das Paradox, auf dem die damalige Mode des Strandaufenthalts beruht – das Meer wird eine Zuflucht, es gibt Hoffnung, weil es Angst einflößt. Das wachsende Verlangen nach Meeresküste war insbesondere im niedrigen Adel, bei den Mitgliedern der *gentry*, verbreitet und galt zudem als „très chic".

Bis in die Gegenwart erwarten sich Urlauber von Aufenthalten am Meer wohltuende Auswirkungen für ihre Gesundheit, wo Himmel und Wasser den Horizont formen wird ein Stück Freiheit vermutet und Sonne getankt, in den profanen Tempeln der ausgelassenen Unterhaltung auch andere Elixiere, und zusammen bilden sie ein Paket, das seit gut 50 Jahren für viele Menschen zum Inbegriff eines erfolgreichen Urlaubs geworden ist.[9] Auf die sogenannten *Warmwasserziele* entfällt die große Mehrheit aller Urlaubsreisen, was sich in der beinahe lückenlosen Verbauung sämtlicher Küstenlandschaften niederschlägt, die damit zu monokulturellen Tourismuslandschaften wurden.[10]

Etwa gleichzeitig zur Entdeckung der Meeresküsten werden die Reisen zu Heilquellen im Binnenland modern, die ersten Kurorte entstehen, wo Heilquellen sprudeln und für viele Leiden Linderung versprechen. Auch diese Kuraufenthalte waren zunächst ein Privileg des Adels und des vermögenden Bürgertums, gegen Ende des 19. Jahrhunderts können sich auch die sozial mittleren Schichten

---

[9] Der Meeresbiologe Wallace J. Nichols vermutet in der engen Beziehung zwischen dem Wasser und unserem Gehirn einen Grund für dieses Wohlbefinden. Blue Mind, Wie Wasser uns glücklich macht, Stuttgart 2021.

[10] Zur Entfaltung des Tourismus an den Mittelmeerküsten oder auf Mallorca siehe Andreas Kagermeier, Tourismusgeographie, Konstanz und München 2016.

derartige Aufenthalte leisten. Etliche der berühmtesten Kurstädte haben bis heute ihr charakteristisches Ortsbild bewahren können. Beispielhaft zu nennen sind Bath in England mit seiner auf die Antike verweisenden Architektur, ein Welterbe bereits seit 1987, Karlsbad in der heutigen Tschechischen Republik, sowie Bad Gastein und Bad Ischl in Österreich. Alle diese Orte waren europaweit gefragt und profitierten von den Aufenthalten gekrönter Häupter sowie berühmter Musiker und Schriftsteller, die diesen Kleinstädten ein intellektuelles und künstlerisches Flair verliehen. Mit dem Siegeszug der *Trinkkur* erhielten ihre Ortsbilder ihr unverwechselbares und charakteristisches Aussehen. Brunnen- und Wandelhallen, Spielbanken, Luxushotels aber auch der Kurpark kamen zu jener Zeit auf und sind bis heute unverzichtbar für den klassischen *Kurort*.[11] 2021 wurden elf bedeutende europäische Kurorte als transnationales und serielles Welterbe „Great Spa Towns of Europe" in die Liste der UNESCO aufgenommen.[12]

Eine gewisse Ähnlichkeit zu dieser Art von Gesundheitstourismus hat die Mitte des 19. Jahrhunderts aufkommende *Sommerfrische*. Es handelt sich dabei um einen mehrwöchigen oder noch längeren Aufenthalt vermögender Familien des Bürgertums in einer Villa oder

---

[11] Gabriele Knoll, Kulturgeschichte des Reisens, Von der Pilgerfahrt zum Badeurlaub, Darmstadt 2006.

[12] The transnational site of The Great Spa Towns of Europe comprises 11 towns, located in seven European countries: Baden bei Wien (Austria); Spa (Belgium); Františkovy Lázně (Czechia); Karlovy Vary (Czechia); Mariánské Lázně (Czechia); Vichy (France); Bad Ems (Germany); Baden-Baden (Germany); Bad Kissingen (Germany); Montecatini Terme (Italy); and City of Bath (United Kingdom). Together, these sites embody the significant interchange of human values and developments in medicine, science and balneology. Weitere Informationen dazu unter https://whc.unesco.org/en/list/1613, 5.8.2021.

Pension in ländlichen Regionen, um der sommerlichen Hitze in den Städten zu entgehen. Zur Zeit der österreich-ungarischen Monarchie – insbesondere in der zweiten Hälfte des 19. Jahrhunderts – weilten die Aristokratie und kaiserliche Beamte während der Sommermonate in der Nähe *Seiner Kaiserlichen Majestät,* die sich in Kurorten im Salzkammergut bzw. in den Wiener Alpen um den Semmering aufhielt. Die im Zuge des Klimawandels auch in den gemäßigten Breiten immer häufiger auftretenden Hitzesommer bescheren dem Sommerfrische-Tourismus und der Sommersaison in den Alpen seit einigen Jahren erhebliche Zuwachsraten.[13]

Phasen der Tourismusentwicklung
Die *erste Phase des modernen Tourismus* ist in die Zeit von 1835 bis 1880 zu datieren und beginnt mit dem Zeitalter der Eisenbahn. Sie erlaubte es, eine größere Zahl von Menschen zu transportieren und vom Unternehmergeist getrieben entstanden erste Ansätze einer touristischen Infrastruktur. Kurorte und Seebäder expandierten, Hotels und Pensionen wurden gebaut, Reisebüros entstanden, um das Reisegeschäft und die Buchungen abzuwickeln. Tourismus als Phänomen der Moderne geht von der industriellen Transformation aus. Touristische Nachfrage entsteht in industriellen Zonen der Weltwirtschaft und nimmt damit in England seinen Ausgang, später erfasst sie den gesamten westeuropäischen Industriekern. Aber nicht die Arbeiterschaft reist zuerst, sondern das städtische Bürgertum, die neue wohlhabendere Schicht leistet sich

---

[13] Hanns Haas, Die Sommerfrische – Eine verlorene touristische Kulturform. in: Hanns Haas, Robert Hoffmann und Kurt Luger (Hg.), Weltbühne und Naturkulisse – Zwei Jahrhunderte Salzburg-Tourismus. Salzburg 1994, 67–75; Wolfgang Kos, Der Semmering – Eine exzentrische Landschaft, Salzburg 2021.

Reisen und fährt in den Urlaub, wobei sie sich an den Verhaltensweisen des Adels orientiert, der seinerseits neue Ziele aufsucht.

Schon zu Beginn des 19. Jahrhunderts dringen Adelige ins Hochgebirge vor, der erste Alpine Club wird 1857 in London von britischen Alpinisten als *Gentlemen's Club* gegründet. 1862 entsteht der Österreichische Alpenverein in Wien, 1869 der Deutsche Alpenverein in München. Erstbesteigungen in den West- und Ostalpen folgen, die Erschließung der Bergwelt mit alpinen Hütten und Wegen führen die Mitglieder der Alpenvereine durch. Zweck der Vereine waren vor allem die Förderung des Bergsteigens und des Jugendwanderns. In etlichen Alpentälern entsteht im Laufe der Jahre eine Tourismusinfrastruktur und mit der Verbreiterung des Eisenbahnnetzes rücken die Städte zeitlich näher an die Berge heran.[14]

1845 gründete Thomas Cook in England sein erstes Reisebüro, das er in einigen Jahrzehnten mit der Durchführung von Pauschalreisen zu einer weltumspannenden Organisation entwickelte. Profitierend von den vielen überseeischen Besitzungen des britischen Kolonialreiches wurde er zum berühmtesten Reiseveranstalter der Welt.[15] Die Geschichte des ältesten Reiseunternehmens der Welt endete 2019 mit der Insolvenz des Konzerns. 1876 wurde in Frankreich die Compagnie Internationale des Wagons-Lits (CIWL) gegründet, die mit ihren Luxuszügen (darunter dem Orient-Express) einen großen Teil des Zugreisemarkts

---

[14] Rainer Armstädter, Der Alpinismus – Kultur, Organisation, Politik, Wien 1995; Anneliese Gidl, Alpenverein, Die Städter entdecken die Alpen, Wien-Köln-Weimar 2007; Katharina Scharf, Alpen zwischen Erschließung und Naturschutz, Tourismus in Salzburg und Savoyen 1860–1914, Innsbruck-Wien 2021.

[15] Jörn Mundt, Thomas Cook – Pionier des Tourismus, Konstanz-München 2014.

gewinnen konnte und neben Cook und American Express zu einem der wichtigsten Reisebüros aufstieg.

Die touristische Entwicklung in Deutschland folgte der in England, das Reisebüro Stangen übernahm das Pauschalsystem von Cook, womit Touristen gegen einen im Voraus zu entrichtenden Betrag mit Schiff, Eisenbahn oder Postkutsche befördert und in gebuchten Gasthöfen entlang der fixierten Reiseroute untergebracht wurden.

In der ersten Hälfte des 19. Jahrhunderts kommen auch die ersten Reisehandbücher auf den Markt. 1828 publizierte der Deutsche Karl Baedeker die Reisebeschreibung *Rheinreise von Mainz bis Cöln*. Seine Reiseführer boten detaillierte und zuverlässige Informationen in einer einfachen und sachlichen Sprache. *Murray's Handbooks for Travellers* erschienen ab 1836 und widmeten sich Destinationen in Europa, in Teilen von Asien und Nordafrika. Murray's präzise Reiseplanungen entsprachen dem Ideal der aufkommenden Tourismusindustrie wie der britischen Handels- und Industrieorganisation im Allgemeinen, weil sie praktische Handreichungen für die Reisenden waren und Sicherheit gaben.[16]

Mit der Etablierung und Ausdehnung der Sommerfrische bzw. anderer Reiseformen auf die sozial mittleren Schichten kann man von einer *zweiten Phase der Tourismusgeschichte* sprechen, die bis zum Ersten Weltkrieg reicht. Dies betrifft insbesondere die Anfänge des Sozialtourismus durch Gewerkschaften und Arbeiterbewegung. Ende des 19. Jahrhunderts entsteht mit dem wachsenden Industrieproletariat in vielen Ländern eine Arbeiterbewegung,

---

[16] Hasso Spode, Der moderne Tourismus – Grundlinien seiner Entstehung und Entwicklung vom 18.–20. Jahrhundert. In: Moderner Tourismus – Tendenzen und Aussichten, Materialien zur Fremdenverkehrsgeographie. Trier, 39–76.

die zusehends zu einem wichtigen politischen Akteur wurde. Sie kämpfte nicht nur für die Rechte der Arbeiter wie höhere Löhne und bessere Arbeitsbedingungen. Sie erreichte auch die Verkürzung der Wochenarbeitszeit und Sonn- und Feiertage wurden zu arbeitsfreien Tagen, womit sich erstmals Gelegenheit für einen Sonntagsausflug bot. Die Arbeitervereine verstanden sich aber auch als Bildungsbewegung und es entstanden Arbeiterfreizeit-Organisationen wie etwa die Arbeiterwanderer. 1895 wurde in Wien der proletarische Touristenverein *Die Naturfreunde* gegründet. Die Reiseziele lagen zumeist nicht sehr weit von den Wohnorten entfernt und konnten mit der Bahn oder mit dem Fahrrad erreicht werden.[17]

Erste massentouristische Erscheinungen – gewissermaßen als *dritte Phase der Entwicklung* – datieren in die 1930er Jahre. Während des Ersten Weltkriegs war jeglicher Tourismus zum Erliegen gekommen. 1925 wurde in Italien das *Opera Nazionale Dopolavoro* (Nationale Organisation nach der Arbeit) gegründet, eine Werkstätte des Faschismus, durch welche die Freizeit unter einheitlichen nationalen Gesichtspunkten modelliert und kontrolliert wurde. Sie sollte ausschließlich kollektiv konsumiert werden. Wanderungen, Märsche, Schießübungen, volkstümliche Gesellschaftsreisen und Massenveranstaltungen wurden organisiert, um eine faschistische Volksgemeinschaft zu generieren. Im Deutschen Reich entstand mit Hilfe der *Nationalsozialistischen Gemeinschaft Kraft durch Freude (KdF)* ein politisch organisierter Volks- und Sozialtourismus nach italienischem Vorbild. Die politische Steuerung der Menschen verfolgte das Ziel, durch gemeinsame Freizeitnutzung die kulturellen und sozialen Gegensätze zu überdecken und ein Gefühl der Zusammengehörigkeit – ein

---

[17] Manfred Pilz, „Berg frei" 100 Jahre Naturfreunde, Wien 1994;

Volk, ein Reich – zu entwickeln. Die NS-Gemeinschaft KdF wurde so zum damals größten Reiseveranstalter, zwischen 1934 und 1939 wurden 40 Mio. Reisen verkauft. Der Tourismus-Historiker Hasso Spode nennt dies den ersten deutschen Reiseboom.[18]

In den Dekaden nach dem Zweiten Weltkrieg entstand nach den schweren Jahren des Wiederaufbaus aus der *Arbeitsgesellschaft* nach und nach eine *Freizeitgesellschaft*.[19] Der Urlaub wurde zumindest in den westlichen Gesellschaften zu einem Teil des Lebensstils, die Jahresfreizeit stieg enorm und die Zahl der Arbeitstage nahm sukzessive ab. Gründe dafür waren die fortschreitende Mechanisierung und Technisierung der Arbeitsprozesse sowie sozialpolitische Reformen.

Die vollständige Industrialisierung des touristischen Reisens und *Reisen für Jedermann & seine Frau* markiert die *vierte Phase des modernen Tourismus,* die in der westlichen Welt etwa in den 1970er Jahren begann und mit der Corona-Pandemie im Frühjahr 2020 zu Ende ging. Seit der Jahrtausendwende entwickelten insbesondere die Schwellenländer Asiens einen stark expandierenden Tourismus der sich auch in den Ankünften in Europa deutlich niederschlug. Die Zahl der grenzüberschreitenden

---

[18] Hasso Spode, Die NS-Gemeinschaft ‚Kraft durch Freude' – ein Volk auf Reisen? in: Zur Sonne, zur Freiheit! Beiträge zur Tourismusgeschichte, Berichte und Materialien Nr. 11 des Studienkreises für Tourismus und des Instituts für Tourismus der FU Berlin, Berlin 1991, 79–93.

[19] Hans-Werner Prahl, Soziologie der Freizeit, Paderborn 2002. In Deutschland wurde die touristisch ausgerichtete empirische Freizeitforschung in den 1990er Jahren von Horst Opaschowski geprägt, der mit dem demoskopischen B.A.T-Institut eine Reihe von Untersuchungen durchführte und reichhaltig publizierte. Sein Überblicksartikel zum Thema Freizeitpsychologie ist nachzulesen in Heinz Hahn/H. Jürgen Kagelmann (Hg.), Tourismuspsychologie und Tourismussoziologie. Ein Handbuch zur Tourismuswissenschaft, München 1993, 79–84.

Reisen lag 2019 etwa zehnmal so hoch wie vor 50 Jahren. Europa verzeichnete 2018 mit insgesamt 740 Mio. Touristenankünften mehr als doppelt so viele wie der Asien-Pazifik-Raum mit 360 Mio. und mehr als das Dreifache gegenüber Amerika mit 220 Mio. Auf die Top-10 Destinationen entfallen 40 % der weltweiten Touristenankünfte – auf Frankreich 89 Mio., Spanien 83, USA 80, China 63, Italien 62, Türkei 46, Mexiko 41, Deutschland 39, Thailand 38, UK 36 und Österreich liegt mit knapp 30 Mio. knapp dahinter. Die Länder mit den höchsten internationalen Tourismusausgaben waren mit großem Abstand China, die USA und Deutschland. Auf Europa entfallen rd. 40 % aller internationalen Tourismusausgaben, gefolgt vom Raum Asien-Pazifik und den amerikanischen Ländern. 51 % aller internationalen Tourismusreisen entfallen auf Europa, ein Viertel auf Asien-Pazifik und 15 % auf Amerika. Afrika und der Mittlere Osten erreichen zusammen etwa 10 %. 56 % aller Reisen sind Urlaubs- oder Vergnügungsreisen, 27 % erfolgten aus gesundheitlichen oder religiösen Gründen, 13 % aus beruflichen Gründen. Der Anteil der Flugreisen hat sich von 2000 auf 2018 von 46 % auf 58 % erhöht, etwa im selben Ausmaß nahm der Tourismus zu Land ab. 2019 wurden in der weltweiten Luftfahrt rd. 47 Mio. Flüge verzeichnet, der Umsatz im Flugreiseverkehr lag bei 612 Mrd. US $. Ausgelöst durch die Reisebeschränkungen aufgrund der Corona-Pandemie schrumpfte der Weltmarkt um rund 80 %.[20]

Der touristische Reiseverkehr in Europa erfolgt vorwiegend mittels PKW. Reisebusse und Züge haben eine

---

[20] Nach Angaben der UN-WTO und länderspezifisch differenziert siehe https://www.unwto.org/international-tourism-and-covid-19, aufgerufen 31.7.2021; https://www.e-unwto.org/doi/book/10.18111/9789284421152, aufgerufen 31.7.2021.

zweitrangige Bedeutung, Flugzeuge sind nicht nur im Ferntourismus zur Selbstverständlichkeit geworden. An Beliebtheit zugenommen haben insbesondere Kreuzfahrten. Weltweit machten 28,5 Mio. Passagiere im Jahr 2018 eine Schiffskreuzfahrt, was einer Verdoppelung gegenüber 2005 entspricht. Das Reisebedürfnis unter der urbanen Bevölkerung ist wesentlich ausgeprägter und bis heute gehen die oberen sozialen Schichten häufiger und länger auf Reisen.[21]

Die Touristifizierung des Globus
Die Weiterentwicklung des Transportwesens und die flächenhafte Erschließung, damit die *Touristifizierung* nahezu aller attraktiver Regionen für den Tourismus, haben zu dieser globalen Entwicklung wesentlich beigetragen. Hatte die Eisenbahn die erste große Expansion eingeleitet und war sie auch nach dem Zweiten Weltkrieg zuerst noch das dominierende Transportmittel, so ist das heute im postmodernen Tourismus eindeutig der PKW, weil er den Aktionsradius ausdehnt und eine noch größere individuelle Mobilität erlaubt. Deren ungezügelte Entwicklung ist das zentrale Kennzeichen des höchst individuellen Tourismus der letzten Jahrzehnte, wenngleich die Tourismusdestinationen mit einer großen Vielfalt von standardisierten Angeboten aufwarten. Die rasch wachsende Motorisierung der Bevölkerung und die Ausdehnung des Straßennetzes trugen zu dieser Verlagerung des Tourismus bei, weil auch entlegenere Destinationen nun gut erreichbar wurden, wohingegen seinerzeit nur die Gebiete im Einzugsbereich der Eisenbahn vom Tourismus erfasst waren.

---

[21] https://de.statista.com/themen/702/tourismus-weltweit/, aufgerufen 31.7.2021.

Heute reisen etwa drei von vier aller Deutschen mit dem Auto in ihre Urlaubsorte, in anderen Ländern Europas ist das nicht viel anders, zumal für Familienurlaube der PKW das preisgünstigste Verkehrsmittel darstellt. Camping wurde erst durch das Auto zu einem Tourismustrend und vom Zelt über den Wohnwagen hin zum *Clamping,* einem Deluxe-Camping, und zu rollenden Wohnzimmern, entstand eine direkt am Auto ausgerichtete Tourismussparte. Der Bus als Reisemittel hat gegenüber dem PKW an Bedeutung verloren, bedient aber kontinuierlich erfolgreich das Segment der Gruppenreisen. In Zeiten des Klimawandels hat er an Image gewonnen, weil er gegenüber dem individuellen Autoverkehr deutlich weniger Treibhausgase ausstößt und daher als umweltfreundlicher gilt. Den größten negativen ökologischen Fußabdruck hat der Flugverkehr gefolgt von den Kreuzfahrtschiffen. Das Flugzeug wurde zum bedeutendsten Verkehrsmittel für den Pauschaltourismus, der auf Serienfertigung, Standardisierung, arbeitsteilige Produktion und hohe Stückzahl pro Einheit setzt. Charterreisen von den Agglomerationen in die Feriendestinationen gehören heute zum touristischen Alltag. Mit der Einführung sogenannter *low-cost carrier* bzw. durch den Preisverfall bei Flugreisen wurden Kurz- und Fernflüge für eine breite Gesellschaftsschicht erschwinglich. Auch der anhaltende Boom im Kultur- und Städtetourismus ist teilweise darauf zurückzuführen.[22]

Der touristische Autoverkehr hat nicht nur wegen der Umweltbelastung negative Auswirkungen, sondern auch aufgrund der Verkehrsdichte. Die Völkerwanderungen

---

[22] Einen Gesamtüberblick liefert Sven Groß, Handbuch Tourismus und Verkehr – Verkehrsunternehmen, Strategien und Konzepte, Konstanz und München 2017.

im *zähflüssigen Verkehr* über die verstopften Autobahnen in die Urlaubsregionen am Mittelmeer oder in den Alpen erzeugen in den Destinationen ebensolche *crowding* Effekte. Im Städtetourismus oder in manchen Schisportorten spricht man von *overtourism,* einem Phänomen, bei dem die Tragfähigkeit einer Destination überfordert und die Erlebnisqualität der Reisenden wie die Lebensqualität der Bewohner beeinträchtigt wird.

Spätestens seit der Jahrtausendwende ist von einer weltumspannenden Tourismusindustrie zu sprechen, die sämtliche Verkehrsmittel in Anspruch nimmt und auch aus ganz entlegenen Regionen eine *pleasure periphery,* eine Peripherie des Vergnügens, entwickelt hat. Die verschiedenen Sparten des Tourismus bedienen alle Bedürfnisse, die aus den Defiziten des Alltags erwachsen und die im Wesentlichen auch die Reisemotive darstellen wie etwa den Wunsch nach Selbstverwirklichung, Erholung, Vergnügen, Prestige und die Suche nach dem zeitweisen Glück.

Der moderne, gehetzte Mensch habe das permanente Gefühl, etwas zu versäumen und dabei – so Klaus Kufeld – den Blick für die Schönheit des Unterwegsseins verloren, die zum Innehalten aufruft.[23] *Slow Tourism* – langsame Formen von Urlaub und des Reisens wie der naturnahe Tourismus mit Verzicht auf Auto, Zusammenschlüsse von autofreien Urlaubsorten und Bergsteigerdörfer haben sich als Nischenmärkte herausgebildet, weil sie dem Bedürfnis nach reduzierter Lebensgeschwindigkeit entsprechen. Karlheinz Wöhler sieht in der Loslösung aus dem Alltag daher

---

[23] Vom Verlassen der Paradiese. Des unüberholbaren Romantikers philosophische Perspektive auf das Reisen, auch das touristische. in: Roman Egger/Kurt Luger (Hg.), Tourismus und mobile Freizeit – Lebensformen, Trends, Herausforderungen. Norderstedt 2015, 11–26.

auch keine Flucht, sondern vielmehr die Aufrechterhaltung des Selbst im Alltag, denn Reisen unterbricht den profanen Alltag und gibt dem Leben neuen Sinn. Konsum-, Freizeit- und Tourismuswelten sind Leiträume der Postmoderne, die einen Alltagsraum brauchen, um als Anderswelt wahrgenommen zu werden. Sich von angestammten Räumen zu entfernen, ermöglicht ein Anderssein, ein über sich hinausgehen können. Der Tourismus wird damit zu etwas Außeralltäglichem und in Begehrensräumen lernt der Mensch die Unvollständigkeit seines Seins zu erkennen. In Tourismusräumen werden daher Orte vermutet, an denen sich der Sinn des Lebens erschließt und Erlebnisdefizite behoben werden können – es sind glücklich machende Fernräume, *Heterotope*.

Der temporäre Raumaufenthalt ist aber auch ein Konsumgut, das als mythische Form bzw. als verschönerter Raum ökonomisch genutzt wird. Im Massentourismus ist die Landschaft zu einem Konsumartikel geworden und die Zimmer mit Ausblick werden teurer verkauft als jene in den Hinterhof – das trifft auf die Berge ebenso zu wie auf das Meer oder eine historische Altstadt. Derartige Panoramen des Schönen bilden das Grundkapital für eine Tourismuslandschaft, bei der das Pittoreske und das Typische als Wahrzeichen einer Region oder sogar als nationale Symbolartikel gehandelt werden. Die Bucht von Capri, die steilen Flanken des Matterhorns, die Straßenschluchten von Manhattan, der Blick vom Trocadéro über das Champ de Mars mit dem Eiffelturm – sie sind Ikonen und Wiedererkennungsbilder, mit denen die Sehnsucht nach Erfahrung durch eigene Anschauung und Erlebnisintensität ausgelöst oder gesteigert wird.

Tourismus im digitalen Zeitalter ist Begehung mit Blicken, die nicht mehr mit eigenen Augen definiert werden müssen. Die Kunst hat die Rolle des Kundschafters etwa in der Landschaftsmalerei praktiziert, hat

Images geschaffen, die im *cross-medialen* Tourismusmarketing der *Erlebnisraumbewirtschaftung* zu stereotypen Bild-Marken und mit weiteren Erlebnisversprechen angereichert werden. Die Erfahrung der Landschaft mittels Eisenbahn, Seilbahn oder Auto löst somit ein Spannungsverhältnis zwischen Natur und Technik aus, weil sich dadurch eine wilde und unzugängliche Gebirgslandschaft in eine prototypische Tourismuslandschaft verwandelt, in eine Vergnügens- und Erlebnislandschaft transformiert wird. Das neue Landschaftsgefühl trägt dem Wunsch Rechnung, die Natur technisch zu beherrschen.[24]

Beispiele für solche Veränderungsprozesse sind etwa die Eisenbahnlinie über den Semmering. Sie ist Welterbe seit 1998 wegen ihrer herausragenden technischen Leistung als erste Hochgebirgs-Eisenbahn und weil damit Gebiete von großer Naturschönheit leichter zugänglich, für Wohnbau und Erholung erschlossen wurden, was zur Schaffung einer neuen Landschaftsform führte. Ähnliches trifft auf die Rätische Bahn in den Schweizer Alpen zu, Welterbe wegen ihrer eindrucksvollen Linienführung und Bautechnik seit 2008. Das Gleiche gilt für kühne Trassen und Alpenstraßen wie etwa über die Dolomitenpässe, die Großglockner Hochalpenstraße von Salzburg nach Kärnten durch den Nationalpark Hohe Tauern oder die Deutsche Alpenstraße, aber ebenso für Ocean Drives wie die Corniche an der Côte d'Azur oder die Amalfitana, die kurvige Küstenstraße entlang des Golfs von Salerno südlich von Neapel.

Die damit einhergehende Transformation trifft auf viele andere Landschaften auf allen Kontinenten zu. Nach

---

[24] Bernhard Tschofen, Berg-Kultur-Moderne, Volkskundliches aus den Alpen, Wien 1999; Thomas Zeller, Straße-Bahn-Panorama, Verkehrswege und Landschaftsveränderung in Deutschland von 1930 bis 1990, Frankfurt und New York 2002.

der Erfindung des Autos kamen die Panoramastraßen, die Parkways in den USA etwa, weil die Städter mit ihren motorisierten Vehikeln die Natur und die Peripherie der Städte erkunden wollten. Die Meisterwerke der Ingenieurskunst des 19. und frühen 20. Jahrhunderts dokumentieren so nicht nur den beeindruckenden technischen Fortschritt, sondern können auch als Symbole der Zähmung der Natur und deren Aufbereitung für einen kinoartigen Schaugenuss für die Besucher gesehen werden. Sie bilden nun ein Naturtheater, das durch genießenden Konsum wahrgenommen werden kann. Durch die Inanspruchnahme der touristischen Infrastruktur entsteht ein Tourismusraum, der durch diesen Beziehungsmodus erfahren wird. Sein Durchfahren verkleinert gefühlsmäßig den Erlebnisraum und verschiebt Begriffe wie Nähe und Ferne.

5

Utopien und Dystopien – Wunschtraum und Alptraum

Jeder kennt das: eine Landschaft, die ihm den Herzschlag verändert;
 Ein Sonnenuntergang, der sein Gemüt bewegt; ein Ausblick, der ihm die Sprache verschlägt.
 Für den einen ist es der Berg, für den zweiten das Meer, für den dritten die Wüste.
 Die Sinne reagieren auf einmal schärfer und empfindsamer.
 Die Farben leuchten anders auf, Entfernungen verändern sich, Grenzen verschieben sich.
 Manchmal ist es das Unerwartete, Neue, das in den Blick kommt.
 Dann ist es die Rückkehr, die Wiederbegegnung, die gefangen nimmt.
 Iso Camartin, Jeder braucht seinen Süden

Im Vorjahr war ich mit meiner Frau auf einer Weltreise.
Sie, da fahr ich nicht mehr hin.
Gerhard Polt

Aufbrechen, Neues suchen, die Welt entdecken und dabei auch sich selbst – was immer die Motive für Reisen in nahe oder ferne Länder sein mögen, für kaum eine Region trifft diese Sehnsucht mehr zu als für die Bergwelt des Hindukusch-Himalaya. Doppelt so hoch und doppelt so lange wie der Alpenbogen suchen und finden Reisende, wandernde wie kletternde Touristen dort die Orte ihres ersehnten Glücks. Ihr touristischer Blick lässt sie die Augen vor dem allzu Hässlichen verschließen und die bedrohliche Wirklichkeit ausblenden. Touristen wollen weder vom Schrecken der gnadenlosen Monsunregen noch vom rasanten Sterben der Gletscher etwas hören. Sie wollen nur das Schöne sehen, das ja noch im Übermaß vorhanden ist: die große Stille und Erhabenheit der Bergwelt, kleine Dörfer, die sich wie Schafherden an grüne Hügelketten ducken, daneben von Hand gezimmerte und bewirtschaftete Terrassenfelder, die sich harmonisch in die Wildnis einfügen, Flora und Fauna so bunt wie ein Paradiesvogel, dazu eine ethnisch und kulturell gemischte Bevölkerung, die vielfältiger nicht sein könnte. Die scheue Anmut eines lächelnden Mädchens, die Herzlichkeit der Bauern – ja sogar deren Armut wirkt geradezu ästhetisch, perfekt passend, und über den Gipfeln schwebt wie eine Föhnwolke die Spiritualität dieser Landschaft.

Der Garten Eden – ein verlorenes Paradies
Das Leben im höchsten Gebirge der Welt kann sehr hart sein, jeglicher Romantik entbehren. Und wenn, wie Marcel Proust meint, das *verlorene* Paradies das *einzige* Paradies sei, so eignet sich der Himalaya wie kaum eine Region für diese Vorstellung von einem Garten Eden, dessen Zerstörung mit Beharrlichkeit vorangetrieben wird. Nicht nur die rücksichtslose Ausbeutung, die längst den ganzen Planeten erfasst hat und das ökologische Gleichgewicht überall auf der Welt durcheinanderwirbelt, hat

ein unerträgliches Ausmaß erreicht. Auch die anderen Bedrohungen, denen das höchste Gebirge der Welt ausgesetzt ist, lassen es nicht als übertrieben erscheinen, von *Orten des Infernos* zu sprechen. Kriege, Bürgerkriege, Terror, Armut, Hunger, Diskriminierung und gewalttätiger Rassismus, katastrophale Regierungsleistungen, Korruption, Zerstörung der Biodiversität und alter Kulturpraktiken – all das findet man in diesen Ländern. Dessen ungeachtet existiert die Region des Hindukusch-Himalaya in den urbanen Phantasien westlicher Touristen als Sehnsuchtsdestination, werden Kindheitsträume von einem Paradies auf Erden weitergesponnen und letztlich zu Reiseplänen und Reiseentscheidungen verdichtet. Sie finden ihre Realisierung dank der günstigen Flugtarife, die Fernreisen für viele erschwinglich werden lassen.

Fix gebucht als *Shangri la* in den Hochglanzmagazinen der Reiseindustrie, rückt diese Region meist nur dann in die Schlagzeilen der internationalen Nachrichtenmedien, wenn ein Ereignis eklatant aus dem Rahmen fällt, etwa wegen seiner Kuriosität, seiner Widersinnigkeit oder aufgrund seiner Unfasslichkeit und Brutalität. Als im Frühjahr 2013 ein islamistisches Terrorkommando auf der berühmten *Märchenwiese* am *Nanga Parbat,* dem im Norden Pakistans gelegenen neunthöchsten Berg der Erde, eine Gruppe von Bergsteigern aus ihren Zelten holte und sie kaltblütig ermordete, war das so ein Anlass. Die *Aufmerksamkeitsökonomie* der internationalen Medienwelt hat einen zynischen Charakter, denn der Tod hunderter Bergbauern jedes Jahr, verursacht durch den immer unberechenbarer werdenden Monsun, wird als Normalität verbucht, bleibt unbeachtet oder ist nur eine kleine Meldung auf den vermischten Seiten wert.

„Gibt es ein Paradies auf Erden, dann ist es hier", schwärmte vor über 350 Jahren der große Mogulkaiser Jahangir. Friedlich und bezaubernd liegt das *glückliche Tal* in seiner ganzen Pracht zu Füßen der verschneiten Bergketten von Himalaya und Karakorum. Der Jhelum-Fluss schlängelt sich wie ein Seidenfaden durch die *paddyfields,* die sattgrünen Reisfelder, im ölig-schimmernden Dal-See liegen die vertäuten Hausboote und Kinder begrüßen die Fremden mit *Lotos*-Blumen, die zu tausenden in den schwimmenden Gärten rund um die Stadt Srinagar blühen. Sie ist nach *Lakshmi,* der Göttin des Glücks und der Schönheit, benannt.

Die Idylle hat nur einen schwerwiegenden Fehler: Pakistan und Indien liegen im Streit um die *schönste Braut* Asiens, das seit 1947 geteilte Kaschmir. Etliche Kriege haben die verfeindeten Nachbarn schon geführt, ein dauerhafter Friede ist nicht in Sicht, denn auf beiden Seiten wird immer wieder gezündelt. Der Ruf der moslemischen Bevölkerungsmehrheit nach einem *Azad Kaschmir,* einem geeinten und freien Kaschmir, tönt immer lauter, aber Indien will derlei Töne nicht hören. Jenseits dieses langjährigen Konflikts gehört Pakistan zu den am meisten von Gewalt geprägten Ländern der Welt, gilt als Rückzugs- und Aufmarschgelände fundamentalistischer Islamisten und Terrorgruppen. Dessen ungeachtet praktiziert insbesondere die bäuerliche Bevölkerung in den Dörfern eine Tradition von großzügiger Gastfreundschaft, die man anderswo kaum finden kann.

Armut, Zerstörung der Natur, Unterdrückung traditioneller Lebensformen und Kulturen kennzeichnen die Situation in etlichen Teilen des Hindukusch-Himalaya. In Afghanistan, Kaschmir und Nepal leiden die Menschen darunter, dass ihre Lebensräume zu Kriegsschauplätzen wurden, ethnische, politische oder religiöse Konflikte stets und über viele Jahre mit großer Gewalt ausgetragen werden. Im indischen Teil Kaschmirs reicht die Frontlinie bis auf 6000 m hinauf. Auf beiden Seiten des *Siachen* Gletschers stehen einander schwer bewaffnete Soldaten gegenüber. China hat das riesige tibetische Hochland zu einer militärischen Pufferzone erklärt, verwendet es als Atommüll- und Waffenlager und verfolgt eine strikte Politik der *Sinisierung,* d. h. der politischen, ökonomischen und kulturellen Integration Tibets in das chinesische Gesellschaftssystem. In Nepal gab es einen brutalen und zehn Jahre dauernden Bürgerkrieg. Die maoistischen Rebellen stürzten letztlich mit Hilfe des Parlaments den König. Ihr *Krieg gegen die Paläste* fand Nährboden, weil die Lage der Bauern so verzweifelt und die Korruption der Herrschenden so rücksichtslos war, dass man unter allen Umständen dieses System der Unterdrückung loswerden wollte. In der jungen Republik muss sich aber trotz neuer föderaler Verfassung noch vieles zum Positiven verändern, damit man von einem tatsächlichen gesellschaftspolitischen Wandel sprechen kann. Die Korruption ist nicht wirklich kleiner geworden, nur die großen Limousinen fahren jetzt andere *fat cats,* wie die Nepalesen zu ihrer regierenden Oberschicht sagen.[1]

Trotz der vielen gewalttätigen Konflikte auf dem Dach der Welt, der Naturkatastrophen und der enormen Bedrohung des ökologischen Gleichgewichts, ist der internationale Himalaya-Tourismus ständig gewachsen, scheint die von dieser Region ausgehende Magie im Westen ungebrochen. Auch der Inländertourismus und die Zahl der Pilger nimmt ständig zu. Statt nach Kaschmir fahren die Bewohner der indischen Metropolen während der heißen Sommermonate in andere nordindische Bundesstaaten, etwa nach Himalchal Pradesh, Sikkim

---

[1] In meinem Buch Auf der Suche nach dem Ort des ewigen Glücks – Kultur, Tourismus und Entwicklung, Kathmandu 2014, versuche ich eine Minimalhypothese zum Verständnis der großen Zusammenhänge in dieser Region zu entwickeln.

oder Darjeeling. Der Tourismus in Tibet boomt seit Jahren. Die Hauptstadt Lhasa erlebt einen Ansturm vergnügungssüchtiger Mutterlandchinesen und die Altstadt den Niedergang ihrer sakralen Kultur. Das Zentrum mit seinen heiligsten Plätzen wurde zu einem Disneyland-Folkloreviertel mit allen negativen Insignien des Massentourismus. Das Schaugeschäft mit dem Welterbe blüht, der *Potala,* einst Residenz der Dalai Lamas, wird geradezu niedergetreten, aber traditionelle Altstadthäuser verfallen oder werden zu Tode modernisiert. Fünf Jahre dauerte der Bau der 2006 eröffneten 2000 km langen Eisenbahnlinie von Golmud über die Hochebene nach Lhasa. Sie schaufelt mehr und mehr Touristen nach Tibet und der Ausbau der Verbindung nach Shigatze erfolgte ebenfalls im Eiltempo. Die Weiterführung in den Westen bis zum *Kailash,* dem heiligsten Berg und Pilgerstätte vieler Himalayavölker, und darüber hinaus bis Ürümqi im Uigurischen Autonomen Gebiet Xinjiang (Ostturkestan) ist schon in Planung. Bis vor kurzem noch Zuschussprovinz, wird Tibet nun im Eilzugstempo infrastrukturell erschlossen und für den Tourismus der großen Zahl zugerichtet.

Auch in Nepal war der Tourismus mit der Eroberung der höchsten Gipfel und dem Wandertourismus im Schatten der Achttausender kontinuierlich gewachsen. 9/11, der Bürgerkrieg und eine zerstörerische Serie von Erdbeben im Jahr 2015 brachten einen massiven Rückgang. Die Zahl der Trekker und Bergsteiger halbierte sich nach dem Bürgerkrieg, aber zehn Jahre nach diesem Flächenbrand zählte man fast eine Million Touristen, so viele wie noch nie. Zuletzt kam der Tourismus wegen der Pandemie fast ganz zum Stillstand, weil auch die an *Abenteuer light* orientierte Klientel nicht mehr ins Land oder von dort nicht mehr nach Hause konnte.

Die meisten asiatischen Besucher kommen über die Hauptstadt Kathmandu nicht hinaus. Pilger besuchen die dortigen heiligen Stätten der Hindus und Buddhisten, die kauflustigen wie spielsüchtigen Inder und Chinesen die Shopping Malls, Casinos und einschlägige Etablissements. In Kathmandus Touristenviertel Thamel entstand innerhalb weniger Jahre ein Little Chinatown, mit Hotels, Restaurants und Entertainment. Für chinesische Privatunternehmen sind dies gewinnträchtige Geldanlagen. Auch der chinesische Staat investiert, geopolitisch motiviert vorwiegend in Nepals Infrastruktur, in Straßen und Wasserkraftwerke. Dies nützt auch dem Tourismus. Westtouristen interessieren sich hauptsächlich für Kulturelles, für die sakrale Welterbe-Architektur im Kathmandu Tal und für die einzigartige Bergwelt. Diese Mischung aus paradiesisch anmutender subtropischer Landschaft, ethnischer und religiöser Vielfalt, preiswerter Dienstleistung und hinreißender Freundlichkeit der Einheimischen, ergänzt zudem durch ein überwältigendes Angebot an exotischen wie billigen Souvenirs, machte das Land zum Zentrum des Himalaya-Tourismus.[2]

Das Paradies ist immer anderswo
Der Tourismus lebt von Paradiesvorstellungen – nicht nur im Himalaya. Das *Salzburger Land* warb viele Jahre um Besucher mit seiner bezaubernden Almen- und Berglandschaft und nannte sich augenzwinkernd *Das kleine Paradies*. Eine weltweit vertretene Premium-Hotelkette nennt sich *Shangri la* und auf der Landkarte des Ferntourismus findet man Paradiese für Taucher und solche

---

[2] Kurt Luger/Martin Weichbold, Reisemotive und Reiseerfahrungen von Himalaja-Touristen. in: Kurt Luger, Christian Baumgartner und Karlheinz Wöhler (Hg.), Ferntourismus wohin? Der globale Tourismus erobert den Horizont. Innsbruck 2004, 395–416.

unter Palmen, ist Tonga das *verschlafene Paradies der Südsee* und zu den *10 letzten touristenfreien Paradiesen* gehören Inselstaaten wie Nauru, Tuvalu oder Kiribati. Im Himalaya gilt das Königreich Bhutan wegen seiner intakten Natur als *letztes Paradies*. Mit seinen weißen Gipfeln, den dichten Wäldern und der buddhistischen Kultur ist der Kleinstaat die maßgeschneiderte Antwort auf westliche Sehnsüchte. Typisch für ein Paradies erlaubt es nur einem Zirkel Auserwählter den Zutritt. Damit wird die Besucherzahl künstlich klein und der Preis hochgehalten.

Seit Jahren ist Bhutan das *enfant chérie de la terre*. Großzügig unterstützt von europäischer Entwicklungshilfe läuft die Modernisierung des Landes mit Augenmaß unter dem Schlagwort *Bruttonationalglück*. In Wirklichkeit hat das Land den Entwicklungsländerstatus überwunden, wird von einer jungen, in westlichen Universitäten ausgebildeten Generation königstreuer Technokraten regiert, und hat sich geschickt als exklusive Tourismusdestination etabliert. Ein junger König wie aus dem Märchenbuch erlaubt sogar ein Parlament, das allerdings nur von königstreuen Politikern bevölkert wird. Das ist *story telling* und *public diplomacy* vom Feinsten – eine globale Marketing- und PR-Strategie lenkt davon ab, dass Bhutan auf seine 700.000 Einwohner berechnet wohl die höchste Zahl an ethnischen Flüchtlingen produziert hat. Bruttonationalglück ist nur für die Mehrheitsbevölkerung der *Drukpas* und nicht für die nepalstämmigen *Lhotsampas* vorgesehen. Von diesen wurden seit den 1980er Jahren über 100.000 aus Bhutan vertrieben und beschuldigt, illegale Ausländer zu sein. Auch Vertreter supranationaler Organisationen schwärmen von diesem Musterland, das seine Natur schützt und kulturelle Traditionen bewahrt. Komplementär zur Selbstdarstellung wird im Tourismus der *Shangri la-Mythos* mit Tendenz zum Wellness-Buddhismus vermarktet.

Bhutans Politik könnte man als Joint Venture mit dem Westen verstehen: Es betet das Mantra des Antimaterialismus und bringt seine Natur in ein Tourismuskonzept ein, das sich nur reiche Glückssucher aus dem Westen leisten können, von wo auch die Entwicklungsgelder und das ökologische Knowhow kommen.[3]

Utopische Imagination Paradies
Paradiese sind imaginative Konzepte, die in nahezu allen Religionen und Kulturen vorhanden sind und in ihrer Ikonographie auch einen utopischen Anspruch formulieren. Als Paradies – das Wort kommt ja aus dem Alt-Persischen – feiern die islamischen Völker in ihrer Poesie die schönsten Gärten. Es sind Orte der fließenden Quellen und rauschenden Brunnen, Oasen der Ruhe und Meditation, Genussstätten der Gottliebenden, wo Wein, Milch und Honig in berauschenden Mengen fließen. In der Dichtung der Sufis leben darin Glückseligkeit wie Harmonie und es herrscht grenzenlose Freude an dieser makellosen Natur.

In der Literatur, in Malerei und Kunsthandwerk unseres Kulturkreises sind Bäume, Berge und Wasser konstitutive Bestandteile des Naturschönen und derart paradiesischen Landschaften. Im christlichen Paradies-Mythos verbinden sich jenseits des moralischen Imperativs räumliche Phantasmagorien mit himmlischen Sphären, mit Reinheit und Göttlichkeit und sie imaginieren einen Zustand, der nicht von dieser Welt ist. Etliche dieser Elemente findet man als Bausteine eines die Sehnsüchte weckenden Tourismusmarketings. Auch wenn die Metapher inflationär verwendet wird, so locken sie doch mit Versprechen, die

---

[3] Eva Dietrich, Himmlische Paradiese – Bhutan und der Himalaja-Raum als Heilslieferanten für den Westen. in: Neue Zürcher Zeitung vom 17.6.2010.

man im Urlaub vor Ort eingelöst finden möchte: Sonnenschein, blauer Himmel, tropische Strände, glasklares Wasser, makellose Körper, Exotik, Unberührtheit der Landschaft, sinnlicher Überfluss – eine zeitlose Welt, in der Friede, Harmonie und Wohlstand existieren, ein wahrlich glückhafter Zustand.

Die ersten über moderne Massenmedien erfolgreich verbreiteten touristischen Paradiesbilder zeigten Hawaii, die Inselwelt des Südpazifiks, die Südsee – imaginäre Geografien, die seit den Aufzeichnungen der frühen Weltumsegler in kollektiven Illusionen schlummerten. Reisen – das heißt Bildern zu folgen und durch Augenschein vor Ort jene zu erleben, von denen man vorher nur träumte. Reisend verbrauchen wir die Ziele unserer Wünsche – und sind enttäuscht, wenn die Realität – das *echte* Tibet, Tirol, Taormina, Tahiti usw. – mit unserer Vorstellung nicht mithalten kann. Mit zunehmender Integration des Tourismus in die Kulturindustrie gesellte sich zu den tropischen Pflanzen die einschlägig süßliche Musik, die höhere Oktaven der Emotionalität und der effektvollen Vermarktung anschlug. Die Modeindustrie antwortete auf ethno-vestimentäre Bedürfnisse und die Audiovisionsindustrie prägte in Cinemascope und im Heimquadrat zusehends die Vorstellungswelten der Erholung- und Ablenkungssuchenden mit nomadischem Temperament. Flatscreens und Smartphones unserer Tage erhöhen den Zauber durch brillante Farben und eine Fülle von allzeit erreichbaren Sehnsuchtsorten.

Auch die großartige Gebirgswelt des Himalaya existiert in den Vorstellungen vieler als Sehnsuchtsdestination. Um diese ranken sich Myriaden von Legenden und Mythen, jene von der Eroberung der höchsten Gipfel wie solche der Weisheit und Spiritualität buddhistischer wie hinduistischer Dämonen- und Götterwelten. Bilder und Erzählungen – vermittelt durch eine höchst ambitionierte Medien- und Freizeitindustrie, die diesen attraktiven Markt bearbeitet – machen ihn für Besucher aus der ganzen Welt zu einer faszinierenden Landschaft und einem erstrebenswerten Reiseziel. Buchtitel der Abenteuer- und Sehnsuchtsliteratur wie *Die Freiheit, aufzubrechen, wohin ich will* (Reinhold Messner), *Gipfel und Geheimnisse* (Kurt Diemberger) oder *Nur der Himmel ist höher – Mein Weg auf den Mount Everest* (Helga Hengge), weisen den Weg und das Ziel, spielen mit der magischen Anziehungskraft des Himalaya und des höchsten Berges der Welt im Besonderen. *Sehnsucht Himalaya* hat über die Expeditions- und Reiseberichte der Bergsteiger Einzug in den Alltagsdiskurs gefunden. Hat der flache Alltag das Leben planiert, gibt es einen Ausweg in die Höhe. Dann zieht es den gut ausgebildeten und konditionsstarken Alpinisten und in seiner Spur auch den sprichwörtlichen *Maier* in den *großen Himalaya*, und schon in dem Foxtrottschlager aus dem Jahr 1926 stellt man die Frage, was dieser dort zu suchen hat.[4]

Der Mythos von Shambhala

> *Eine alte tibetische Geschichte berichtet von einem jungen Mann,*
> *der sich auf den Weg nach Shambhala begab. Nachdem er bereits mehrere Gebirge überquert hatte, gelangte er zu der Höhle eines Einsiedlers, der ihn fragte: Was ist das Ziel, das dich dazu anspornt, diese Schneewüsten zu durchqueren?*
> *Ich will Shambhala finden, antwortete der junge Mann.*
> *Nun, dann brauchst du nicht weit zu reisen, sagte der Einsiedler.*
> *Das Königreich von Shambhala ist in*
> *deinem eigenen Herzen.*
> Edwin Bernbaum, Der Weg nach Shambhala

---

[4] https://de.wikipedia.org/wiki/Was_macht_der_Maier_am_Himalaya%3F, 1.7.2021.

Wie ein Achttausender aus dem Hochland von Tibet ragt auch der Mythos von *Shambhala* aus dem reichen Schatz der Legenden und Hierophanien heraus. Die alten Texte verweisen auf ein hinter den Schneebergen verstecktes Königreich. Dort soll eine Dynastie erleuchteter Könige die geheimsten esoterischen *Kalacakra*-Lehren des Buddhismus bewachen, für jene Zeit, in der die Wahrheit verschwunden ist, zerstört von der Gier nach Macht und Reichtum und durch Krieg. Der Tibetologe Edwin Bernbaum[5] betont in seiner Auslegung die Mühen einer solchen Reise, die in den alten Texten beschrieben sind. *Shambhala* kann man nur nach einem unendlich langen und beschwerlichen Marsch durch öde Wüsten und wilde Berge erreichen. Man muss viele Hindernisse überwinden, um dieses ferne Heiligtum zu erreichen, und nur ein vollkommener Yogi wird in der Lage sein, dort auch wirklich anzukommen. Ein schönes und geheimnisvolles Bild – nur durch die innere Reinigung erlangen wir auch äußere Vollkommenheit! Die spirituelle Ausstrahlung wird nur derjenige erfahren, der bereit ist, sein Herz zu öffnen und das Staunen eines Kindes mit der Weisheit eines vollkommen gereiften Menschen zu verbinden. So sind wir als Reisende auch Suchende, Pilger, die einen Zustand der inneren Freiheit erlangen wollen, von geistiger und seelischer Unruhe aber auch von Ängsten erlöst. In unserem Geist liegt dieses Königreich außerhalb unserer Reichweite, aber es nährt die Sehnsucht nach einem Ort der Reinheit und Makellosigkeit. Eine Vorstellung, die auch in den zentralen Texten des Taoismus auftaucht – das verborgene Land verkörpert die ideale Gemeinschaft und im vollkommenen Seelenfrieden findet sich die vollendete Glückseligkeit.

---

[5] Der Weg nach Shambala, Freiburg 1995.

Shambhala, jenes verborgene Königreich irgendwo in Zentralasien, wurde in der Belletristik und in der populären Kultur zu einem Ort des Glücks auf Erden. In dem Roman *Der verlorene Horizont* von James Hilton, verfasst in den 1930er Jahren, wird es unter dem Namen *Shangri La* gegenständlich und irgendwo in Tibet lokalisiert. Mit der Trivialisierung seines spirituellen Hintergrunds und dessen Reduzierung auf Werbebotschaften in Reisekatalogen, wird die Suche nach jenem verborgenen Königreich in die unmittelbare Reichweite von Touristen gerückt. Bernbaum macht jedoch darauf aufmerksam, dass das Königreich jenen Teil unserer Welt symbolisiert, der sich unserer Wahrnehmung entzieht. Solange wir uns an die Täuschungen unseres Ichs klammern, fehlt es an der notwendigen Bewusstheit, der Welt wirklich gewahr zu werden. Der Schleier der Vorurteile behindert unsere Sicht, wir begnügen uns mit dem Oberflächenbewusstsein, das uns die wahre Welt nicht wahrnehmen lässt. Das Interesse an *Shambhala* reflektiert somit unser Sehnen nach dem unmittelbaren Erleben der Welt.

Der Mythos verweist auf eine universelle Form von etwas Tieferem, eine in vielen Kulturen existierende Sehnsucht nach Glück als Zustand der Zufriedenheit. Somit muss jeder Mensch für sich sein eigenes *Shambhala* finden, jenen Ort, jene Person, jene Vorstellung, die die inspirierende Kraft besitzt, uns über die innere Reise zu größerer Bewusstheit und Freiheit zu führen. Die innere Reise ist kein Rückzug aus der Welt, sondern vielmehr der Versuch, die Lehren zu erfahren, um die Dinge in ihrem wirklichen Sein zu erkennen.

Der kürzeste Weg zu sich führt um die Welt
In kulturwissenschaftlichen und philosophischen Texten wird auch im Westen auf diesen Umstand Bezug genommen und Reisen als die *Erfahrung der Welt* und als

Weg zu sich selbst interpretiert. Der Reiseschriftsteller Graf Keyserling meinte gar, der kürzeste Weg zu sich selbst führe um die Welt herum. In diesem Aufbruch in eine Heterotopie und gleichzeitig zu sich selbst steckt ein Element von Utopie, auf das Klaus Kufeld[6] aufmerksam macht. Das Selbsterfahrungspotenzial der Reise bemisst sich nach der Offenheit im Umgang mit der Ungewissheit menschlicher Lebensgegebenheiten. Alle Antennen auszufahren und bereit sein, sich auf das Andere, das Fremde einzulassen – darin liegt die Chance, seine Wahrnehmungen zu schärfen und Neues zu sehen, seinen Blickwinkel zu verändern.

Das fertige Urlaubspaket der Glücksindustrie liefert hingegen nur fremde Wirklichkeit als Kulisse, ist mehr Zustand als Weg, da die eigene Wirklichkeit nur an einen anderen Ort verlegt wird. Aber auch in diesem Fall werden die Wahrnehmungen des Einzelnen durch die eigenen Bedeutungssysteme sowie Erwartungshaltungen strukturiert, die Ansatzpunkte für Erlebnisse bilden. Dieser Prozess von Wahrnehmung, Sinngebung und Erlebniskonstruktion greift auf gespeicherte Codes zurück. Mündliche Erzählungen, Reiseliteratur, Bilder und Imaginationen sind die Quellen für diesen Konstruktionsprozess, mit deren Hilfe sich die Touristen ihre Erlebniswelten schaffen. Karlheinz Wöhler vermutet, dass es sich bei diesen Vorstellungen der Menschen um *glückliche Räume* handelt. Man will sie erfahren, weil sie etwas Außeralltägliches sind und vielleicht sogar „Orte, an denen sich der Sinn des Lebens erschließt".[7]

---

[6] Die Reise als Utopie, Ethische und politische Aspekte des Reisemotivs, München 2010.

[7] Touristifizierung von Räumen, Wiesbaden 2011, 9.

5 Utopien und Dystopien – Wunschtraum ...

Glücksucher und Mülltrenner

Touristen suchen in der Bergwelt des Himalaya das einfache Leben oder das menschliche Maß. Sie wollen wenigstens für einige Wochen zum Basalen zurück, dabei den eigenen Körper und ihre Grenzen spüren und in einen spirituellen Raum eintauchen, den die Tibeter als *beseelte Landschaft* bezeichnen, weil sie in einem engen Zusammenhang mit der Natur leben und über Rituale mit ihren Göttern oder Dämonen verbunden sind. Viele Touristen sind nicht nur Glücksucher, sondern auch Mülltrenner – jedenfalls in ihren Herkunftsländern, aber sie hinterlassen in den Tälern des Himalaya tonnenweise Zivilisationsmüll. Es scheint, als arbeite in uns ein Kraftwerk der Unvernunft, das zur Widersprüchlichkeit anspornt. Im Falle des Weltnaturerbes Mount Everest Nationalpark, das dem Schutz der UNESCO wie der gesamten Weltgemeinschaft überantwortet wurde, wäre der sorgsame Gebrauch, die vorsichtige und pflegliche Art des Umgangs als unbedingtes Gebot einzufordern. Aber Realität ist, dass der Verschleiß und die Zerstörung der Biodiversität einer momentanen Bedürfnisbefriedigung wegen oder aus Bequemlichkeit bzw. Nachlässigkeit in Kauf genommen werden. Seit Jahren wird im Rahmen eines internationalen Entwicklungsprojekts im Sagarmatha Nationalpark, der ganzen Region um den Mount Everest, dessen Basislager bis vor kurzem als höchstgelegene Mülldeponie der Welt galt, ein basales Müllmanagement umgesetzt, das noch erheblich verbessert werden muss. Es soll helfen, dem Berg seine Würde zurückzugeben, denn im tibetischen Buddhismus wird die Unversehrtheit der Landschaft mit einem Leben im Schutz der Götter verbunden.[8]

---

[8] Projektdarstellung und Bericht unter http://www.savingmounteverest.org/; https://www.sagarmathanext.com/, 30.8.2021. Weiterführende Aktivitäten siehe https://www.sagarmathanext.com/.

Dem österreichischen Schriftsteller und Asien-Reisenden Herbert Tichy (1912–1987), der den Himalaya mehrfach durchwanderte und die *Landschaft wie ein Gebet* empfand, war es zeitlebens ein Anliegen, das höchste Gebirge der Welt und dessen Bewohner den Menschen in Europa näher zu bringen. Er wollte stets den sozialen Kontext und seine Erfahrungen vermitteln, um auf diese Weise ein Verständnis für die Kulturen, ihre Traditionen und Lebensformen, zu ermöglichen. In seinem Buch *Die Wandlung des Lotus,* 1951 publiziert, schildert er diese Absicht: „Ich würde irreführen, wenn ich nur von den Tempeln, den Heiligen und dem Himalaya erzählte. Die sind seit Jahrhunderten unverändert, man kann sie nur besser oder schlechter beschreiben. Das Dramatische ist das Schicksal der Menschen, die in dieser Region leben."[9]

Heute, 70 Jahre später, besteht genügend Evidenz über die magnitudinalen Veränderungen in dieser Region, nicht nur die sozialen und kulturellen Verwerfungen betreffend, sondern auch den Lebensraum selbst. Dieses Wissen hat in der westlichen Welt aber noch keine weiten Kreise gezogen. In der Vorstellungswelt dominieren Bilder von der Eroberung der Gipfel, wo es um Sieg oder Niederlage, um Leben und Tod geht. Oder sie stehen in Verbindung mit dem Dalai Lama bzw. buddhistischen Mönchen und indischen Yogis als Symbolträger für Spiritualität. Der Mythos von einem Ort ewigen Glücks in populärer Aufmachung schwingt als Standardnarrativ immer mit.

Der dicht verwobene Zusammenhang von Armut und Unterdrückung, von Krieg und Ritual, von ethnischer wie religiöser Buntheit und Konflikten, von Weisheit und fortschreitender Zerstörung der Lebensgrundlagen, von der

---

[9] Neuauflage Edition Sonnenaufgang, Wien 2016.

stark wachsenden Bevölkerung und der immer dichteren Besiedlung, welche die Natur förmlich in die Knie zwingt – er überfordert alle in ihrer Kapazität und ihrer Bereitschaft, diese Informationen aufzunehmen und zu verarbeiten, aber auch im Vorstellungsvermögen, wie eine Lösung der vielfältigen Konflikt- und Problemlagen aussehen könnte.[10]

Der Himalaya als Tourismus- und Erlebnisraum, als manifester und vieldeutiger Andersraum, bietet westlichen Touristen eine Vielfalt an Irritationen, an kulturellen Herausforderungen und Situationen, in denen sie ihre Reisekompetenz wie ihr interkulturelles Toleranzpotenzial überprüfen können. Er kann Paradies und Hölle gleichermaßen sein.

Die Reise als Utopie

Die Analyse der unmittelbar wahrgenommenen Erfahrungen, die Bewertung der Erkenntnis hinsichtlich ihrer Bedeutung und ihre Integration in den eigenen geistigen Kosmos verlangen jedenfalls einen weiterführenden Reflexionsprozess. Wenn Touristen ihren Erfahrungsgewinn und ihr eigenes Handeln kritisch hinterfragen, ist damit ein erster Schritt getan. Man gewinnt eine Vorstellung von einer anderen Welt und mithin eines anderen Seins in der Alltagswelt.

In so einer Sicht der Dinge gewinnt die Reise etwas Utopisches, wie Klaus Kufeld mit Bezug auf Ernst Bloch in seiner feinsinnigen Publikation „Die Reise als Utopie"

---

[10] Jack Ives/Bruno Messerli, Mountains of the World – A Global Priority. New York–London 1997; Jack Ives, Himalayan Perceptions, Environmental change and the well-being of mountain people. London-New York 2004; ICIMOD-International Centre for Integrated Mountain Development, The Hindu Kush-Himalaya Assessment. Mountains, Climate Change, Sustainability and People, 2019. https://doi.org/10.1007/978-3-319-92288-1.

ausführt. Die *Wunschlandschaft Reise* wird zum Wissensmotiv, das unermüdliche Streben nach Erkenntnis in seiner Hinwendung zur Welt – *Der Mensch als Frage, die Welt als Antwort*. Dieses Motiv dem Tourismus grundsätzlich zu unterstellen wäre irreführend, nur bei Kultur- und Bildungsreisen wird so etwas wie Horizonterweiterung jedenfalls beabsichtigt. Aber Reise als Erkenntnis-*Arbeit* ist nicht das, wonach erholungs- und spektakelsüchtige Menschen in ihrer Freizeit streben.

Für Kufeld bietet der Urlaub zwar eine geradezu perfekt organisierte Heterotopie, als Ort der Illusion, der den Alltag ausschließt, aber eine nur scheinbar verwirklichte Utopie. Er sieht im Urlaub ein auf Statik zurückgedrängtes Reisen, „mehr Zustand als Weg", eine um den Weg subtrahierte Illusion, weil die fremde Wirklichkeit nur als Kulisse begriffen wird und somit die Differenz zum Zuhause nicht mehr signifikant scheint. Der Weg dorthin – zum Ferienort – wird in dieser Sichtweise wieder zur Strecke, wie einst im Zeitalter der Eisenbahnreise das Dazwischen von Ausgangspunkt und Endpunkt letztlich ohne Bedeutung war. Wird die Reise zum Ziel degradiert, kommt sie ohne Utopie aus, denn echte Utopie enthält Hin- und Rückweg. Auf Erkenntnis und Wissen ausgerichtetes Reisen als Utopie heißt auf dem Weg sein und darauf bleiben, hat also keinen rechten Ort. Das touristische Reisen hingegen ist ein ankommendes Reisen, das einen Ort hat und der Strecke oder besser gesagt dem Weg nur dann Bedeutung schenkt, wenn dieser sichtbaren Erlebnischarakter behaupten kann, weil er entweder durch eine eindrucksvolle Landschaft führt oder mit Attraktionen wie einem spektakulären Straßenverlauf aufwarten kann. Der Weg bleibt aber auch dann in Erinnerung, wenn etwa ein Verkehrsunfall, oder ein außergewöhnlich lang andauerndes Stauerlebnis die Freude am Urlaub getrübt oder zerstört hat.

Urlaub gelingt dann am besten, wenn er nicht mit zu hohen Ansprüchen überfordert wird – der Freiheitstraum der Menschheit nicht mit zwei Wochen auf einer griechischen Insel oder dem Wohnwagenanhänger zugewiesenen Areal eines Campingplatzes gleichgesetzt wird. Hans Magnus Enzensberger hat in seinem hintergründigen Text „Eine Theorie des Tourismus" schon 1958, also vor Beginn des eigentlichen Zeitalters des Massentourismus, auf die Widersprüchlichkeit touristischen Reisens hingewiesen. Die Leitbilder der Romantik – die zivilisationsferne Landschaft und die denkwürdige Geschichte – hätten sich als die Leitbilder des modernen Tourismus erhalten und dieser sei nichts anderes, als der Versuch, den in die Ferne projizierten Wunschtraum leibhaftig zu verwirklichen. Je mehr sich die bürgerliche Gesellschaft aber schließt, umso angestrengter versuchen der Bürger und seine Frau ihr als Touristen zu entkommen. Die Reise gehört zu den ältesten und allgemeinsten Figuren menschlichen Lebens. Der Tourismus gründet darin, ist letztlich aber die in Serie hergestellte Form des temporären Ausstiegs aus der industrialisierten Warenwelt. Touristisches Reisen ist selbst zur Ware geworden und die Industrie hat offenbar auf einige zentrale Bedürfnisse Antworten in Form von mehr oder weniger standardisierten Angeboten gefunden.

Kritik begleitet den Tourismus seit seinen Anfängen. Spott gilt dem touristischen Habitus – von *sight-seeing Hennen* ist die Rede, die Bewohner der Hochgebirge machten sich lustig über die Städter, die Alpengipfel erstbesteigen wollten, aber nicht wussten, wie sie das bewerkstelligen konnten. Der *idiot du voyage* machte als Begriff Karriere – und mündet letztlich in einer fundamentalen Kritik an den Erscheinungen des Massentourismus, den höchst bedenklichen ökologischen, kulturellen und sozialen Auswirkungen der vollständigen Touristifizierung ganzer Regionen.

Eine empirisch profunde und daher nachvollziehbare Kritik am Tourismus und den ihn prägenden Umständen lieferten die Schriften des Schweizer Ökonomen Jost Krippendorf. Er forderte schon in den frühen 1980er Jahren eine Veränderung des Tourismus, den er in seiner Gesellschaftskritik als *Landschaftsfresser* bezeichnet. Gleichzeitig legte er überzeugend dar, dass die Krise des Tourismus eigentlich eine Krise des Alltagslebens der Industriegesellschaft sei. In seinem Buch *Die Ferienmenschen* beschreibt er diesen Kreislauf, wonach die Menschen hinausziehen, um ihre Batterien wieder aufzuladen, um ihre körperlichen und geistigen Kräfte wiederherzustellen. Er spricht in der Wir-Form, denn so sehr man diesen Zusammenhang auch kritisieren mag, sind wir letztlich doch alle auch ein Bestandteil dieses Systems. Wir konsumieren auf unserem Trip das Klima, die Natur und die Landschaft, die Kultur und die Menschen in den bereisten Gebieten, die wir zu diesem Zweck in Therapieräume umfunktioniert haben. Dann kehren wir wieder nach Hause zurück, um dem Alltag eine Weile lang – bis zum nächsten Urlaub – zu trotzen. Aber der Wunsch, bald wieder und möglichst noch öfter zu verreisen, stellt sich schnell ein, denn das Leben lässt sich in ein paar Ferienwochen und an ein paar Wochenenden nicht nachholen. Der Karren ist überladen, mit Wünschen und Sehnsüchten übersetzt. Aus dieser ständigen Wiederholung unerfüllter und unerfüllbarer Bedürfnisse bezieht der Kreislauf seine Dynamik. Er beginnt immer wieder von neuem. Wir arbeiten unter anderem, um Ferien machen zu können, und wir bedürfen der Ferien, um wieder arbeiten zu können. Wir spannen aus, um uns nachher umso besser wieder einspannen zu lassen.[11]

---

[11] Die Ferienmenschen, Für ein neues Verständnis von Reisen und Freizeit, aktualisierte Ausgabe München 1986, 15.

Die kritische Analyse, in der Krippendorf den Tourismus seinerzeit als *Fluchthelfer* aus dem Alltag beschrieb, kann im Kontext der heutigen *Beschleunigungsgesellschaft* auf noch mehr empirische Legitimität verweisen. Wenig verwunderlich, dass viele verzweifelt *Healing Spaces* bei der Suche nach einer *Work-Life Balance* aufsuchen, das soziale Gefüge immer brüchiger wird und viele befürchten, unter die Räder zu geraten. 35 Jahre nach der ersten Auflage seines Buches sprechen wir heute von einer grenzenlosen individuellen Mobilität, die im Wesentlichen auf fossiler Energie beruht und Natur und Weltklima schädigt. Die Kritik an den Umständen wie am Tourismus selbst hat nichts von ihrer Brisanz verloren. Krippendorf hatte seinerzeit auch Alternativen aufgezeigt – wenig davon fand Eingang in den Tourismus unserer Tage.

Dystopie Overtourism
Für viele Menschen ist das Bedürfnis zu reisen konstitutives Element des modernen Lebensstils. Für die Erfüllung von Wunschträumen – also das Aufsuchen von Heterotopen in Verbindung mit etwas Erfahrung von Welt – ist die Tourismusindustrie zuständig, die sich mit zunehmender Globalisierung des Reisemarktes zu einem höchst ausdifferenzierten Dienstleistungsgewerbe entwickelt hat. Reise und Urlaub finden zusammen im erlebbaren Ort, der vorher Imagination und Gegenstand utopischer Vorstellung war. An Orten, wo sehr viele Touristen zusammenkommen, stellt sich das massentouristische Phänomen *overtourism* ein und damit auch die Befürchtung, dass alle gleichzeitig das finden, was sie suchen und dadurch das Erlebnis zerstören bzw. beeinträchtigen. Ein vollkommen ausgebuchtes Hotel, ein Wintersportort mit überfüllten Schipisten, das überlaufene historische Zentrum einer Stadt oder die Strände an der Costa del Sol sowie an der Adria während der

Hochsaison – all diese Plätze können so einen Eindruck vermitteln. Mit *overtourism* bezeichnet man daher einen Zustand, bei dem die Zahl der TouristInnen die örtlichen Gegebenheiten überfordert und sich dies nachteilig für die Reisenden wie für die Einheimischen auswirkt. Es sind dann die Grenzen der Belastbarkeit und die Resilienz eines Ortes bzw. einer Region erreicht oder schon überschritten. Die Tourismusgesinnung der Bevölkerung nimmt ab, das touristische Erlebnis mischt sich mit Ärger und Frustration, der Tourismus entwickelt sich negativ, zum Gegenteil von Nachhaltigkeit.[12]

International wurde dieses Thema vehement in der Öffentlichkeit diskutiert, nicht zuletzt aufgrund der umfangreichen Medienberichterstattung über die Hilferufe bzw. Proteste der Bereisten in einigen beliebten Destinationen wie Venedig, Dubrovnik, Barcelona oder Amsterdam. Da diese Städte schon seit Jahren mit Massen an Touristen konfrontiert sind und noch auf der *bucket list* vieler reiselustiger Menschen stehen, wurden die Proteste zu einem hoch emotionalen Medienthema. Die Stadtverwaltungen sahen sich gezwungen, politische Schritte zu setzen, um den *Aufstand der Bereisten* – ein Begriff, der im Übrigen schon in den 1980er Jahren kursierte und die massiven Proteste von Dorfbewohnern in einigen Entwicklungsländern gegen den touristischen Ausverkauf

---

[12] Der Begriff *overtourism* machte schnell Karriere in den Massenmedien, weil es in manchen Orten zu Bürgeraufständen und Übergriffen gegen Touristen kam, auf welche die Politik mit Lenkungsmaßnahmen reagieren musste. Die Forschung hat sich ebenfalls mit diesem Phänomen ausführlich auseinandergesetzt. Beispielhaft dafür Andreas Kagermeier, Overtourism, Konstanz und München 2021; Goodwin, Harold: The Challenge of Overtourism. Responsible Tourism Partnership. Working Paper 4. 2017; http://haroldgoodwin.info/pubs/-RTP'WP4Overtourism01'2017.pdf; McKinsey & Company and World Travel & Tourism Council: Coping with Success. Managing overcrowding in tourism destinations. 2017. www.McKinsey.com, 2.6.2021.

ihrer schönsten Strände und Landschaften bezeichnete[13] – in Grenzen zu halten. Amsterdam und Barcelona machten die umfassendsten Anstrengungen, um die Auswüchse des Tourismus konzeptuell zu bewältigen.[14]

In der rezenten wissenschaftlichen Literatur herrscht Einigkeit darüber, dass es sich bei *overtourism* um einen Zustand in einer Tourismusdestination handelt, der einem *gefühlten Zuviel* an Tourismus entspricht. Wie eine *kritische Schwelle* zu bemessen wäre, begleitet die Diskussion über die *Carrying Capacity*, die *Tragfähigkeit einer Destination,* schon seit Jahren. Entscheidend dafür sind die Indikatoren, die dazu herangezogen werden. Das Ausmaß der touristischen Infrastruktur und deren Auslastung sind ein Aspekt, ein anderer die Verkehrsbelastung bzw. die Nutzung der Mobilitätsinfrastruktur. Drittens zählt dazu die Sichtweise der lokalen Bevölkerung, deren Bewegungs- und Entwicklungsmöglichkeiten durch das interpretierte Zuviel beeinträchtigt werden. Ihre *Tourismusgesinnung* hängt davon ab, welchen Nutzen sie aus der Situation zieht bzw. ob ihr Lebens- und Wohnraum durch *Crowding,* durch Bedrängtheit und Dichteerfahrung, unzumutbare Einschränkungen erfährt, ob ihre Toleranz gegenüber den wahrgenommenen akzeptierbaren Veränderungen an Grenzen stößt *(tolerable rate of growth).* Schließlich ist auch die Besucherzufriedenheit *(visitor satisfaction)* ein Messindikator, die Befriedigung der Touristenwünsche, denn

---

[13] Daraus entstand eine bis heute aktive tourismuskritische Bewegung einer Reihe von NGOs, nicht nur im deutschsprachigen Raum. Ludmilla Tüting/ Jost Krippendorf, Tourismus mit Einsicht, Arbeitsgemeinschaft Tourismus mit Einsicht, Starnberg 1989; https://www.fairunterwegs.org/magazin/news/detail/1986-aufstand-der-bereisten/

[14] Greg Richards/Lenia Marques, Creating Synergies between cultural policy and tourism for permanent and temporary citizens. Committee on Culture of United Cities and Local Governments, Rotterdam 2018. http://www.agenda-21culture.net, 4.3.2021.

endlose Warteschlangen und sonstige Unzumutbarkeiten, ausgelöst durch andere Touristen, können das Reiseerlebnis stark beeinträchtigen.[15]

Zur Planung einer maßvollen Tourismusentwicklung kann das *Carrying Capacity Value Stretch Model* dienen, das von einer gegenwärtigen Situation ausgehend ein Toleranzniveau hinsichtlich eines Erwartungsniveaus bestimmt. Bei Überschreitung einer *Roten Linie* gegenüber dem Jetzt-Niveau wird sich die Stimmung in der Bevölkerung negativ entwickeln. Ganzjährige Touristenströme, übervolle Müllcontainer, besetzte Parkplätze und Kaffeehäuser, große Reisegruppen in engen Gassen führen zu unangenehmer Dichte-Erfahrung. Wird das zum Dauerzustand, regt sich öffentlicher Unmut. Ziel der Steuerung muss es also sein, den Spielraum zwischen diesen beiden Ebenen zu nutzen und das Toleranzniveau nicht zu überdehnen.[16]

Umfassende tourismuspolitische Maßnahmen wie die Schaffung eines Destinationsmanagements, Besucherlenkung und neue umweltschonende Verkehrslösungen sind wohl nötig, um jenen Handlungsspielraum zu bekommen, mit dem sich ein großes Tourismusaufkommen bewältigen lässt. Auch wenn die Corona-Pandemie für die nächste Zukunft dem Tourismus Grenzen aufzeigt, so wird der Städtetourismus doch wieder Fahrt aufnehmen, werden Museen und Galerien

---

[15] Harald Pechlaner, Christian Eckert und Natalie Olbrich, Ein zu viel an Tourismus? Status quo und Lösungen, in: Tourismus Wissen – quarterly, Oktober 2018, 291–297.

[16] Yoel Mansfeld/Aliza Jonas, Evaluating the socio-cultural Carrying Capacity of rural tourism communities. A „value stretch" approach. in: Tijdschrift voor Economische en Sociale Geografie, Vol. 97, No 5, S. 583–601. https://doi.org/10.1111/j.1467-9663.2006.00365.x.

mit attraktiven Ausstellungen Reisende aus aller Welt anziehen. Auch die Strände und Schipisten haben ihren Reiz keineswegs verloren und viele Unternehmen haben die Pandemie auch genutzt, um in Verbesserungen des Angebots, in neue Lifte und sonstige Infrastruktur zu investieren. Die Werbemaschinerie läuft auf vollen Touren, um die Verluste der letzten Saisonen möglichst bald zu kompensieren.

Wesentliche Symptome für das Phänomen *Overtourism* sind die immer leichtere Erschwinglichkeit von Fernreisen für Asiaten bzw. die Mittelschicht der Schwellenländer, günstige Flugtarife, weil Flugbenzin nicht angemessen besteuert wird bzw. die Angebote sogenannter *Low-cost Carriers,* die – teilweise illegale – Vermietung von Wohnraum an Städtetouristen, was Druck auf dem Wohnungsmarkt erzeugt, das rücksichtslose Verhalten der Touristen und die Vermüllung von öffentlichem Raum und attraktiven Plätzen. Dazu kommen ein höheres Preisniveau in der Gastronomie für die einheimischen Besucher und die herausfordernden Arbeitsbedingungen sowie Belastungen der Dienstleister in Hotels und Gastronomie durch die saisonale Konzentration. Große Transportkapazitäten von Kreuzfahrtschiffen und Reisebussen bewirken stoßweises Auftreten einer zu großen Anzahl von Touristen, was Dienstleister und Destinationen – auch solche, die es gewohnt sind mit vielen Besuchern umzugehen – einfach überfordert.

Aus der Sicht der Reisenden zählen zu den Auswirkungen des Massentourismus folgende Erscheinungen: große Menschenmassen, lange Wartezeiten, übertreuerte Preise in der Gastronomie und wenig authentische Kulinarik, erhöhtes Verkehrs- und Lärmaufkommen, ein Überangebot an touristischer Dienstleistung (Souvenir- und Fastfood-Shops, Kioske) sowie Müll und Umweltverschmutzung. Sehr störend wird von Touristen das Zuviel von Seinesgleichen empfunden – an anderen Touristen, die einen Belastungs- und Konfliktfaktor in der eigenen touristischen Erlebniswelt darstellen. Der Herden- bzw. Hordentourismus beeinträchtigt das touristische Erlebnis grundsätzlich und manchmal vollständig.

Touristen bewältigen die Herausforderungen im Regelfall eher pragmatisch, weichen aus wo es geht oder erdulden Unannehmlichkeiten. Zwei Stunden vor dem *Moisteiro des Jéronimos* im Lissabonner Vorort *Belem* auf Einlass zu warten, erhöht nicht den klösterlichen Erlebniswert. Viele Kultureinrichtungen haben daher Buchungssysteme eingeführt, die von den Besuchern eine vorherige Anmeldung verlangen, worauf ihnen ein bestimmter Zeitraum für den Besuch zugewiesen wird. Besucher verlassen sich auch bei manchen Tourismus-Hochburgen auf Bewältigungshilfen aus dem Internet, auf Erfahrungen anderer oder auf Regieanweisungen ihrer Guidebooks. Zahlreiche Online-Foren bieten Hilfe an und ihre Ratschläge werden als Gebrauchsanweisung zum erfolgreichen Besuch von Prag, Venedig oder anderen überlaufenen Destinationen genutzt.

Geduld und Toleranz wird überall als Kernkompetenz vorausgesetzt und gilt besonders für den Besuch des Tower von London, der meistbesuchten Eintrittskarten-Sehenswürdigkeit Englands, ebenso wie für den Veroneser Balkon, von dem herab Julia mit ihrem Romeo vermeintlich Herzensbotschaften kommunizierte. Die Magie eines solchen Ortes erschließt sich wohl frühmorgens oder spätabends eher als im Gedränge tagsüber. Wer Einzigartigkeit sucht, muss akzeptieren, dieses Erlebnis mit vielen anderen zu teilen, die mit derselben Absicht das Gleiche suchen und stellt sich besser auf die zu erwartende Situation ein.

6

Die Vergangenheit war noch nie so schön wie heute

Geht ins Museum! Verbindet euch mit der Welt!
  Das geht am besten,
  wenn man die Vergangenheit versteht.
  Ohne seine Wurzeln zu kennen, kann man sich selbst nicht verstehen.
  Vivienne Westwood.

Ich habe Urlaub. Keine Museen.
  Leon de Winter, Leo Kaplan.

Der Tourismus in historische Ensembles entspricht einer Zeitreise, die „zu den Überresten großer Vergangenheiten" führt, schreibt Valentin Groebner in seinem Buch *Retroland*. Sie wird ergänzt durch Landschaftssensationen sowie die Suche nach dem ursprünglich Schönen. Damit tut man sich selbst etwas Gutes, findet Wohltuendes für Geist und Körper. Die Reise in „die Zeit als Ort gesteigerter Empfindung" erlaubt es den Reisenden in die Geschichte einzutauchen, ohne dass die eigene Zugehörigkeit zur Moderne bedroht oder in Frage gestellt wird. Die eigenen Ursprünge oder auch die anderer Gesellschaften wirken fremd und verlockend exotisch gleichermaßen, sind also attraktiv und genügend kontrastreich zum alltäglichen Leben, um hohe Erlebnisintensität zu garantieren. Sie stellen aber auch einen Bezug zu den Jugenderfahrungen her und lösen Empfindungen aus, wecken Gefühle, die einer Melancholie ähnlich sind.[1]

Heritagefication – Heredifizierung: Kulturelles Erbe wird gemacht
Das Vergangene als kulturelles Erbe, *lieux de mémoire,* als *mémoire collective* bzw. als kulturelles Gedächtnis – der gesamte Bereich der *Erinnerungskulturen* beschäftigt nicht nur die Historiker und Kulturwissenschaften, sondern auch die Tourismusbranche. Mit dem *Erinnerungstourismus* eröffnet sich ein weites Feld für den Kulturtourismus, eine Vielfalt an Möglichkeiten zur Rückkehr in historische Räume. Mit dem Besuch einer historischen Stätte betreten die Touristen einen Raum, der einer anderen Zeitrechnung unterliegt. Es sind darin vergangene Ereignisse verbunden, die sich durch die Auseinandersetzung mit seiner symbolischen Ordnung verorten, deuten und erinnern lassen. Es wird damit ein sozialer Rahmen rekonstruiert, der Geschichte und Generationengedächtnis, kollektives Gedächtnis und persönliche Erinnerung im Sinne einer Konfiguration zur Identitätsbildung zusammenführt.

Kulturelle Artefakte vergangener Zeiten und Generationen wie Gebäude, Denk- und Mahnmäler, Ereignisse, Kunstwerke,

---

[1] Retroland. Geschichtstourismus und die Sehnsucht nach dem Authentischen, Frankfurt 2018.

Riten und Lebensweisen oder historische Gestalten vermitteln das kulturelle Gedächtnis. Sie halten Erinnerung wach bzw. schreiben sie über die Gegenwart hinaus in die Zukunft fort. Orte oder Praktiken werden *heredifiziert*, von der Gesellschaft oder Institutionen wie der UNESCO zu *Kulturerbe* gemacht. Die touristische Aufbereitung solcher Erinnerungsorte im Sinne des UNESCO Welterbes entspricht Aleida Assmann zufolge einer neuen Form des kulturellen Gedächtnisses.[2] Sie macht Höhepunkte kulturellen Schaffens global leicht zugänglich und übernimmt eine Vermittlerrolle. Was etwa mit dem Welterbe erinnert wird und welche kulturellen Phänomene vergangener Wirklichkeiten in das kulturelle Gedächtnis gelangen, hängt aber auch von der Gegenwart ab. Die Vergangenheit erfährt neue Interpretationen von Wirklichkeiten, Zusammenhänge werden in der Jetzt-Zeit erleb- und erfahrbar, auch wiederholbar und somit überlebensfähig.

Die jeweilige „Erinnerungsmacht der Dinge" löst die Dialektik von Vergessen und Erinnern sowie von Zerstören und Bewahren insofern auf, als eine touristische Nutzung des Ererbten – Karlheinz Wöhler[3] nennt das „Heritagefication", Christoph Kirchengast[4] „Heredifizierung – zugleich deren Schutz bedeutet.

Auf diese Weise gibt sich der Tourismus als sozial- und umweltverträglich, ohne allerdings genauer zu

---

[2] Das Welterbe als neue Form des kulturellen Gedächtnisses. in: Kurt Luger/ Christoph Ferch (Hg.), Die bedrohte Stadt – Strategien für menschengerechtes Bauen in Salzburg, Innsbruck-Wien 2014, 19–25.

[3] Heritagefication – Zur Vergegenwärtigung des Kulturerbes, in: Kurt Luger/ Karlheinz Wöhler (Hg.), Welterbe und Tourismus – Schützen und Nützen aus einer Perspektive der Nachhaltigkeit, Innsbruck-Wien 2008, 43–58.

[4] Einverleibtes Vermächtnis – Episoden und Hintergründe nahrhafter Erbstücke, in: Kurt Luger/Karlheinz Wöhler (Hg.), Kulturelles Erbe und Tourismus – Rituale, Traditionen, Inszenierungen, Innsbruck-Wien 2010, 301–325.

hinterfragen, ob das dargestellte und zum Konsum freigegebene Memorialangebot mit dem gelebten Raum tatsächlich übereinstimmt, weil Erinnerungsprozesse ja immer zutiefst sozial geprägt sind. Der Kulturtourismus wird so zu einem attraktiven Gestaltungsmittel von Historie und zugleich zu einem mächtigen Medium.

Im *Erinnerungstourismus* werden Orte besucht, die für das kulturelle Gedächtnis von Bedeutung sind. Das können Plätze sein, an denen die Sehnsucht nach der *guten alten Zeit* im Sinne einer glorifizierenden Vergangenheit gestillt wird, Orte des Gedenkens an Kampfhandlungen, Kriegsgräberstätten, Orte, an denen sich große Naturkatastrophen ereigneten und durch die Besucher eine Form der Aufarbeitung menschlicher Tragödien erfolgt. Als *Gedenktourismus* wird der Besuch von Gedenkstätten bezeichnet, von Gefängnissen wie *Robben Island*, wo Nelson Mandela zehn Jahre seines Lebens verbrachte, das heute ein Museum beherbergt, in dem die Geschichte der Apartheit und Südafrikas aufgearbeitet wird. Wie das Konzentrationslager Auschwitz gehört es zu den UNESCO Welterbestätten. Es sind traumatische Orte und Orte der Besinnung auf ungeheure Ereignisse der Menschheitsgeschichte. Eine bedeutende Gedenkstätte und zentraler politischer Ort in Österreich, der in keiner Wiener Stadtrundfahrt fehlen darf, ist der *Heldenplatz*. Seit der Monarchie ist er Schauplatz politischer Inszenierungen und wie kein anderer kann er als eine *Bewahrens-Deponie* (Odo Marquard) österreichischer Geschichte bezeichnet werden. In allen Ländern gibt es aber solche Räume, wo sich das Schicksal eines Volkes entschied, wo die Denkmäler der großen Helden stehen, die das Land vor dem Untergang gerettet haben oder in diesen führten.

Der schwierige Umgang mit Geschichte zeigt sich insbesondere in den vom Kolonialismus betroffenen Ländern –

und das sind viele. Ein Beispiel dafür sind die Kirchen und Konvente von Goa, der einstigen Hauptstadt des portugiesischen Kolonialreiches. Sie wurden auf Antrag des Archeological Survey of India 1986 zum Welterbe. Im Zusammenspiel von europäischer Architektur, einheimischer Kunst und handwerklicher Meisterschaft entstand ein einzigartiges Ensemble von universellem Wert. Die Portugiesen segelten um die Welt für Christentum und für Gewürze, herrschten über Jahrhunderte, missionierten und unterwarfen die lokale Bevölkerung, beuteten deren Ressourcen aus. Die Erinnerungskultur der indischen Gesellschaft – von den Einflüssen des Hindu-Nationalismus akzentuiert – wird daher von einem *dissonanten Erbe* geprägt. Den europäischen Touristen wird heute aber mehr vom Goa des goldenen Zeitalters erzählt als von der Unterdrückungsgeschichte, denn im Tourismus heißen die postkolonialen Länder die Nachfolgegenerationen ihrer einstigen Herren, der *Sahibs,* mit offenen Armen wieder willkommen.[5]

Glanz und Elend vermitteln aber auch die historischen Altstädte, die wie jene von Salzburg vielbesuchte UNESCO-Welterbestätten sind. Mit dem Fürsterzbischof Wolf Dietrich von Raitenau begann 1587 die nach Außen so glanzvolle Epoche der Salzburger Barockfürsten, 1803 endete mit Hieronymus Graf Colloredo die geistliche Herrschaft. Dazwischen ließen autoritäre Herrscher dutzende Kirchen bauen und die Stadt ausschmücken, lagen zwei turbulente Jahrhunderte absoluter Regentschaft mit der Vertreibung der Protestanten, suchten Hungersnöte, Überschwemmungen und Orkane die Stadt heim,

---

[5] Kurt Luger/Mihir Nayak, World Heritage – Sacramental Experience, Heterotopia, and Sustainable Tourism, in: Kurt Luger/Matthias Ripp (Hg.), World Heritage, Place Making and Sustainable Tourism, Towards Integrative Approaches in Heritage Management, Innsbruck-Wien 2021, 69–86.

tötete ein Bergsturz hunderte Bewohner, nahm die Zahl der Obdachlosen und Kranken beständig zu und wurde die randständige Bevölkerung unterjocht, verfolgt und ausgewiesen. Erst 1750 fand die letzte Hexenhinrichtung statt. In diese Epoche fallen aber auch die Gründung der Universität und die erstmalige Aufführung einer Oper nördlich der Alpen, Monteverdis *Orpheo*. Fischer von Erlachs prächtige Kirchen- und Schlossbauten bilden den Abschluss der Baugeschichte der Barockstadt und gleichzeitig den Höhepunkt vieler Stadtführungen für Touristen aus aller Welt.

Salzburgs Altstadt ist architektonisch so einzigartig wie verletzbar, verträgt als geschütztes Ensemble keine allzu großen Eingriffe und bauliche Veränderungen. Sie stellt etwas Unvergleichliches, nicht Austauschbares dar, das in der Welt des Zwecks daher auch keinen Preis hat, denn sonst wäre es ja austauschbar. Wie heute die Tagelöhner aus Nepal, die unter dem Einsatz ihres Lebens in Qatar die Stadien für die Fußball-WM 2022 in der Wüste bauen und Tourismus-Infrastruktur für Hungerlöhne errichten, mussten einst Arbeiter, Handwerker und Künstler für die sakrale Architektur ihren Kopf hinhalten. Bürger und Bauern stöhnten unter der enormen Steuerlast, damit diese Schönheit entstehen und finanziert werden konnte. Was einst nur dem Fürsterzbischof und seiner Entourage zur Verfügung stand, gehört heute uns allen, ist als Welterbe der gesamten Menschheit überantwortet. Diese Errungenschaft verdanken wir der französischen Revolution, denn bis dahin waren Denkmäler und die Pflege des baulichen Erbes eine Sache der Kirche und der Krone bzw. des Adels. Aber die stolzen Bürger definierten auch die herrschaftliche Architektur als Erbe des Volkes und der ganzen Nation. Folglich trägt seither die Gemeinschaft die Verantwortung für den Erhalt und seine

Bewahrung, aber auch für seine adäquate Wahrnehmung, Interpretation und Wertschätzung dieser kulturellen Höchstleistungen.

Dem touristischen Standardtext der Schönheitsvermarktung wäre somit noch eine andere Erzählung anzufügen. Dieses schöne Ensemble wurde auf dem Rücken jener Menschen geschaffen, die für den demonstrativen Reichtum der Fürsterzbischöfe arbeiteten. Ihnen gebührte wenigstens über den Umweg der späten Würdigung angemessene Anerkennung. In Erinnerung blieben dann nicht nur die Namen jener Größen, die bauen ließen oder jener, die die göttlichen Gesetze der Statik meisterhaft beherrschten und Schönheit in Szene setzten, sondern auch die Leistung der vielen Namenlosen, die durch ihrer Hände Arbeit das Ihre dazu beitrugen, dass sich heute alle, Bewohner wie Besucher, mit diesem außergewöhnlichen Erbe der Menschheit und seinen Dissonanzen verbunden fühlen können.

Profane Pilgerschaft und Quasi-Sakralisierung des Raumes
Die höchste Auszeichnung für einen Raum von derart außerordentlicher universeller Bedeutung besteht in der Eintragung in die Liste des UNESCO-Welterbes. Durch die Erhebung zum Welterbe und die damit verbundene kulturelle Bedeutungszuweisung wird ein profaner Ort oder ein für eine Glaubensgemeinschaft religiöser Raum zu einem quasi-sakralisierten Raum für die gesamte Menschheit.

Im Welterbe-Tourismus konsumieren, studieren und erfahren die Besucher grundlegende Elemente einer Kultur, oftmals Ikonen nationaler Identität, oder die außergewöhnliche Schönheit einer Landschaft. Mit dem Begriff Kulturlandschaft zeichnet das Welterbe-Kommitee jene Objekte aus, die gewissermaßen ein

Gemeinschaftswerk von Natur und Mensch darstellen, was die Geographiewissenschaft als *a landscape created by human culture* bezeichnet.[6]

Einen solchen als Welterbe ausgezeichneten Ort zu erfahren, gibt den Besuchern die Möglichkeit, sich als Teil der Geschichte zu erleben, als Teil eines größeren Ganzen zu sehen, weil sie mit zeitübergreifenden Ordnungen in Berührung kommen. Wöhler spricht von „sakramentaler Erfahrung", weil sich darin Transzendentes offenbart. Es kommt damit eine außerordentliche Wertschätzung und Respekt vor bestimmten Plätzen, Gedächtnisstätten oder Naturdenkmälern zum Ausdruck. Die Geschichte des menschlichen Geistes, die Manifestationen seiner Kunstfertigkeit und die grandiosen Schauspiele der Natur werden im Kulturverständnis gegenwärtiger Gesellschaften gewissermaßen „sakralisiert", bilden dadurch einen Kontrast zum nahezu gänzlich entsakralisierten Kosmos.[7] Profanes wird über diese Bedeutungszuweisung zu etwas „Heiligem", die Erhebung zum Welterbe führt zu einer „Kanonisierung von Räumen". Einem Ort, einer Region, einer Stätte wird ein dauerhafter Code als ‚Erbe der Menschheit' gegeben und auf diese Weise dessen überzeitliche Bedeutung festgeschrieben. Das kulturelle Gedächtnis wird formiert, weil aus der Vielfalt kultureller Artefakte wenige bestimmte als höchst erinnerungswürdig deklariert werden.

In dieser Einzigartigkeit, im außergewöhnlichen und universalen Wert, liegt auch das große touristische

---

[6] Alle Details zur Welterbe-Konvention, der Ernennung zum Welterbe und den Auftrag zur Bewahrung desselben finden sich auf der Website des Welterbekomitees der UNESCO, https://whc.unesco.org/.

[7] Mit den zwei existenziellen Situationen des Heiligen und des Profanen befasst sich der Philosoph und Religionssoziologe Mircea Eliade, Das Heilige und das Profane – Vom Wesen des Religiösen, Frankfurt und Leipzig 1998.

Potenzial. Es gibt eine große Sehnsucht nach Emotionalität, spiritueller Erfahrung und Ganzheitserleben bzw. den Wunsch, sich im Einverständnis mit der Welt zu empfinden. Welterbe-Touristen begeben sich somit gewissermaßen auf eine profane Pilgerschaft. Diese geheiligten Orte mit eigenen Sinnen zu erfahren ist der Hauptgrund, weshalb Touristen tausende Meilen reisen und hunderte von Stufen erklimmen.

Zielkonflikt Kulturelles Erbe und touristische Vermarktung
Seit der Verabschiedung der Welterbe-Konvention im Jahr 1972 wurden bis zur Sitzung des Welterbekomitees im Sommer 2021 in Fuzhou/China 1154 Erben der Menschheit aus 167 Staaten in die UNESCO-Welterbeliste aufgenommen. Die Kriterien für die Aufnahme in diese Liste bewerten den *outstanding universal value,* die Einzigartigkeit, die Authentizität (historische Echtheit) und die Integrität (Unversehrtheit) der einzelnen Objekte. Die vom UNESCO Welterbekomitee ausgewählten Stätten müssen etwa ein Meisterwerk der menschlichen Schöpferkraft sein, überragende Naturerscheinungen oder Gebiete von außergewöhnlicher Naturschönheit und ästhetischer Bedeutung aufweisen oder ein einzigartiges, zumindest außergewöhnliches Zeugnis von einer kulturellen Tradition oder einer bestehenden bzw. untergegangenen Kultur darstellen.

Sämtliche Indikatoren auf dieser Liste benennen damit auch Eigenschaften touristischer Produkte – Außergewöhnlichkeit, Schönheit, Exklusivität und Einzigartigkeit verweisen auf *Sternstunden der Menschheit* und bilden Qualitäten ab, auf denen attraktiver und damit wirtschaftlich erfolgreicher Tourismus beruht. Für Marco d'Eramo wird durch die Ernennung eines Ortes zum Welterbe aber gleichzeitig sein Todesurteil gefällt, weil die

Massen der „barbarischen Touristenhorden" unweigerlich zur Zerstörung der antiken Denkmäler führen. Der Welterbe-Titel sei lediglich die „schöne Seele" der Tourismusindustrie, beruhige das Gewissen und mache es möglich, die vollständige Vermarktung und die touristischen Verwüstungen im Namen der Bewahrung hinzunehmen.[8]

Wenngleich sehr zugespitzt, ja überzeichnet, spricht er ein zentrales Konfliktpotenzial an. Mit *Heritage* – kulturelles Erbe bzw. Welterbe – ist eine fragile, nicht erneuerbare Ressource gemeint. Sie bedarf des Schutzes, um ihren außergewöhnlichen Charakter auch für kommende Generationen zu erhalten. Die Gefährdung betrifft materielle wie immaterielle Schätze gleichermaßen, es stehen aber die *materiellen,* übervolle historische Altstädte, Bauwerke oder Kulturlandschaften, im Vordergrund der Betrachtung. Am meisten bedroht sind jedoch tradierte Lebensweisen und kulturelle Praktiken in den Entwicklungsgesellschaften des globalen Südens, weil deren Diversität im Zeitalter der Globalisierung einen schleichenden Tod stirbt. Erhebliche Störungen im kulturellen Gefüge erzeugt auch der Tourismus, seine unkontrollierte Entwicklung ist ein Faktor der Bedrohung bzw. Veränderungen unter vielen anderen.

Der fundamentale Zielkonflikt liegt darin, dass Heritage als System vom zugrunde liegenden Prinzip der Erhaltung und Tradierung dessen, was von Generation zu Generation weitergegeben werden soll, gesteuert wird. Welterbe bezieht sich auf die größtmögliche Bezugsgruppe – die gesamte Menschheit – und ist gemeinwohlorientiert. Tourismus in der kapitalistisch verfassten globalen Weltwirtschaft wird gesteuert vom zugrunde liegenden Prinzip des profitorientierten Verbrauchs bzw. des Konsums von Landschaft

---

[8] Die Welt im Selfie, Berlin 2018, 111.

und Ressourcen. Es folgt dem postmodernen Konzept von mobiler Freizeit, individueller Bedürfnisbefriedigung und erlebnisorientierter Vereinnahmung der Welt.

An der touristischen Neuerschließung von Naturräumen und ganz besonders am Beispiel von historischen Altstädten kommt dieser Interessenskonflikt zum Ausdruck. Die *quasi-Sakralisierung* der historischen Substanz einer Stadt, die als Erbe der Menschheit unter Schutz gestellt wird, verhängt eine Art von zeitlichem Ausnahmezustand über diesen Schatz. Das Einfrieren der baulichen Ensembles heizt den Disput zwischen Bewahrern und Erneuerern an, führt zu spannungsgeladenen Auseinandersetzungen, wobei die Absicht der touristischen Vermarktung lokaler Geschichte und Kultur zur Akzentuierung beiträgt. Historische Stadtlandschaften bilden eine Antithese zur modernen Auto-Stadt, die sich dem Verkehr anpasst bzw. unterordnet. Im Zeitalter des Klimawandels eröffnen Altstädte jedoch eine zukunftgewandte Sichtweise des nachhaltigen Wirtschaftens und Zusammenlebens, die sich dem Diktat der uneingeschränkten Mobilität, aber auch dem ökonomischen Nützlichkeitsdenken und dem Profitkalkül in gewisser Weise widersetzt.[9] Sie bilden Heterotope, die Kontemplation wie Unterhaltung in größtem Maße ermöglichen, oder werden zu einem Lebensraum, der Beruf und Freizeit in fußläufiger Reichweite vereint. Altstadterhaltung hat somit auch im sozialen Denken eine Berechtigung und reicht in ihrer Wichtigkeit über den

---

[9] Diesen Konflikt im Kontext von Immobilienspekulation und Investorenkalkül habe ich am Beispiel Salzburg aufgezeigt, das aber typisch ist für die unterschiedlichen Interessenslagen der Stakeholder in einer Welterbestadt. Räume des Begehrens und des Bewahrens – Welterbe und Stadtentwicklung im postdemokratischen Zeitalter, in: Thomas Herdin/Franz Rest (Hg.), Kurt Luger: Medien*Kultur*Tourismus, Transkulturelle Befunde über Weltbild und Lebenswelt, Baden-Baden 2018, 253–278.

schönen Schein einer authentischen Fassadengestaltung oder der touristisch motivierten Bewahrung einer historischen Erlebniswelt weit hinaus.

Eine Versöhnung der Ziele bzw. Prinzipien lässt sich im qualitätsvollen Kulturtourismus erreichen. Dazu bedarf es einer intensiven Auseinandersetzung mit dem Welterbe durch einen Tourismus, der Sinnstiftung und tiefe Erfahrung ermöglicht, und zweitens, der Umsetzung einer auf Nachhaltigkeitskriterien und die Bewahrung des Erbes ausgerichteten Tourismuspolitik.

Sehnsuchtsdestination Welterbe
Venedig, Florenz, Dubrovnik, Salzburg – in vielen touristisch hochattraktiven Stätten des Welterbes steht ein eher schaulustiger Umgang mit dem kulturellen Erbe der Menschheit im Vordergrund, der mit dem boomenden Städtetourismus zusehends in massentouristische Dimensionen ausgeartet ist. Der hohen Qualität des Gebotenen entspricht aber ein anderer Zugang, der ihm eine gebührende Aufmerksamkeit und Wertschätzung garantiert: Vom Sehen über das Deuten zum Erschließen – das erfordert eine dem hohen Wert der symbolischen Erinnerungsfiguren in Form der spezifischen Architektur bzw. der Stadtlandschaft angemessene Vermittlung, also *heritage communication* anstelle von *heritage marketing*. Ein schnelles Durchlaufen im Pulk auf Standardrouten in Verbindung mit einem flüchtigen Bilderkonsum und dem obligaten *Selfie,* leistet dies gewiss nicht und erzeugt auch keine ausreichend emotionale, erlebnishafte oder identifikatorische Erfahrung. Eine zwei- oder dreistündige Rundtour durch das 16., 17. und 18. Jahrhundert – Souvenir shopping included – wird dem einzigartigen Ensemble und seiner historischen Bedeutung jedenfalls in keiner Weise gerecht.

Der Kulturtourismus liegt seit Jahren voll im Trend und zeigt enorme Zuwächse, die sich in den Statistiken der UNWTO niederschlagen. Etwa 40 % des internationalen Tourismus entfallen auf Reisen mit kulturellen Komponenten. Als Kulturtourismus wird eine kulturell motivierte Reise verstanden, ein gewisses grundsätzliches Interesse der Reisenden an Kultur angenommen. Eigentliche Kulturtouristen, *special cultural tourists,* besuchen einen kulturell bedeutsamen Ort explizit zum Zwecke der Besichtigung von Kunstwerken, der Architektur oder zur Teilnahme an einer Kulturveranstaltung wie etwa Festivals. Die kulturelle Dimension steht eindeutig im Zentrum der Reise. Touristen, die zwei Wochen am Mittelmeerstrand verbringen, treibt es während dieser Zeit aber auch einmal zu den Ruinen von Karthago oder Knossos oder von einem der Salzkammergutseen bzw. von einer alpinen Wellness-Oase in die Festspielstadt Salzburg. Der auch kulturell motivierte Besuch der Historischen Altstadt macht sie zu beiläufigen Kulturtouristen, zumal sie primär unterhaltungsorientiert agieren. Gleiches trifft für die WintersportlerInnen zu, die aus ihrem Schiresort an einem Schlechtwettertag in die Stadt kommen, um sich dort dem barocken Architekturensemble, einem *power shopping* und dem Wohlfühl-Ambiente eines Kaffeehauses hinzugeben. Jedenfalls wächst das Segment der expliziten wie beiläufigen Kulturtouristen kontinuierlich und daher steht der Kulturtourismus auch aus ökonomischen Gründen – Inwertsetzung von Kultur auch im Sinne beobachtbarer Lebenswelten, Traditionen etc. – im Zentrum der Aufmerksamkeit der Reiseindustrie.

Touristische Wertschöpfung aus kulturellem Erbe
In den Statistiken der UN Welttourismus-Organisation werden Kultur und Natur seit Jahren als vielversprechende Wachstumsmärkte gesehen. Für den Tourismus bilden

die Schätze der Kulturen und der Natur den Rohstoff für hochwertige Produkte. Ohne sie wäre der Tourismus nicht zu der weltweit am schnellsten wachsenden Wirtschaftsbranche geworden.

Diese Dynamik hat positive wie negative Auswirkungen auf Welterbestätten. Die dem Tourismus innewohnende Widersprüchlichkeit hat das UNESCO Welterbezentrum in Paris dazu bewogen, diesem Thema im Welterbe-Management mehr Bedeutung zu widmen. Es geht letztlich um die Beantwortung von zwei entscheidenden Fragen. Erstens: Wie viele Touristen kann eine Welterbestätte vertragen, ohne der Qualität des Erlebnisses oder der Einrichtung selbst zu schaden? Zweitens: Wie viele Besucher benötigt sie, um wirtschaftlichen Nutzen für die Stakeholder des Welterbes zu stiften und seine Erhaltung sicherzustellen?

Die enorme touristische Wertschöpfung wird im Folgenden am Beispiel der Welterbe- und Festspielstadt Salzburg illustriert.[10]

Wenige Tourismusstädte verfügen über ein Image wie Salzburg, das virtuell wie manifest so eng mit Kultur assoziiert wird. Wolfgang Amadeus Mozart und die 1920 gegründeten Salzburger Festspiele prägen ihren Ruf als *Musikhauptstadt der Welt*. Im populären Genre hat der Hollywood-Film *The Sound of Music* – 1966 ein mehrfacher Oscar- und Golden Globe-Winner – das Musikimage der Stadt unterstrichen und die Schönheit der Stadt sowie der umliegenden Region weltweit berühmt gemacht. In dem, was der große Literat Stefan Zweig einst schwärmerisch als die „gelungene Vermählung des

---

[10] https://www.researchgate.net/profile/Kurt-Luger/publication/337914712_Studie_zum_messbaren_Wert_des_Welterbes/links/5df29f04a6fdcc28371d1a79/Studie-zum-messbaren-Wert-des-Welterbes.pdf

Menschlich-Schöpferischen mit dem Gott-Gegebenen, Architektur des Menschen und Dichtung der Natur" bezeichnet hatte, sahen auch die Experten der UNESCO eine herausragende universale Bedeutsamkeit. Die Historische Altstadt von Salzburg als kirchliche Residenzstadt, in der sich die dramatische Stadtlandschaft mit ihrer historischen Struktur und zahlreichen kirchlichen wie profanen Bauten erhalten haben, ist einzigartig für ihre Verbindung mit den Künsten, besonders der Musik in der Person ihres berühmtesten Sohnes, Wolfgang Amadeus Mozart. Die Schönheit der Kirchen, Paläste, Plätze, Gassen und Hinterhöfe verdankt die Stadt dem Reichtum an Bodenschätzen der Salzburger Berge. Aber ohne die Kunst, die mit Musik und Spiel dem Leben dieser Stadt eine neue Dimension gibt, wäre sie nur eine überlebensgroße Kulisse und Abglanz vergangener Größe. Seit 1997 ist die Historische Altstadt geschütztes Welterbe.

Kultur bzw. die Verzahnung von Kultur und Tourismus wird auf vielfältige Weise sichtbar. Salzburg ist das Zentrum der klassischen Musik und eine führende Destination des wertschöpfenden Qualitätstourismus. Ihr ausgeprägtes Markenimage im populären Genre der Unterhaltungsindustrie verdankt sie dem *location placement* durch den *Sound of Music,* dem jährlichen Adventsingen, dem Weihnachtsmarkt und den Schlager- und Heimatfilmen der 1960er Jahre. Kultur in allen Hervorbringungen ist ihr Markenzeichen, sie formt den typischen *Habitus der Stadt,* die für sich zu einem Kulturerlebnis wird. Millionen von Touristen zieht es in Mozarts Geburtsstadt, um die *Stadt der Musik* zu erleben und sein Geburtshaus zu besuchen. Der durch diese Marke erzielte Bekanntheitsgrad der Stadt reicht weit über ihre kleinstädtische Wichtigkeit hinaus. Für die Stadt ist Mozart in Verbindung mit den Festspielen der wichtigste

Image- und Werbeträger, ein Stück *Weltkultur*.[11] Vermarktet und konsumiert wurde er zu einem Teil der Populär- und Massenkultur. Sein Konterfei prangt auf dem wohl berühmtesten Souvenirprodukt Salzburgs: der *Mozart-Kugel* – einem millionenfach verkauften Schoko-Marzipankonfekt.

In Salzburg hat sich innerhalb der letzten 20 Jahre die Zahl der Nächtigungen wie jene der TagestouristInnen in etwa verdoppelt. Der hier zitierten Wertschöpfungsstudie zufolge verursachten im Jahr 2018 rd. 1,8 Mio. Übernachtungsgäste rd. 3,1 Mio. Nächtigungen, dazu kamen etwa 360.000 Nächtigungen in Airbnb-Unterkünften. Etwa 15.000 Hotelbetten (fast zwei Drittel in der 4- und 5-Sterne-Kategorie) stehen zur Verfügung, weitere 2000 sind in Bau. Auch in den Umland-Gemeinden existiert ein enormes Bettenangebot, das vielfach von Bustouristen genutzt wird, die als Tagesgäste die Stadt besuchen. Schätzungen zufolge liegt die Zahl der jährlichen Tagesgäste – die vorzugsweise mit eigenem PKW oder in einem der etwa 40.000 Reisebusse in die Stadt strömen – bei etwa sieben Millionen. Für eine Stadt mit 150.000 Einwohnern bedeutet dies eine sehr hohe Tourismus-Dichte. In den letzten Jahren vor Corona verlangten die Einheimischen von der Stadtpolitik eine Reduzierung des Tagestourismus sowie eine Besucherlenkung. Die Mehrheit der Bevölkerung sieht das tolerierbare Ausmaß an Belastung überschritten, das *gefühlte Zuviel* an Touristen und Verkehr längst erreicht.

Die Bevölkerung ist stolz auf das Welterbe und von seinem Nutzen für die Stadt überzeugt. Es hilft der

---

[11] Leopold Sedar Senghor, Österreich als Ausdruck der Weltkultur, Rede zur Eröffnung der Salzburger Festspiele 1977, in: Offizielles Programm der Salzburger Festspiele 1977, Salzburg 1977, 27–39.

Bewahrung des bauarchitektonischen Erbes und die Auszeichnung zieht wie ein Gütesiegel Touristen an – sofern diese davon überhaupt wissen. Was an monetärer Wertschöpfung entsteht, direkt durch das Welterbe oder durch die anderen Attraktionen der Kulturstadt, lässt sich aber nur schwer trennen. Der Tourismus der Stadt Salzburg erzielt eine jährliche Wertschöpfung von etwa einer Milliarde Euro, ein Drittel davon wird durch Motive ausgelöst, die mit dem Welterbe verbunden sind. Alleine die Wertschöpfung der Salzburger Festspiele und des Adventsingens liegt zusammen bei rund 200 Mio. €. Beide Veranstaltungen gehören nicht nur zu den großen Imageträgern der Stadt, sondern erzeugen erhebliche wirtschaftliche Effekte, die über die direkte touristische Wertschöpfung weit hinausreichen. Für das Bundesland Salzburg mit seinen rund 30 Mio. Übernachtungen wird eine Wertschöpfung von rund 4,5 Mrd. € angenommen. Im Vergleich dazu erzielt der Tourismus in der Bundeshauptstadt Wien – dessen historisches Zentrum seit 2001 und Schloss Schönbrunn seit 1996 Welterbe sind – eine Wertschöpfung von rund 3,7 Mrd. € und garantiert etwa 90.000 Arbeitsplätze.

Die gesamtösterreichischen Tourismusaufwendungen von in- und ausländischen Reisenden zusammen erzielten lt. Statistik Austria im Jahr 2017 rd. 42 Mrd. €. Die sich daraus ergebenden direkten und indirekten Wertschöpfungseffekte von 32 Mrd. € trugen 8,7 % zum Bruttoinlandsprodukt bei. Rechnet man Tourismus und Freizeitwirtschaft zusammen, so ergibt dies einen Wert von rd. 16 % und man versteht, weshalb Österreich von der Corona-Pandemie wirtschaftlich so stark betroffen ist, heftiger als viele andere Länder. Beginnend mit dem Lockdown im März 2020 kam der Ausländertourismus über etliche Monate fast ganz zum Stillstand, der für gut zwei Drittel der touristischen Umsätze steht. In der Sommersaison 2021 bliebt der Umsatz in der Ferienhotellerie etwa ein Viertel unter dem Normalniveau. Am meisten leidet der Städtetourismus unter den Reisebeschränkungen, die Tourismusdienstleister in Wien und Salzburg, weil die Ausländerquote dort wesentlich höher liegt als im Erholungstourismus. Die Wintersaison 2020/21 war für die österreichischen Wintersporthotels und die Seilbahnwirtschaft eine verlorene, die Umsatzeinbußen betrugen bis zu 90 %.[12] Vor der Pandemie arbeiteten österreichweit 320.000 Personen in der Tourismus- und Freizeitwirtschaft. Im Sommer 2021 war noch immer ein Drittel davon in Kurzarbeit und 45.000 arbeitslos. Einer rezenten Umfrage unter Beschäftigten der Branche in Wien zufolge wollen 38 % den Beruf bzw. die Branche wechseln. Der schon länger bekannte Mangel an qualifizierten Arbeitskräften im Tourismus wird sich damit zuspitzen und als große Herausforderung gesehen.[13]

Welterbe als zentraler Bestandteil eines Tourismuskonzepts setzt für beide Seiten positive Akzente. Es verlangt aber eine Ausrichtung an Qualitätsmaßstäben, d. h. es besteht ein großer Bedarf an gesetzlichen Rahmenbedingungen, um Zerstörung oder Missbrauch des Erbes zu vermeiden. Die UNESCO verlangt in ihren Operational Guidelines vom Management einer Welterbestätte Leitbilder, Managementpläne und deren kontrollierbare Umsetzung, sowie klare Vorstellungen bzw. Strategien für eine an Nachhaltigkeitskriterien ausgerichtete Tourismusentwicklung. Gesetze zum Schutz wie in Salzburg das Altstadterhaltungsgesetz gelten

---

[12] https://www.statistik.at/web_de/statistiken/wirtschaft/tourismus/index.html
[13] https://www.derstandard.at/story/2000127688879/hotellerie-umfrage-38-prozent-wollen-branche-wechseln, 21.7.2021.

als Voraussetzung für den verantwortungsbewussten Umgang mit dem architektonischen Erbe, aber sie geben keine Garantie dafür, dass sie auch entsprechend befolgt werden. Altstädte sind begehrte Räume zur Wertanlage und Spekulation in Immobilien. In etlichen Welterbestätten zeigt sich, dass dieser legistische Schutz des Erbes nicht ausreicht und Staaten ihren völkerrechtlichen Verpflichtungen, die sie mit der Ratifizierung der Welterbe-Konvention eingegangen sind, nicht nachkommen. In Italien etwa verfallen wertvolle Zeugnisse des Altertums und der Renaissance, manche konnten nur durch das Kultursponsoring einiger berühmter Modefirmen gerettet werden, in Frankreich stehen etliche zum Verkauf an und im Vereinigten Königreich sollen sie in *heritage cash cows* und in *charity objects* aufgeteilt werden.[14] Die Bewahrung des Erbes der Menschheit erfolgt in etlichen Ländern sehr ungenügend und im Falle von Kriegsereignissen wie jüngst in Syrien, im Irak oder in Afghanistan kommt es zur teilweisen oder gänzlichen Zerstörung von Welterbestätten. Derart gefährdete Welterbestätten befinden sich auf der Roten Liste der UNESCO, aber auch solche, deren Erhaltung aufgrund fehlender Rücksichtnahme in der Stadtplanung als nicht garantiert eingestuft wird, wie derzeit die österreichische Hauptstadt Wien.[15]

Lebendige Tradition mit Erlebnischarakter
Touristen wollen etwas erleben, das Besondere des Ortes erfahren und die Destination bzw. was dort besucht

---

[14] Ron van Oers, The Economic Feasibility of Heritage Preservation. In: Wiliam Logan, Mairead Nic Craith, Ullrich Kockel (Eds.): Blackwell Companion to the New Heritage Studies. Chichester 2015. https://doi.org/10.1002/9781118486634.ch22.

[15] https://wien.orf.at/stories/3002904/; https://www.unesco.at/kultur/kulturgueterschutz/rote-liste-des-gefaehrdeten-erbes-der-welt/beide 1.8.2021.

und konsumiert wird, muss Emotionen auslösen. Performanzen der Traditionen, Riten und volkstümliche Feste als Bestandteil eines touristischen Produktes müssen daher mit den Inszenierungen künstlicher Erlebniswelten mithalten können. Ein Erlebnis – das Zauberwort der Tourismusindustrie – wird ein solches, wenn die Zuseher von einem Ereignis gefesselt werden und die Situation ein gefühlsbetontes Ergriffensein auslöst. Ein Erlebnis bricht mit dem Alltag für eine bestimmte Dauer, hat einen Anfang und ein Ende, und wird höchst subjektiv bewertet. Zu unterscheiden ist in mehrere für Freizeit bzw. Urlaub relevante Erlebnisbereiche: Biotisches Erleben, d. h. ungewöhnliche Körperreize; Exploratives Erleben, d. h. suchendes Informieren oder Erkunden, spielerisches Probieren, Neugierde auf etwas Besonderes; Soziales Erleben: Suche nach Kontakt mit anderen, um soziale Defizite im normalen Alltag zu kompensieren. Schließlich erfolgt durch die nachträgliche Bearbeitung und Erzählung darüber ein optimierendes Erleben.[16]

Kern der Erlebnisinszenierungen ist die emotionale Aufladung der touristischen Dienstleistung durch ein einziges oder mehrere Inszenierungsthemen. Diese Versprechen von unverwechselbaren, einmaligen Erlebnissen sind der zentrale Erfolgsfaktor für den Boom der künstlichen Freizeit- und Erlebniswelten wie etwa Themenparks, urbane Vergnügungszentren mit Multiplex-Kinos und Shopping, Spaß- und Erlebnisbäder oder *Brand Lands*. In den Swarovski-Kristallwelten in Wattens, eine Attraktion des Bustourismus und direkt an der Autobahn zwischen München und Innsbruck gelegen, gibt es sogar eine *Erlebnis-Toilette*. Vom Plafond des

---

[16] Walter Kiefl/Reinhard Bachleitner, Lexikon zur Tourismussoziologie, München 2005.

Erleichterungsraumes leuchten tausende kleine Swarovski-Steinchen, die wie Sterne in dem abgedunkelten Ambiente funkeln. Die *Erlebnisspirale,* von der Horst Opaschowski spricht, bewirkt über das immer weiter ausdifferenzierende Angebot eine Intensivierung des Erlebens. Aktionismus, Emotionalisierung, Zuspitzung auf Sensationen und außergewöhnliche Ereignisse, kurz gesagt *Opus* statt *Passus,* sind Kennzeichen einer erfolgreichen Unterhaltungsindustrie.

Zusehends ins Zentrum touristischer Aufmerksamkeit rückt die Verbildlichung von Ritualhandlungen in Form von Bräuchen und Festlichkeiten im Jahresreigen, Chiffren des kulturellen Erbes. Die fortschreitende Globalisierung hat dem Heimatlichen bzw. dem eigenen Umfeld eine erhöhte Wertschätzung verliehen. Kulturerbe – so die Definition von Barbara Kirshenblatt-Gimblett – ist eine Neubewertung des Obsoleten, des Gefährdeten, des Ausgemusterten bzw. des Ausgestorbenen.[17] Dadurch und durch Formen der Inszenierung wird den betroffenen Dingen, Orten oder Praktiken ein zweites Leben eingehaucht. Christoph Kirchengast[18] erläutert dies am Beispiel der in vielen alpinen Gegenden Österreichs anzutreffenden Heustadeln, die auch Postkarten und Tourismusbroschüren zieren. Die ursprüngliche Funktion – die Lagerung von Heu – ist im Zuge des landwirtschaftlichen Strukturwandels (Stichworte: Technisierung, Siloballen) in vielen Fällen längst verloren gegangen. Dennoch werden diese Stadel oft aktiv erhalten, teils sogar mit öffentlicher Förderung. Denn sie stehen heute ikonisch für die

---

[17] Barbara Kirshenblatt-Gimblett, Destination Culture – Tourism, Museums, and Heritage, Berkeley 1998.
[18] Einverleibtes Vermächtnis. Episoden und Hintergründe nahrhafter Erbstücke. in: Kurt Luger/Karlheinz Wöhler (Hg.), Kulturelles Erbe und Tourismus – Rituale, Traditionen, Inszenierungen, Innsbruck-Wien 2010, 301–325.

sommerliche, intakte Kulturlandschaft in Österreichs Alpen und auf diese Weise im Dienste des Tourismus, haben also ökonomischen Nutzen.

Wäre Kulturerbe tatsächlich nur die Unterschutzstellung des Gefährdeten, des Ausgemusterten, das damit vor dem Vergessen bewahrt wird, so würde man der Tradition und den bewährten Lebenspraktiken aber wohl nicht gerecht werden. Als Kulturerbe sind auch Techniken des Handwerks bzw. der Lebensführung im Kontext spezieller Umweltbedingungen zu sehen und betreffen Stadt und Land gleichermaßen. Diese Sichtweise schließt also die gesamte *Ordnung der Dinge* ein und öffnet auf diese Weise den Begriff in sehr umfassender Weise. Kulturerbe ist somit nicht reduzierbar auf Inszenierungen, die einem bestimmten touristischen Zweck dienen und als Aufführung besonders pittoreske oder spielerische Aspekte eines kulturellen Zusammenhangs herausgreifen und vermarkten. Im Typischen steckt wohl auch das Allgemeine, aber die Frage nach dem Ursprung einer bestimmten Tradition beantwortet nicht die Frage nach der Qualität oder der Nützlichkeit bestimmter kultureller Praktiken zur Lösung aktueller Herausforderungen.

Wahrnehmung, Emotionalität und Erinnerung sind wesentliche Komponenten in der Konstruktion touristischer Erlebnisse. Touristen reisen Bildern nach, *imaginären Geografien,* die sie über die Sozialisation, Mythen und Erzählungen erworben haben und zu Sehnsüchten sowie Erwartungen wurden. Dieser Prozess von Erlebniskonstruktion und Sinngebung greift auf gespeicherte Codes zurück. Im Tourismus wird den Gästen somit ein Theaterstück vorgespielt. Österreicher, Bayern, Südtiroler und Schweizer bieten auf der Vorderbühne eine Inszenierung mit stereotypen Alpenbildern, von denen man annimmt, dass die Gäste daran Gefallen finden, weil sie als typische Bilder im Umlauf sind und ihre Wiedererkennung eine Befriedigung verschafft.

Für Touristen sind mündliche Erzählungen, Reiseliteratur, Fotografien etc. Quellen für diesen Konstruktionsprozess, bei dem sie ihre *eigenen Erlebniswelten* schaffen. Aus der Geschichte, den kulturellen Hintergründen, den Mythen einer Destination lassen sich Marken bildende Themen gestalten, die durch professionelles *Story telling* den touristischen Raum emotional aufladen und damit inszenieren. In der Theatermetapher verbinden sich Aspekte von Tourismus und Bühne im Konzept der *staged authenticity*, der *aufgeführten Echtheit*. Die Handlungslogik der theatralen Geste orientiert sich an der gekonnten Darstellung – aus dem Ritual wird eine Aufführung. Der Grat zwischen dem Echten, dem lebensweltlich Bedeutsamen, und der Bühnenfassung ist schmal, wie auch die Aufgabe, Vergangenheit, Gegenwart und Zukunft in ein ausgewogenes Verhältnis zu bringen. Der sensible wie verantwortungsbewusste Umgang mit dem kulturellen Erbe stellt eine enorme Herausforderung dar, dem das touristische Marketing wie die populärkulturelle Unterhaltungsindustrie oft nicht gerecht wird.

Städter befinden sich mit ihrer gelegentlich unverhohlenen Geringschätzung gegenüber dem Provinziellen und Volkstümlichen in Kontrast zur Stimmungslage der Bevölkerung in peripheren Regionen. Treten sie allerdings als Touristen die Reise in die Berge oder die voralpine Seenlandschaft an, empfinden sie die vor Ort erlebbare Kultur nicht selten als Attraktion und lassen sich vom Zauber des Authentischen einfangen.

Echt oder nicht echt?
Kaum eine Region kommt heutzutage ohne ihr eigenes Kultursommer-Festival aus, keine Alm, auf der neben Kühen oder Schafen nicht auch Wanderer aus Wuppertal oder Groningen der Sennerin über die Schulter schauen, kein Auftritt einer Trachtenkapelle, bei der nicht die

Smartphone-Kameras der weithergereisten Touristen im Dauereinsatz stehen. Wie für uns die Tänze der Massai oder der Schamanen im Himalaya, sind für die Gäste aus China, Philadelphia oder Westphalia die Rituale in den touristifizierten Alpendörfern der pure Exotismus. Fronleichnamsprozession, Hengstauf- und Kuhabtrieb, Finger hakeln und *Hundstoa ranggeln* – alles Augen- und Ohren-auf-Erlebnisse! Volkskundler wie Konrad Köstlin stellen sich die Frage, ob es nicht dem Tourismus zu verdanken sei, dass der eine oder andere Brauch noch existiert, denn die bunten volkskulturellen Bräuche machten ohne den Tourismus ja kaum noch Sinn. „Lokale Selbstfeier braucht ihr Publikum, braucht Resonanz. Tourismus und Volkskultur gehören zusammen, sind Zwillinge."[19]

Das klingt ein wenig provokant, aber das Leben auf dem Land hat sich verändert und damit auch die Lebensweisen. Viele bäuerliche Betriebe wurden im Laufe der letzten 50 Jahre zu touristischen Dienstleistern, weil sie von ihren Felderträgen längst nicht mehr leben können. Tourismus heißt heutzutage eben *Erlebnisraumbewirtschaftung,* das schließt Landschaft und Menschen ein und hat Auswirkungen auf deren Alltag und ihre Kultur. Im Salzburger Land versteht es die Bevölkerung ganz gut, Kulturerbe und Tourismus in funktionierende Lebenserwerbsstrategien einzubinden. Mit Bedacht geplant und betrieben wird daraus eine vernünftige, durchaus lukrative, auf die lokalen Ressourcen und Gegebenheiten bezogene Form des Wirtschaftens. Als solche hat sie Einfluss auf das alltägliche Leben, prägt sie die Lebensformen und die Rituale der Interaktion. Die positive Verknüpfung

---

[19] Reisen, regionale Kultur und die Moderne. in: Burkhard Pöttler/Ulrike Kammerhofer-Aggermann (Hg.), Tourismus und Regionalkultur, Wien 1994, 11–24, hier 13.

von Modernität bzw. angemessenem Mit-der-Zeit-gehen und Lokalität findet ihren Niederschlag in Ansätzen von *integraler Regionalpolitik*. Regionalkultur führt so nicht zu einer aus lediglich historischen Versatzstücken und aus Erinnerungs-Zitaten bestehenden Markenartikel-Identität, sondern wird zur *gelebten Besonderheit,* die einen Teil der Attraktivität der Region ausmacht, und zu einem veritablen *Alleinstellungsmerkmal* für die Destination.

Nicht die Frage, ob ein Brauch oder Ritual echt oder unecht wirkt, stellt sich daher als Problem, sondern ob und wie tradierte kulturelle Formen und Techniken als Innovationen in die eigene Lebenspraxis integrierbar sind und so zur nicht wiederholbaren Prägung von Lokalität beitragen. Jedes Feriendorf hat das Recht, von sich eine dem Spektakel geschuldete Bühnen-Form zu entwickeln und sich den Touristen als farbenprächtiges Heimatabenderlebnis zu präsentieren. Langfristig wird eine Region ihre Anmutung, ihre Besonderheit und Einzigartigkeit aber nur dann glaubwürdig vermitteln können, wenn sie die aktuelle Lebenswelt mit der historischen Tiefe ihrer Regionalkultur verknüpft. Dies kann gelingen, wenn die Einheimischen zusammen mit der von ihnen geprägten Natur und ihrer zeitgemäß weiterentwickelten Kultur nicht ausschließlich als Retro-Musical aufgeführt werden, sondern sich in ihrer komplexen und vielfältigen Lebensweltlichkeit erfahren und ergründen lassen.

Die Touristiker sind also gut beraten, wenn sie in der Gestaltung ihrer touristischen Produkte mit Bedacht die gewachsene lokale Kultur feiern, nicht jede kleine Hüttengaudi zu einer jahrhundertealten Tradition aufblasen oder künstlich neue erfinden. Die *Tirolerabende* im Glemm-, Salzach- oder Großarltal haben längst ausgedient. Die Gäste wollen zwar Unterhaltsames und auch eine leicht konsumierbare *Gaudi,* zum Mittrinken und Mitschunkeln, aber diese muss Bestand haben, die Aura des Aufgeführten muss glaubwürdig sein. Die Liste der *gelebten Traditionen* in Österreich, von der UNESCO ausgezeichnet und gelistet, das sogenannte *immaterielle Kulturerbe,* ist bunter als anderswo, weil die alpine Topographie über die Jahrhunderte eine besonders reichhaltige Diversität hervorgebracht hat.[20]

Tradition bedeutet heutzutage nicht mehr die „heilige Überlieferung von Wahrheit" oder „Glaube an die Unverbrüchlichkeit des immer so Gewesenen".[21] Als lebende Traditionen sind jene Konventionen, Anleitungen zum Handeln, Wissen im Umgang mit der Natur, Handwerkstechniken aber auch darstellende Künste und soziale Praktiken zu verstehen, die sich auf altes Wissen berufen, aber für aktuelle Herausforderungen sehr wohl noch Antworten und Lösungen parat haben. Nur falsche Traditionen lassen sich ausnutzen und verwerten, zu *Schau-Bräuchen,* zu folkloristischen Unterhaltungsformen umformen und im Sinne einer billigen Aufführungskultur vermarkten.

Rituale wie das Samson-Tragen im Salzburger Lungau oder die Glöcklerläufe und Krampuspassen haben nicht nur eine hohe gemeinschaftsstützende Bedeutung für die lokale Bevölkerung, sondern auch Relevanz für den Tourismus.[22] Feste sind deshalb so attraktiv, weil sie das Spielerische am Ritual farbenfroh und vielgestaltig akzentuieren. Auf expressive Weise kommen dramatische Komponenten und große Gefühle zum Ausdruck. Da Feiern in ihrem Überschwang meist keinen hohen

---

[20] www.unesco.at/kultur/immaterielles-kulturerbe/

[21] Karsten Dittmann, Tradition und Verfahren, Philosophische Untersuchungen zum Zusammenhang von kultureller Überlieferung und kommunikativer Moralität. Norderstedt 2004.

[22] Matthäus Rest/Gertraud Seiser (Hg.): Wild und Schön, Der Krampus im Salzburger Land, Wien 2016.

Anspruch auf Authentizität oder Ursprung stellen, können sie relativ einfach auch in einen anderen Rahmen gestellt werden. Damit bieten sie auch einen preiswerten Rohstoff für touristische Angebote im Sinne einer polternden Erlebniskultur. Erinnert der Massentourismus eher an derb-volkstümliche mittelalterliche Feste, Stichwort Dult oder Oktoberfest, so erweitern Kultur- und Bildungsreisen den eigenen Horizont. Gelingt die Begegnung mit der anderen Kultur, führt dies vielleicht sogar zu einer anderen Weltsicht. Der Tourismus selbst ist von den Begrüßungsritualen (dem unvermeidlichen *Schnapserl* oder Alphorn blasen) bis zur Nachbearbeitung der Reiseeindrücke zu Hause (Sortieren und Beschriften der Fotos, Eintragungen im Routenbuch) geprägt von rituellen Abläufen. Mit den rituellen Feiern hat er gemeinsam auch die Verwandlung, das Spiel, das Vergnügen, die im Kontrast zum Ernst des Lebens stehen. Die Urlaubsdestination wird zu einem Gegenraum, der für die erlittenen Niederlagen des Alltags entschädigt, zu einem Ort des Glücks, wo die Utopie des guten Lebens zur Realität wird.

Bewegt von der emissionsfreien Antriebskraft menschlicher Neugier kokettieren Touristen immer mit dem Blick hinter die Bühne, in die Privatsphäre der Bereisten und ihrer Lebensweise hinein. Sie sind in erster Linie sammelnde Voyeure, die meist nur jenen Dingen nachjagen, die sie von Bildern bereits kennen, etwa Sehenswürdigkeiten oder extra für Touristen nach Drehbuch arrangierte Erlebniswelten. Der Fundus dafür ist enorm groß und Menschen auf Märkten oder in verschiedenen Tätigkeiten, am besten bei der Arbeit, bei Musik, Tanz und Spiel, locken am meisten. Touristen suchen genau solche Teilausschnitte der Realität in Form eines zugänglichen und damit konsumierbaren Angebots, das authentische Züge tragen, nicht zu sehr nach *von der*

Stange wirken soll und sinnlichen Direktkontakt erlaubt. In der tourismussatirischen ORF-Telenovela *Piefke-Saga* gibt es für den reichen Industriellen aus dem fernen Norddeutschland nichts Schöneres, als zusammen mit den Einheimischen am Zillertaler Stammtisch zu sitzen und bis heute werfen sich Wiener Urlauber schon vor der Abfahrt in die Ausseer-Land Tracht, wenn sie ins Salzkammergut aufbrechen. So wird das Erlebnis einmalig und auch würdig, um durch Erinnerungsfotos geadelt und mit Souvenirs zu begehrten Trophäen zu werden.

Der Echtheitsanspruch jeglicher Darbietung bleibt im Zeitalter von *fake news, Kommodifizierung* und *Imitationen* ein fragwürdiger. Als Volkskultur wurden eigentlich die Lebensweisen der Bauern und Handwerker in den Dörfern sowie in den Klein- und Vorstädten der vorindustriellen Zeit bezeichnet. Gesellschaftspolitische Relevanz bekam diese vielfältige Kultur aber erst nach der Entdeckung durch Adel und Bürgertum, die mit Dirndlkleid, Lodenjanker und Lederhose kostümiert und in romantischer Stimmung ihre Sommerfrische in der Provinz verbrachten. Was sie von dort in die Stadt mitnahmen, erfuhr eine politische Reinigung, ästhetische Veredelung und Stilisierung, und so entstand neben der Kultur des städtischen Bürgertums eine zweite Kultur – ein Konstrukt, dessen obrigkeitskritisches und widerständisches Potenzial weitestgehend eliminiert worden war. Dafür wurden die pittoresken Elemente wie Trachten, Bräuche, Volkslieder, Hausformen, Volksmedizin und Volksfrömmigkeit besonders hervorgehoben. Durch *Folklorisierung* gewann diese Volkskultur Ansehen und zusehends Bedeutung in der Politik, in den Medien, wie z. B. im Theater und im Heimatfilm, und natürlich auch im Tourismus. Weil Elemente der Volkskultur als bedroht galten, wurde sie geschützt vor den Auswirkungen der Industrialisierung und Urbanisierung, in Vereinen,

Museen und Archiven gesammelt, aufbewahrt, gepflegt und mit einer Firniss von Echtheit überzogen. Gleichzeitig umrahmte sie die Bildung von Nationalstaaten und Regionen, in deren Ideologie das bäuerlich-ländliche Erbe im Vordergrund stand.[23] Volkskultur bekam in dieser Zeit eine erhebliche Bedeutung in der Selbstidentifikation. Etliche Regionalkulturen sind davon geprägt, obwohl im 20. Jahrhundert diese bäuerliche Welt immer mehr verschwand.

Volkskulturelles spielt in der Ausgestaltung einer eigenen populären Kultur und damit in der Konstruktion von Heimat und Identität eine zentrale Rolle. In der Stilisierung von Trachten zu Abzeichen heimatlicher Volksverbundenheit, von Alpenblumen zu nationalen Symbolen des Natürlichen, von bestimmten Bauformen zum Erkennungszeichen bodenständigen Bauens wie dem pseudobäuerlichen Satteldach, von Schau-Brauchtum und volkstümlicher Musik sieht Bernhard Tschofen ein Programm mit wiedererkennbaren Chiffren, das zu einer Identifikation stiftenden Emblematik eines Idealentwurfes von Österreich-Bildern führte.[24] Diese wurden nach dem Zweiten Weltkrieg von der expandierenden Kulturindustrie aufgegriffen, das Heimatliche wurde zum touristischen Lockvogel. Im Genre des Heimatfilmes erfolgte eine Neuprogrammierung der kollektiven Erinnerung. Im Zentrum dieser „Heimatmacher"[25] stand die schöne Landschaft als Kulisse für eine schicksalhafte Handlung, die eine bäuerliche Welt so in Szene setzte, wie Stadtmenschen sie sehen wollten: herb, patriarchal,

---

[23] Reinhard Johler, Volkskultur(en). Europäisches mit Zukunft? In: Jahrbuch des Österreichischen Volksliedwerkes, Band 57/59, Wien 2009, 59–70.
[24] Bernhard Tschofen, Berg-Kultur-Moderne, Wien 1999.
[25] Gertraud Steiner, Die Heimatmacher, Wien 1987.

aber auch idealisiert als Sommerfrische. Auf dem Land – so wurde suggeriert – war die *alte Welt* noch einigermaßen in Ordnung. Die filmischen Mythen des Dorflebens enthalten zahlreiche billige Identitätsangebote, wenngleich die Wirklichkeit dieser dörflichen Welt längst in einen Modernisierungstaumel geraten war. Die Provinz heiratete sich in diesen Filmen zwar aus ihrer eigenen ländlichen kulturellen Identität heraus, aber sie wurde zur nationalen, kommerziellen und touristischen Attraktion. In diesem medialen Transformationsprozess mutierte die bäuerliche Alltagskultur zur Folklore, die im Vergleich zu heute noch wenig erschlossene Gebirgslandschaft wurde zum konsumierbaren Objekt. Man nahm in diesen Filmen Urlaub von der Geschichte, verdrängte die Traumata der Nazizeit und warb gleichzeitig für Urlaub in Österreich.[26]

Oberhalb von 1500 m Seehöhe wächst in den Alpen nichts mehr – nur der Tourismus. Für periphere Alpentäler ist er der wichtigste, wenn nicht sogar einzige florierende Wirtschaftszweig geworden. Das ginge nicht ohne eine perfekt funktionierende Dienstleistungsinfrastruktur aus Menschen und Maschinen, aber auch die lokale Kultur wird zur Inwertsetzung der lokalen Ressourcen eingespannt. In Bräuchen, Aufmärschen und Kleiderordnungen wird die vorzeigbare Tradition geradezu gefeiert und damit Geschäft gemacht, wenn das nicht sogar in erster Linie. Dass die Inhalte der alten Volkslieder, die Trachtenkapellen, die Holzschnitzereien, das meiste, was als Volkskultur bezeichnet wird, mit der heutigen Wirklichkeit natürlich nicht übereinstimmt und häufig extra für den zahlenden Gast aufgetischt wird, ist

---

[26] Kurt Luger, Tradition-Ritual-Inszenierung, Kulturelles Erbe im Spannungsfeld von bewahrender Pflege und touristischer Vereinnahmung, in: Kurt Luger/Karlheinz Wöhler, Kulturelles Erbe und Tourismus, Innsbruck-Wien 2010, 15–45.

sowohl den Einheimischen wie den Gästen bewusst. Für *typisch Tirolerisch* halten Touristen jene der *Kuhstall-Gotik* zuzuordnenden Hotels, die weder in Architektur noch Malerei irgendwie auf den traditionellen Tiroler Baustil verweisen können.[27] Für den Tourismus – so könnte man behaupten – werden bestimmte Elemente des Lokalen, Regionalen, Österreichischen, etc. als Typisches oder als Besonderheit verabsolutiert und zu leicht wieder erkennbaren Zeichen stilisiert. Um sie herum werden Produkte gestaltet, über deren Erfolg die Gäste entscheiden. Die Qualität eines *stimmigen Produktes* bemisst sich somit in einem Interaktionsprozess mit den Zielgruppen. Am deutlichsten sichtbar wird dies in der Kulinarik, denn beim Essen und Trinken hat sich die regionale Küche als *territoriale Besonderheit mit Echtheitscharakter* jenseits geographischer Herkunftsangaben durchgesetzt.

So arbeitsreich und fremd die bäuerliche Lebenswelt den Gästen auch scheinen mag, im Tourismus gibt es die bäuerliche Kultur nur im Sonntagsgewand, in romantisierendem bzw. nostalgischem Zusammenhang. Ohne Inszenierung geht es gar nicht, weil der Alltag der Bereisten natürlich kein attraktives Produkt darstellt. Nicht ihre Normalität interessiert die Gäste, sondern die Buntheit der kulturellen Formen, ihre Besonderheiten, das an der Natur und mit Tieren ausgerichtete Leben, ihr Exotismus – und das in einer choreographierten Form. Bisweilen schafft sich der Tourismus auch seine eigene Tradition. 1996 wurde der *Salzburger Bauernherbst* als Marketingmaßnahme eingeführt, um die Nachsaison mit Hilfe von Brauchtum und Tanzboden zu beleben. Dank dieses *Angebotsklassikers* stieg die Zahl der Nächtigungen

---

[27] Bernd Schmidt, Tourismus-Architektur im „Alpinen Stil" als touristische Botschaft. Der „Lederhosenstil" als kulturelles Symbol, Diss.Phil., Salzburg 1998.

von Touristen in der Nachsaison seither um 20 %. Organisiert von der Salzburger Landestourismusgesellschaft, die für das Tourismusmarketing zuständig ist, wurden die Gemeinden eingeladen, für sich und für die Gäste unter dem Motto „Feiern, Verkosten, Kultur" Veranstaltungen anzubieten. Einheimische feiern miteinander, sitzen gesellig beisammen, musizieren, tanzen, kochen und vergnügen sich – mit den Touristen als Zaungästen und als Festbesucher. Es handelt sich um eine gelungene Werbeaktion für regionale Produkte ohne Anspruch auf Authentizität. Da und dort kommt es zur Verschmelzung von dörflichen und religiösen Festen mit touristischen Angeboten – haarscharf an der Grenze zur Kommerzfolklore und manchmal auch drüber hinaus.[28] Ähnliche Konzepte findet man im gesamten Alpenraum und sie alle werben mit ihren genussregionalen Besonderheiten.

Mit der Produktion von Heimatsymboliken, Heimatfilmen, Heimatkalendern, der Heimatliteratur, von Österreich-Bildbänden und Schulbüchern, von den Heimatschnulzen eines Hansi Hinterseer bis zum *Grand Prix der volkstümlichen Musik*, von der Tourismuswerbung bis zur Souvenirindustrie, die – wie Bernhard Tschofen schreibt – auf den drei Säulen Edelweiß, Enzian und Alpenrose aufbaut, liefert die Populärkultur eine facettenreiche Ikonographie für die Sehnsuchtslandschaft Alpen. Sie konstruiert das Bild von den Alpen im In- und Ausland und bildet die Erlebnis-Software für Erholungs- und Abenteuersuchende. So trägt sie dazu bei, möglichst zielgruppengenaue Angebote zu entwerfen und die Betten des postmodernen Tourismus zu füllen.

---

[28] https://www.salzburgerland.com/de/bauernherbst/ aufgerufen 1.8.2021.

Der Bezug zur Gegenwart als Programm
Die Jahre, als die Museen mit dem Rücken zur Wand standen, sie als hoffnungslos unzeitgemäß betrachtet wurden, weil der Wind der Moderne über das Traditionelle hinwegpfiff und diese Aufbewahrungsräume des Alten dem Versprechen, dass alles nur besser werden kann im Wege standen, sind vorüber. Soziologische Analysen verweisen vielmehr auf einen Trend der Rückbesinnung – was in der Sprache des Tourismusmarketing dann *regrounding* heißt – und damit auch eine Wertschätzung des Traditionellen, in dem man Geborgenheit und eine Art von *Erdung* sucht, eine kulturelle Verankerung, und damit auch ein Fundament gesellschaftlicher Werte, die über die Zeit Bestand haben.

Gleichzeitig stellen wir nicht nur in den Alpenländern fest, dass mit dem *traditum,* dem *Althergebrachten* als gesellschaftliche Praktiken bzw. dem kulturellen Erbe, nicht ausschließlich eine rückwärtsgewandte politische Ideologie in Verbindung gebracht werden kann. Insbesondere in Deutschland und Österreich wurde die als Ausdruck territorialer Identität gesehene Volkskultur gnadenlos für politische Zwecke missbraucht, da und dort marschierte sie aber auch in erster Reihe mit. In den vergangenen Dekaden erlebte die massentaugliche Volkskultur im Sog einer boomenden Kulturindustrie eine beispiellose Vereinnahmung und Trivialisierung, damit eine Zurechtstutzung auf das medial Vermarktbare in Filmen, Bierzelten und Musikantenstadln. Der Tourismus wiederum inkorporierte den folklorisierten *schönen Schein* der Festtagskultur und diverse Schau-Bräuche als ästhetischen Aufputz seines Angebotes.

Der Begriff der *Tradition* erfährt in unseren Tagen eine längst notwendige semantische Neubesetzung und das ist auch den Bemühungen der UNESCO zu verdanken. Sie hat mit der Konvention zur Erhaltung des immateriellen

Kulturerbes (2003) sowie dem Übereinkommen über den Schutz und die Förderung der Vielfalt kultureller Ausdrucksformen (2005) einen gesellschaftspolitischen Diskurs von globaler Dimension in die Wege geleitet, der in Verbindung mit dem übrigen Kulturprogramm der UNESCO steht und im Kontext von Alpen und Tourismus eine spezifische Ausprägung erfährt.

Dieser Diskurs hat das Augenmerk auf die Lebendigkeit einer Vielfalt von Traditionen gelenkt und etliche aus den Magazinen des Bedeutungslosen weil vermeintlich hoffnungslos Veralteten herausgeholt. Wahrscheinlich ist es kein Zufall, dass dies gerade an der Schwelle zum 21. Jahrhundert geschieht, an dessen Horizont sich das fossile Zeitalter seinem Ende zuneigt, der unbedingte Glaube an den immerwährenden Zuwachs von Wohlstand erodiert und das kreative Nachdenken über neue Visionen auch mit dem Blick in den Rückspiegel erfolgt. So manches Unmoderne oder *versunkene Kulturgut* dringt nun wieder an die Oberfläche und mischt sich in unsere Alltagskultur. Die Komplementärmedizin mit dem Rückgriff auf traditionelle Heilmethoden ist ein unmittelbarer Ausdruck dieser neuen Offenheit. Diese zeigt sich aber auch in der Kleidermode. Plötzlich werden Dirndlkleider und Lederhosen – zwar da und dort mit Augenzwinkern – aber doch auch mit einer neuen Selbstverständlichkeit getragen. Die Tracht in hochwertiger handwerklicher Verarbeitung und Materialität erfährt eine enorme Wertschätzung als *Gewand mit Bestand*.

Auch Museen sind Erinnerungsorte, Archive des kollektiven Gedächtnisses – aber nicht nur das. Ihre Aufgaben reichen über die Bewahrung und Interpretation des Vergangenen weit hinaus. Die *Süße Krankheit Gestern* bestimmt längst nicht mehr alleine das museale Geschehen. Definiert man kulturelles Erbe als lebendige Tradition, so wird auch der von Museen eingeschlagene Weg in die Gegenwart logisch im Sinne einer Programmatik. Über die Aufgabe des Bewahrens hinaus ist längst der *Gegenwartsdiskurs* getreten, die Selbstverpflichtung, die kulturellen Praktiken, mit denen *die Gesellschaft zu ihren Formen findet,* dazustellen aber auch in ihren Kontexten zu verorten, ihre frühere Bedeutsamkeit den gegenwärtigen Zusammenhängen gegenüberzustellen. Dies betrifft die gesamte Palette des immateriellen Kulturerbes, die Vielfalt an Lebenspraktiken, alltägliche wie künstlerische Ausdrucksformen, Wissen und Fertigkeiten, die Gemeinschaften als Bestandteil ihres Kulturerbes verstehen.

Hostessenmedien wie Smartphones und Social Media bringen nicht nur Komfort und ad hoc-Informationen in die Hand, sondern können auch den Reiz und Erlebnischarakter multiplizieren. Gedächtnisinstitutionen wie etwa Museen nutzen diese digitalen Chancen, um Kontexte und Zusammenhänge sichtbar und leichter nachvollziehbar zu machen. *Augmented Reality*-Applikationen verbinden die Realwelt mit künstlichen Wirklichkeiten und können so die Vorstellungen in markante Bilder transformieren.

Nicht nur den Touristen, auch den Einheimischen wird oft erst durch die systematische Aufarbeitung klar, dass diese Praktiken von Generation zu Generation weitergegeben, aber auch neu interpretiert und gestaltet werden. Über diese Selbstvergewisserung entsteht persönlicher Bezug, über die Kontinuität auch Zugehörigkeit und Identität, in unterschiedlichem Ausmaß sogar Zusammengehörigkeit. Museen werden damit zu einzigartigen Orten der gesellschaftlichen Selbstverständigung und zu Plattformen des öffentlichen Diskurses, durch Ausstellungen und Informationsprogramme auch zu Initiatoren einer kritischen Öffentlichkeit auf der Grundlage einer wissenschaftlichen Auseinandersetzung.

Die in der europäischen Museumslandschaft eher junge Erscheinung *EcoMuseum* beschreitet genau diesen Weg. Ihrem Anspruch nach werden in einem solchen unter Teilnahme der Bevölkerung und Einbeziehung der Landschaft charakteristische Natur- und Kulturgüter gesamtheitlich dargestellt, um diese im Rahmen des historischen Erbes zu bewahren, aber auch um die Verbundenheit mit der Gegenwart herzustellen. Dies ist ein Weg, um Ökologie, Ethnologie und Geschichte bzw. kulturellen Wandel in einem regionalen Kontext als lebendige Tradition sinnlich zugänglich und erfahrbar zu machen.

Die Umdeutung von Orten und Praktiken zu Kulturerbe löst Prozesse und (Eigen)Dynamiken aus, die ohne diese Umdeutung so gar nicht stattfinden würden. Die Kultur der Wiederbelebung – *culture of revival* – ist in etlichen Branchen üblich, in der Mode wird Überholtes als *Vintage Fashion* wieder in den Kreislauf gebracht und die Retro-Welle wird vielfach dazu genutzt, um neue Wertschöpfungen aus den Eigenschaften des Kulturerbes zu entwickeln. Es scheint, als wäre eine Flutwelle der Erinnerung über die Welt hereingebrochen, die sich auf analoge Weise dem Digitalen entgegenstellt, und als Gedächtniskultur im gesellschaftlichen Diskurs Fuß gefasst hat. Der Tourismus ist ein lebendiges Beispiel dafür.

Für Christoph Kirchengast steht die seit den 1980er Jahren geführte *Musealisierungsdebatte* in engem Zusammenhang mit dem Kulturerbe-Diskurs. Musealisierung verweist auf den Modus, Vergangenes gegenwärtig zu erhalten, der unser gesamtes soziokulturelles Umfeld mittlerweile durchdringt. Ein gängiger Erklärungsansatz für diese Trends besagt, dass es sich dabei um eine Art der kompensatorischen, kollektiven Identitätssuche handelt, die auf eine allgemeine Angst vor dem Verschwinden des Vertrauten reagiert. Diese Angst wird durch eine empfundene Gegenwartsschrumpfung angefacht, also durch jenen Prozess, der beispielsweise die Gültigkeitsdauer von wissenschaftlichen Erkenntnissen, Alltagstechnologien oder Moden zusehends verkürzt – nichts scheint von Dauer zu sein. Eine zweite Ursache für die Gedächtniskonjunktur liegt in der Erlebnisorientierung und der auf sinnliche Betrachtungsweise fixierten postmodernen Gegenwartsgesellschaft.[29]

Synchron zum Terminus *Musealisierung der Welt* könnte gleichsam von einer *Heredisierung* der Welt und unseres Alltags die Rede sein. Während *Heredifizierung* das konkrete Erbe-Machen meint, so bezeichnet *Heredisierung* den globalen Trend, die gesellschaftliche Neigung hin zu unterschiedlichen Formen kollektiven Erbes. Der Begriff Heredisierung macht insofern Sinn, als insbesondere in den vergangenen Dekaden das Kulturerbekonzept stark an Momentum gewonnen hat. Die Anzahl der seit damals ernannten UNESCO Welterbestätten etwa ist beträchtlich und ein Ende des Trends nicht abzusehen. Mit der UNESCO-Konvention zur Erhaltung des immateriellen Kulturerbes wurde dem Kulturerbe-Diskurs weitere Schwungkraft verliehen. Lebendige Traditionen, Brauchtümer, Volkskultur, Praktiken im Umgang mit der Natur – ihnen wird eine neue und größere Bedeutung verliehen. Die Alltagstauglichkeit kann als wesentlicher Erfolgsfaktor des Kulturerbe-Konzeptes gesehen werden, denn all diese Dinge oder Praktiken können aus der Vergangenheit in unser gegenwärtiges Erleben geholt und in die Populärkultur und den Tourismus inkorporiert werden.

---

[29] Einverleibtes Vermächtnis – Episoden und Hintergründe nahrhafter Erbstücke, in: Kurt Luger/Karlheinz Wöhler (Hg.), Kulturelles Erbe und Tourismus – Rituale, Traditionen, Inszenierungen, Innsbruck-Wien 2010, 301–325.

Der fortschreitende Prozess der Modernisierung von Lebensbezügen hat zweifellos dazu geführt, dass viele Lösungsmechanismen an Bedeutung verloren haben und manche Traditionen heute geringe oder gar keine Relevanz mehr haben. Aber Kultur kann nur als Prozess verstanden werden. Weil die Gesellschaft mit Innovation umzugehen hat und sich neue Herausforderungen stellen, muss sich auch das Werte- und Ordnungssystem von Gesellschaften ändern. Es sind neue Kulturpraktiken zu entwickeln bzw. die bestehenden anzupassen. Dem ungestümen Prozess der Veränderung, meist durch technische Innovation ausgelöst, setzt die UNESCO ihre Konvention zur Erhaltung des immateriellen kulturellen Erbes entgegen. Diese ist mehr als ein Ordnungsruf, der zur Achtung mahnen soll, sondern eine Chance, sich der Leistungen und Errungenschaften kultureller Praktiken bewusst zu werden und Tradition als Schutzgeist des Neuen in einem innovativen Kontext zu verstehen.

Heutzutage ist das gesellschaftliche Leben vielfach aus seinen örtlich begrenzten Zusammenhängen gelöst, die Moderne hat die Gesellschaft von den Gewissheiten der Tradition entfernt und Identitäten in Bewegung gebracht. Über materiellen Wohlstand hinaus stellen die Menschen vermehrt Fragen nach innerer Sinnhaftigkeit, suchen Anhaltspunkte im Vertrauten, Lokalen, suchen nach subjektiver Sicherheit in einer Zeit des beschleunigten technischen, ökonomischen und sozialen Wandels. Man ist auf grundsätzliche Weise konservativ, meint Heinz Bude, „weil man in einer auseinanderfliegenden Welt, in der alle nur sich und die Ihren in Sicherheit bringen wollen, keinen Sinn sieht".[30] Hoffnung ohne Optimismus

---

[30] Das Gefühl der Welt – Über die Macht von Stimmungen, München 2016, 127.

ist die Stimmung der Zukunft. Es werden damit Bedürfnisse angesprochen, die offenbar vorzugsweise im Urlaub nach Befriedigung verlangen oder dieser als das Zeitfenster erkannt wird, in dem Verlustkompensation erfolgreich betrieben werden kann. Es wird gleichzeitig ein Gegenraum gesucht, der für die erlittenen Niederlagen des Alltags entschädigt. Das Kulturerbe erzählt somit nicht nur Geschichten von der Vergangenheit und taucht vergangene Zeiten in einen Sepiafilter. Das Kulturerbe bietet eine neue Sichtweise auf die Welt, verbindet das alte Wissen mit neuen Bedeutungen und verhilft auf diese Weise auch, neue Selbstsicherheit zu finden.

7

Alpentourismus – Schönwetterzone im Klimawandel

… die deutschen Touristen.
Zunächst kamen sie nicht für lange Aufenthalte. Sie verbrachten nur einige Nächte in einer der wenigen Herbergen, um einige Alpengipfel zu ersteigen. Aber sie sprachen viel und erzählten viel. Sie trumpften auf, beriefen sich auf das Vorbild ihrer Heimat; sie machten ständig Vorschläge, wie man das Dorf besser organisieren und verändern könnte. Sie flirteten auch mit den Mädchen und gingen sonntags nicht zur Messe. Noch heute gelten die Deutschen in dieser Gegend als ideale Touristen. Da sie keine großen Ansprüche an Zimmerkomfort und Bewirtung haben, sind sie leicht zufrieden zu stellen. Sie brauchen nur zwei Dinge: reichliche Portionen und mehrere Zeitungen. Obwohl der deutsche Tourist also die Freuden der Natur suchte, brachte er eine städtische Atmosphäre mit. Er urbanisierte das Dorf.
Er erzählte und verklärte seine Klettertouren.
Und schon begannen auch die Bauernjungen immer häufiger, auf die Berge zu steigen. Die Skier, die man schon

während des Krieges benutzt hatte, wurden nach und nach von ferienhungrigen Städtern erneut importiert. Bald schreinerte sich auch die Dorfjugend ihre Bretter.

Lucie Varga, Ein Tal in Vorarlberg – zwischen Vorgestern und Heute (1936)

Die Alpen, jene Region, wo Europa den Himmel berührt, sind seit gut zwei Jahrhunderten ein Ort der Sehnsucht. Von Mythen umrankt, haben sie stets der menschlichen Phantasie sowie dem Drang, den Horizont hinauszuschieben, reichlich Spielraum geboten. Stand das große Gebirge einst eher im Wege und jagten die steil aufragenden Felsformationen ihren Besuchern den kalten Schauer über den Rücken, so beginnt mit der Moderne die Durchdringung dieses so unnahbaren wie verheißungsvoll wirkenden Raumes. Nach und nach tritt eine Mehrfachnutzung der Alpen in den Vordergrund: Sie bilden den Lebensraum für die bäuerliche Bevölkerung, die die Täler weit hinauf bewirtschaftet; sie sind Quelle der industriellen und wirtschaftlichen Entwicklung, weil Bergleute und Arbeiter eine Fülle von Ressourcen aus ihrem Innersten zutage fördern und in lokalen Betrieben verarbeiten; sie sind Rückzugs- und Schutzraum für Fauna und Flora, aber vor allem werden sie zum präferierten Erholungs- und Erlebnisraum für ihre Besucher, die Touristen. Als *Tourismushabitat* sind die Alpen ein Ort des antizipierten Glücks, eine emotional aufgeladene Geografie für die Reisenden, deren Zahl im Zuge der dynamischen Mobilisierung des Alltags und der räumlichen Einschränkungen, die urbanes Leben mit sich bringt, heute in die Millionen geht.

Die Historie der Alpenreisen ist daher auch eine Geschichte der Mobilität und im Zeitalter der individuellen Entgrenzung vor allem der Automobilität. Die Erfahrung der Alpen, ihre Überquerung, und das transalpine Erlebnis stehen dabei im Vordergrund. Durch Eisenbahnen,

7 Alpentourismus – Schönwetterzone im Klimawandel

Straßen, Wege, Seilbahnen, Hotels und ein Netzwerk von Schutzhütten wurden die Alpen zugänglich gemacht und für Städter zu einem Versuchungs- und Begehrensraum.[1] Die Vielfalt an monumentalen Landschaften, Gesteinsformationen, Flora und Fauna sowie distinkten Kulturen zieht seit rund 250 Jahren Wissenschaftler in die Berge. Die vertikale Herausforderung verführt Alpinisten dazu, das Unmögliche zu wagen, die höchsten und steilsten Wände zu durchklettern und doch ihren Kopf zu retten, damit dieser zuhause vom Erfolg berichten kann. Auf halber Höhe und etwas weniger riskantem Terrain bewegen sich Bergwanderer, in Interaktion mit den Elementen und ihren eigenen körperlichen Begrenztheiten – darunter auch viele auf der Suche nach dem Sinn des Lebens mit leichtem Gepäck. Allen Bestrebungen gemeinsam ist eine nicht enden wollende Faszination, die von dem Idealbild einer Berglandschaft als einer neuen *Weltlandschaft* ausgeht, die uns Menschen die Erfahrung zuteilwerden lässt, Teil eines größeren Gesamten zu sein.

Die Alpen bestehen aus Räumen, in denen das Überleben und Fortkommen immer nur durch härteste Arbeit gesichert werden konnte. Sie beherbergen aber auch viele Orte des guten Lebens, die zusehends durch den Klimawandel, eine ungezügelte infrastrukturelle Entwicklung und immer wieder auch durch mutwillige Zerstörung der ökologischen Grundlagen bedroht wird. Der Tourismus als *Illusionsindustrie mit Erfüllungsanspruch* ist ein Nutznießer der Schönheit dieses Raumes, aber

---

[1] Eine Zusammenschau historischer wie aktueller Entwicklungen bietet der Überblicksband von Kurt Luger/Franz Rest (Hg.), Alpenreisen, Innsbruck-Wien 2017; zur Geschichte der Alpen insbesondere Jon Mathieu, Geschichte der Alpen 1500–1900, Wien 1998; Werner Bätzing, Die Alpen, Entstehung und Gefährdung einer europäischen Kulturlandschaft, München 2015; COTRAO (Ed.), L'homme et les Alpes, Grenoble 1992.

er muss im Rahmen einer nachhaltigen regionalen Entwicklungsperspektive auch seinen Beitrag zur Erhaltung leisten. Langfristig wird die Entwicklungsplanung auf eine Strategie hinauslaufen müssen, die als *bewahrender Fortschritt* zu verstehen ist. Dazu gehören die Erhaltung des Naturraumes, der schonende Umgang mit den vorhandenen Ressourcen und eine maßvolle touristische Infrastruktur, die eine einträgliche Wertschöpfung ermöglicht.[2]

Werfen wir den Blick zurück auf die letzten hundert Jahre, so trug der Tourismus gravierend zum kulturellen und sozialen Wandel in den Alpen bei und beschleunigte die Überformung bäuerlicher Kultur in Richtung einer Dienstleistungsgesellschaft. Aber es waren vor allem die großen Transformationen der globalen Wirtschaft und die gesellschafts- bzw. agrarpolitischen Weichenstellungen der Europäischen Union, die den Alpenbewohnern eine neue Rolle zuwiesen. Die Agrarquote reduzierte sich in den inneralpinen Regionen sukzessive auf ein Niedrigstmaß und ohne Nebenerwerb finden Bergbauern schon lange kein Auslangen mehr.[3] Wie wenig andere Branchen sichert der Tourismus in peripheren Gebieten die Lebensgrundlagen der Einheimischen, schafft dezentrale Arbeitsplätze und erhält damit auch manche schon fast verlorengegangene alpine Lebensweise.

Faszination Berg und Tal
In der Geschichte des Tourismus nehmen die Bergsteiger eine Schlüsselrolle ein. In den Erstbesteigungen der Alpengipfel, der Gründung der Alpenvereine und mit

---

[2] Siehe dazu Werner Bätzing, Orte guten Lebens, Die Alpen jenseits von Übernutzung und Idyll, Zürich 2009.
[3] Siehe dazu etwa Tobias Chilla (Hg.), Leben in den Alpen, Verstädterung, Entsiedlung und neue Aufwertungen, Bern 2014; Hans Haid, Vom Alten Leben, Vergehende Existenz- und Arbeitsformen im Alpenbereich, Wien 1988.

den Exkursionen ins Unberührte und Elementare verkörpert sich die romantische Ideologie des Tourismus. Der romantische Wunschtraum, die eigene beengende Zivilisation hinter sich zu lassen, um Freiheit zu erlangen, befeuert den Alpinismus bis heute. Das Hinausschieben von Grenzen und Überwinden von Barrieren durch eigene körperliche Leistung findet ungebrochene Faszination und die Werte der Leistungsgesellschaft liefern dafür die Antriebskraft im Sinne erneuerbarer Energie. Gebirge sind Sehnsuchts- und Resonanzräume, zu denen wir eine Beziehung aufbauen oder uns ganz kalt lassen, sie können ähnlich wie die Musik Schmerz und Freude, Verzweiflung und Glücksempfindungen auslösen, eine *Intensität der Ich-Wahrnehmung* ermöglichen.

Der Tourismus in den Alpen zeigt seit vielen Jahren ein beständiges Wachstum, insbesondere in den touristischen Kerngebieten und dort, wo die Berge infrastrukturell erschlossen und gut erreichbar sind. Ursachen für die hohe Wertschätzung der Alpen als Urlaubs- und Freizeitregion sind im industriewirtschaftlichen Gesellschaftsmodell zu suchen, das mit seinen Stressoren für viele einen stark fremdbestimmten Arbeitsalltag erzeugt. Die Entfaltung der Produktivkräfte brachte zwar Wohlstand und der wissenschaftlich-technische Fortschritt wurde zur treibenden Kraft einer wachstumsorientierten Wettbewerbswirtschaft. Das Leben der Individuen wurde aber immer rigideren zeitlichen Regeln unterworfen und diese beherrschen die Lebensvollzüge. Nicht allen gelingt es unter diesen Umständen die Fülle der Herausforderungen, Handlungs- und Erlebnisepisoden zu einem stimmigen Leben zusammenzufügen. Im Alpentourismus sehen viele Menschen eine Möglichkeit zur Korrektur und authentischen Erfahrung, um die kumulierten seelischen wie körperlichen Ermüdungsstoffe abzubauen. Dies begünstigt den kollektiven sozialen Wunsch in

Richtung Naturerleben und gipfelt im Bedürfnis, etwas für die Gesundheit tun zu wollen, selbst über die Zeit zu verfügen und sich in Freiräumen zu bewegen, Ruhe zu genießen und Stille erfahren zu können. Der Lebensstil von Gesundheit und Nachhaltigkeit (LOHAS, lifestyle of health and sustainability) hat sich aus einer Nische zu einem Trend entwickelt, der in viele touristische Angebotsformen hineinwirkt und sich mit neuen Outdoor-Sportarten zu einer variantenreichen Freizeitkultur geformt hat, die nahezu alle Gesellschaftsgruppen umfasst. Angesichts dieser sozialen Kontextbedingungen wird auch in absehbarer Zukunft das Wachstum des Alpentourismus eine Fortsetzung finden und so manche Alpenregion wird an ihre Belastungsgrenze stoßen oder auch ihre *carrying capacity* überschreiten.

Die Eroberung der Höhe
Seinen Aufstieg verdankt der Alpentourismus auch und ganz besonders der *Auffahrt*. Beliebte Aussichtsberge wie die Rigi (1871) und der Pilatus (1889) in der Schweiz wurden als erste mit Zahnradbahnen und Gipfelhotels erschlossen und die Besucher waren schon damals von der Höhe und dem Panorama fasziniert. Die Seilbahn von Bozen nach Kohlern ging 1908 in Betrieb. Sie ist damit die älteste Luftseilbahn der Alpen für den planmäßigen Personentransport. Seit 1912 fährt die Jungfraubahn, eine elektrische Zahnradbahn, von Grindelwald hinauf zum 3454 m hochgelegenen Bahnhof auf dem Jungfraujoch in den Berner Alpen. In Österreich wurde zwischen 1926 und 1937 ein Dutzend Seilschwebebahnen, etwa auf die Rax in den Wiener Alpen, die Schmittenhöhe bei Zell am See, den Patscherkofel bei Innsbruck und auf den Hahnenkamm bei Kitzbühel, in Betrieb genommen. Die technische Erschließung der Alpen, von den alpinen

Vereinen zuerst sehr kritisch kommentiert, wurde letztlich als Erweiterung der touristischen Möglichkeiten akzeptiert. So gesehen ist der Alpentourismus ein echtes Kind der Moderne aber auch der Postmoderne, indem er heute die Zurichtung der alpinen Räume, ihre Ökonomisierung und ihre funktionelle Anpassung an die ihre Freizeitbedürfnisse austobenden Bewohner und Besucher in die Höhe bzw. auf die Spitze treibt.[4]

Die touristische Eroberung der Höhe, der Blick von oben als Ausdruck der Überlegenheit, der geistigen Erhebung über die anderen, die Inbesitznahme der *panoramatischen Totalität,* die Ästhetik der Gipfelerlebnisse, die Erfahrung des Körpers und die Überwindung von Grenzen – all dies hatte schon vor hundert Jahren für Lese- und Diskussionsstoff in den alpinen Zeitschriften gesorgt. Diese waren damals noch nicht überwiegend Sprachrohre der Sport- und Freizeitindustrie, sondern verstanden sich als Bildungs- und Kulturmedien, als wichtige Akteure im Diskurs um Modernisierung und Bewahrung von Tradition.

Die wirtschafts- und gesellschaftspolitische Debatte um die Nutzungsformen – neben dem Tourismus betrifft dies insbesondere den Straßenbau und die Wasser- bzw. Elektrizitätswirtschaft – wurde schließlich abgelöst von der Auseinandersetzung um die Schutzbedürftigkeit dieser kulturell bedeutenden Topographie. Im Laufe der Jahre wandelte sich auch das Bild der Alpen. Das heutige findet sich wohl am korrektesten in den Prospekten und auf jenen Websites wieder, auf denen Schilifte, Seilbahnen, Schipisten und Speicherseen eingezeichnet, Bikerrouten, Forststraßen und Gipfelrestaurants angegeben sind.

---

[4] Siehe im Überblick dazu Kurt Luger/Franz Rest (Hg.), Der Alpentourismus, Innsbruck-Wien 2002.

Trotz der Millionen Alpenbesucher, der Tausenden Kilometer Autobahn, Schipisten und Loipen quer durch die Berge, der Seilbahnanlagen und Golfplätze mit ihren zahllosen Löchern, einer enorm hochgerüsteten Freizeit-Infrastruktur mit Hotelanlagen und Thermen, hat das landläufige uniforme Bild der *zugerichteten* Alpen nur beschränkte Gültigkeit. Romantisches Postkartenimage steht der Behauptung gegenüber, es handle sich eigentlich um 191.000 qkm überfordertes Gebirge. Die Alpen – das Turngerät Europas, ein einziger *Playground* und *Entertainmentpark*?

Alpengeographische Studien rücken dieses Bild zurecht: 40 % der Alpengemeinden haben praktisch überhaupt keinen Tourismus, auf fünf Prozent der Gemeinden konzentrieren sich 46 % aller touristischen Betten. Die Hälfte der Hotelinfrastruktur entfällt auf nur 300 der Gemeinden, große Städte wie Chamonix eingeschlossen. Der Tourismus konzentriert sich räumlich auf wenige Gebiete. Echte Tourismusgemeinden, d. h. solche mit touristischer Monostruktur ohne nennenswerte Auspendler, die sich oft aus hochgelegenen Bauerndörfern entwickelt haben, gibt es etwa 600, d. h. zehn Prozent aller Alpengemeinden. Dort leben nur acht Prozent der Bevölkerung und die tatsächlich touristisch genutzte Fläche ist nicht größer als rd. 10.000 qkm.

Diese Tourismusgemeinden sind häufig zu Wander- und Schigebieten zusammengeschlossen und bilden etwa 300 Schigebiete. Etwa fünf Prozent der gesamten Alpenfläche werden touristisch genutzt und rd. 10–12 % der

Arbeitsplätze entfallen auf den Alpentourismus, womit er ein wichtiger, aber nicht der dominante Wirtschaftszweig ist.[5]

Räumliche Konzentration des Alpentourismus
Trotz dieser Relativierung sind die Alpen eine der größten und wichtigsten Tourismusregionen der Erde. Hier wird ein relevanter Teil des Tourismusgeschäftes abgewickelt, die Auswirkungen reichen weit über die steilen Hänge und gepflegten Wanderwege hinaus. Werner Bätzing betont, dass aufgrund des florierenden Tourismusgeschäfts man im Falle der Alpen keineswegs von einer benachteiligten Region sprechen kann. Etliche Dörfer in Tiroler, Salzburger oder Vorarlberger Tälern, im Wallis, im Engadin, in Südtirol oder im Val d'Isère erzielen Höchstwerte im Pro-Kopf Einkommen, aber die Unterschiede sind von Region zu Region gravierend. Aus 18 % der Alpenfläche ziehen sich die Bewohner zurück. Mit dem Aufkommen der Industrialisierung und dem generellen Bedeutungsverlust der alpinen Landwirtschaft begann ein Prozess der ökologischen, ökonomischen wie sozialen Vernachlässigung bzw. Degradierung großer Teile der Piemontesischen und Ligurischen Alpen, aber auch einzelner Gebiete in den französischen Südwestalpen. In Slowenien, sogar in der vollklimatisierten Schweiz und auch in Österreich gibt es einzelne Gebiete, die weit jenseits der pastoralen Idylle für die Klein- und Mittelbetriebe keine Überlebensmöglichkeit bieten,

---

[5] Ausführlich dazu Werner Bätzing, Der Stellenwert des Tourismus in den Alpen und seine Bedeutung für eine nachhaltige Entwicklung des Alpenraumes, in: Luger/Rest (Hg.), Alpentourismus 2002, 175–196; Ders., Orte guten Lebens, Visionen für einen Alpentourismus zwischen Wildnis und Freizeitpark, in: Luger/Rest (Hg.), Alpenreisen 2017, 215–236.

wirtschaftlich wie sozial veröden und auch ökologisch schon weitgehend abgewirtschaftet haben.

Heute leben rd. 60 % der Alpenbevölkerung in Städten und Ballungsräumen, teilweise am Alpenrand, zumeist in begünstigten Tallagen. Dort befinden sich zwei Drittel der Arbeitsplätze und die Entwicklung der Gemeinden seit 1870 zeigt auf, dass die Alpenbewohner immer mehr zu Städtern werden. Sie leben nicht nur in größerer Zahl in Ballungsräumen, sondern sie werden auch zu *Städtern im Kopf*. Diese Entwicklung ist nicht allein auf den Tourismus zurückzuführen, sondern auch auf die gesellschaftliche Modernisierung im Allgemeinen, auf die größere Durchlässigkeit der Lebensstile und die Verringerung der kulturellen Kluft zwischen Stadt und Land. Vor allem die junge Bevölkerung will auf städtische Annehmlichkeiten nicht verzichten und die Bildungselite gilt als Triebfeder des kulturellen und sozialen Wandels, weil sie aus den Städten neue Denk- und Lebensweisen in die Dörfer bringt. Aber sie bleibt in immer geringerem Ausmaß auf dem Lande wohnen, weil kaum ihrer Ausbildung adäquate Arbeitsplätze zur Verfügung stehen.[6]

Rund 13 Mio. Menschen bewohnen den rd. 190.000 qkm großen Alpenbogen in 6200 Gemeinden und acht Staaten. Bezogen auf den möglichen Dauersiedlungsraum gehören die Alpen aufgrund dieser naturräumlichen Gegebenheiten zu den dichtest besiedelten Regionen der Erde. Aufgrund seiner vielfältigen Auswirkungen auf lokale Ökonomien, auf das soziale Gefüge und das kulturelle Erbe, auf die Umwelt wegen der durch den Freizeitverkehr verursachten Emissionen oder

---

[6] Kurt Luger, Städter im Kopf? Zur Lebenssituation der Jugendlichen im Pinzgau, in: Herbert Dachs/Roland Floimayr (Hg.), Salzburger Jahrbuch für Politik 1997, Salzburg 1997, 150–173.

durch den Verbrauch von Landschaft und Rohstoffen, vereinfacht gesagt durch den enormen ökologischen Fußabdruck, verdient der Tourismus in den Alpen in jeglicher Hinsicht höchste Aufmerksamkeit.

Geschätzte 200 Mio. Touristen bereisen die Alpen jährlich und haben in der Wertschöpfung die Landwirtschaft längst überholt. In etlichen Alpentälern sind die Einheimischen zur Gänze vom Tourismus abhängig wie überhaupt der Tourismus regional zusehends ungleich ausgeprägt auftritt. Das gilt auch für Österreich, das mit rd. 28,5 % Flächenanteil an den Alpen touristisch eine räumliche Konzentration auf relativ wenige Gemeinden aufweist. Einer rezenten Erhebung zufolge erzielen im Wintertourismus die Top 20 der österreichischen Wintersportgemeinden mit ihren Seilbahnen einen höheren Beförderungserlös als die restlichen 298 zusammen und mit 20 Mio. rd. 46 % aller Nächtigungen. Wirtschaftlicher Erfolg setzt, wie man sieht, eine umfangreiche touristische Infrastruktur voraus, insbesondere Unterkünfte und Seilbahnen, und Großstrukturen ziehen daraus einen Vorteil.[7]

In der Öffentlichkeit herrscht der falsche Eindruck, dass der Tourismus flächenhaft die gesamten Alpen erfasst habe. In den Alpen gibt es heute etwa 9,9 Mio. touristische Betten, davon 1,3 Mio Betten in der Hotellerie, 3,2 Mio Betten in der Parahotellerie (gewerblich vermietete Zweitwohnungen, Alpenvereinshütten u. ä.) und geschätzte 5,4 Mio Betten in privat genutzten Zweitwohnungen. Werner Bätzing hat in seinen umfassenden Studien nach-

---

[7] Volker Fleischhacker, Aktuelle Nachfragetrends im Wintersporttourismus in Österreich, ITR-Tourismusreport 2016, Tulln 2016.

gewiesen, dass der Tourismus in den schweizerischen, französischen und italienischen Alpen räumlich sehr stark konzentriert, in den bayerischen, österreichischen, südtirolerischen und slowenischen Alpen stärker dezentral geprägt ist. Aber auch in den flächengroßen österreichischen Alpen nahm zwischen 1985 und 2014 die Zahl der großen Tourismuszentren ab 5000 Betten deutlich zu.

Konzentrationsprozesse betreffen ebenfalls die Schigebiete. Zu Beginn des Jahres 2016 gab es alpenweit 634 räumlich zusammenhängende Schigebiete mit insgesamt 26.515 Pistenkilometern. Österreich hat der Zahl nach die meisten aber viele kleinere Schigebiete, Frankreich hat deutlich weniger, dafür aber sehr große Schigebiete. Setzt man die Länge der Schipisten zur jeweiligen Alpenfläche ins Verhältnis, dann stehen die Schweizer und die französischen Alpen als die am intensivsten für den Pistenschilauf erschlossenen Gebiete an erster Stelle.[8]

Einen zentralen Benchmark, einen Wettbewerbsvorteil im Konkurrenzkampf um das Schifahrende Publikum in Zeiten des Klimawandels, bildet die Höhenlage des Schigebiets. 45 % aller Schigebiete reichen nicht über 2000 Höhenmetern und sind daher von den Auswirkungen des Klimawandels stark bedroht. Nur 12 Schigebiete der Alpen erreichen eine Höhe von 3300 m. Von diesen liegen neun in den West- und drei in den Ostalpen. Dazu bieten 46 für den Schilauf erschlossene Gletscher auch bei warmen Wintern eine Möglichkeit zum Schifahren.

Die Schigebiete liegen auf dem Gebiet von 817 Gemeinden oder 13 % aller Alpengemeinden, wobei sich diese Gemeinden meist im Kern der Alpen, in der Nähe des Alpenhauptkammes zwischen den Cottischen Alpen und den Niederen Tauern, konzentrieren. Es handelt sich

---

[8] Siehe dazu Bätzing in Luger/Rest 2017.

in der Regel um Gemeinden mit einer unterdurchschnittlichen Einwohnerzahl und einer überdurchschnittlich großen Gemeindefläche. An der Spitze aller politischen Einheiten steht das Bundesland Salzburg, in dem 47 von den 101 Alpengemeinden über mindestens ein Schigebiet verfügen, gefolgt von Tirol, Wallis, Vorarlberg und Südtirol. Das bedeutet, dass selbst in den Brennpunkten des Schitourismus weniger als die Hälfte der Gemeinden über ein Schigebiet verfügen. Die der unmittelbaren ökologischen Einflusszone eines Schigebiets durch Pisten, Speicherseen, Gebäude usw. entsprechenden Gesamtfläche umfasst etwa 5600 km^2 oder 2,9 % der Alpenfläche.[9]

Spüre den Herzschlag der Alpen
Wo steht der Alpentourismus heute und wohin wird er sich entwickeln, angesichts der massiven Veränderungen, die sein Umfeld bestimmen? Seit dem *Jahr der Berge 2002,* in dem auf die Verletzlichkeit der Gebirgsräume von der UNO im Rahmen einer ganzjährigen Kampagne aufmerksam gemacht wurde, lassen sich etliche Trends beobachten, die nicht alle im Sinne einer alpenweiten Bewahrungsstrategie eingestuft werden können. Einen detaillierten Überblick und Statusbericht geben die 35 Beiträge in dem von Kurt Luger und Franz Rest 2017 herausgebrachten Buch *Alpenreisen – Erlebnis-Raumtransformationen-Imagination.*

Als sicherlich markanteste Erscheinung stechen die fortgeschrittene Ökonomisierung und Intensivierung touristischer Infrastruktur hervor, die eine räumliche Konzentration des Alpentourismus fördern. Die Vermarktung der Gebirge erfolgt durch spektakuläre Inszenierungen und Events in Tourismuszentren, aber

---

[9] Siehe dazu Bätzing, Orte guten Lebens, 2017.

auch durch die Errichtung von Aussichtsplattformen, Skywalks und Hängebrücken in Gipfelregionen und Seilbahntouristische Investitionen zur Erfahrung der Gletscherwelt (etwa Kitzsteinhorn, Zugspitze, Dachstein). Begleitet wird dies durch erfolgreiches *cross-mediales* Tourismusmarketing, wobei eine freizeitalpine Wunschlandschaft aus Idealbildern präsentiert wird. Dies führt zur Überhöhung der Alpen bzw. des Alpenerlebnisses durch technische Mittel, weil Landschaft bzw. Natur in den touristischen Zentren tendenziell in die Form kollektiver Freizeit- und Vergnügungsparks gedrängt und gänzlich der wirtschaftlichen Logik unterworfen wird.

Damit einher geht die Diversifizierung der Outdoor-Sportarten und eine Aufwertung des Alpensommers, der zuletzt als schwächere Saison im Schatten des Winters gestanden war. Speed-Hiking, E-Biking, Hike&Bike, Klettersteige, Höhlenklettern, Lama- oder Haflingertrekking, Ultralight-Bergsteigen, Flying Foxes und Canyoning auf der einen Seite, moderater Alpinismus, Wandern, Waldbaden, spirituelles Hiking und geführte Erlebnistouren für Jung und Alt auf der anderen Seite – die Berge bieten für jeden Gast etwas, egal welchen Lebensstil er oder sie pflegen. Die Tourismuswirtschaft bietet ein reichhaltiges und hoch diversifiziertes Angebot, um möglichst allen menschlichen Outdoor-Bedürfnissen gerecht zu werden.

Mit dem generellen Bedürfnis sich in freier Natur aufzuhalten, Almsommer und regionale Kulinarik in gehobener Hotellerie zu erleben, hängt ein weiterer langdauernder Trend zusammen. Er wird gefördert von der kulturellen Akzentuierung des Heimatlichen, der Betonung des kulturellen Erbes und kann somit als Gegenbewegung zum Ferntourismus interpretiert werden. Schon vor Corona und den Reisebeschränkungen für Auslands- bzw. Fernreisen waren Ferienaufenthalte im eigenen Land sehr beliebt. Sommerfrische, Urlaub am Bauernhof oder Bauernherbst stehen für den Höhenflug des Urlaubs in den mittleren Höhen Bayerns, Südtirols und Österreichs. In unsicheren Zeiten und zusehends unangenehmen Aufenthalten auf überfüllten Flughäfen rückt die Komfortzone Heimat auch emotional näher und wird das – im Vergleich zu den meisten *Warmwasserzielen* – hohe Beherbergungs- und Gastronomieniveau des Alpentourismus mehr wertgeschätzt.

Auffällig stark zugenommen hat der Wellness-, Thermen- und Gesundheitstourismus. Der gesundheitsfördernde Aufenthalt in der Höhe in Verbindung mit immer großzügigeren Wellnesslandschaften und luxuriöser Infrastruktur in Gesundheitsresorts als Prophylaxe ersetzt mehr und mehr die Aufenthalte, die früher in den Kuranstalten von Sozialversicherungsträgern zur Regeneration bzw. Erhaltung der Leistungsfähigkeit bewilligt wurden. Die weitgehende Privatisierung der sozialen Vorsorge, wodurch der Einzelne nun für die Erhaltung seiner Leistungsfähigkeit selbst aufkommen muss, hat zu einem erheblichen Wachstum der *Wohlfühlwirtschaft* geführt.[10] In der österreichischen Ferienhotellerie wird das Thema Wellness von rd. 1.100 Hotels mit 120.000 Betten voll umgesetzt. Die Niedrigzinspolitik der letzten Dekade ermöglichte auch Unternehmen mit dünner Eigenkapitaldecke die Investition in teure und oft überzogene SPA-Erlebniswelten. Sie machten die Anbieter aber auch etwas unabhängiger von längeren Regenwetterperioden. Im Jahr 2019 entfielen über 20 Mio. Nächtigungen, etwa 15 % aller Nächtigungen von mehr als 150 Mio., auf dieses Segment.[11]

---

[10] Richard Schmidjell (Hg.), Wohlfühlwirtschaft, Dienstleister im Wachstumsmarkt Gesundheit, Wien-Berlin 2008; Alfred Kyrer/Michael A. Populorum (Hg.), Trends und Beschäftigungsfelder im Gesundheits- und Wellness-Tourismus, Wien-Berlin 2008.

[11] http://www.tourismusforschungaustria.at/443273056, 1.9.2021.

Die dynamische Entwicklung dieses Sektors im oberen Preissegment, ein enormes Investment in hochwertige Baustoffe und technische Ausstattung, in Design und Komfort, beflügelte die alpine Architektur zu anspruchsvollen Projekten, neuen Hotelbauten und kreativen Lösungen bei Seilbahnstationen, Sprungschanzen, Museen und anderen öffentlichen Bauten. Architektur und Ästhetik in der alpinen Landschaft wurden Thema, kontrovers diskutiert in jüngster Zeit ganz besonders im Kontext fragwürdiger Investorenprojekte, die wie Pilze auf vielen Logenplätzen der Alpen aus dem Boden wachsen. Chalet-Siedlungen, Apartmenthotels bzw. Zweitwohnsitze gelten als *Betongold der Alpen* und als höchst problematische Entwicklung, die bislang durch Raumordnungsgesetze nicht unter Kontrolle gebracht werden konnte.

In der Tat handelt es sich um eine gefährliche zirkulare Entwicklung, die durch die Corona-Pandemie eine Akzentuierung erfuhr. Die Nachfrage nach Zweitwohnungen in sicherer Umgebung bei gleichzeitiger Möglichkeit, von zu Hause aus zu arbeiten, hat stark zugenommen. Begonnen hat alles eigentlich schon in den 1950er Jahren mit dem Rückgang der Landwirtschaft und des traditionellen Handwerks, die beide ihre Grundlage durch die industrielle Produktion mehr und mehr verloren. In den folgenden Dekaden wurden Bauern zum Verkauf ihrer landwirtschaftlichen Nutzflächen gezwungen bzw. konnten sich dadurch ökonomisch sanieren, die Handwerksbetriebe bekamen neue Aufträge von Investoren, die Apartmenthäuser und Zweitwohnungen errichten ließen. Was eine Zeit lang als zukunftsfähig erachtet wurde, stellte sich zunehmend als problematisch heraus und der Bauboom in jüngster Zeit wird mittlerweile von einer Welle der öffentlichen Kritik unter dem Stichwort *Ausverkauf der Heimat* begleitet. Das Modell, das nur funktioniert, wenn es immer neue Nahrung im Sinne von Folgeaufträgen bekommt, wendet sich nun gegen die lokale Bevölkerung. Je mehr Zweitwohnungen gebaut werden, umso stärker steigen die Bodenpreise, in manchen Regionen sind sie für Einheimische längst unerschwinglich. Die Zweitwohnungen werden meist nur einige Monate genutzt, die Gemeinde muss aber die Infrastruktur – Wasser, Abwasser, Strom, Straßen, Schneeräumung etc. – erhalten, sie verursachen ganzjährig Kosten. Je mehr gebaut wird, umso stärker wird die Landwirtschaft zurückgedrängt, ihr Rückgang beschleunigt und im Laufe der Zeit verlieren die Dörfer durch leerstehende Bauten ihr traditionelles Gesicht und ihren typischen Charakter. Die jüngeren und aktiven Bewohner zieht es mehr und mehr in die Städte oder in andere lebendigere Orte.

Auch die negativen ökologischen Folgen sind erheblich. Der Landschaftsverbrauch führt zur weiteren Versiegelung von Flächen und zur Zersiedelung der Landschaft, soziologisch gesehen zu einer *Vervorstädterung*. Dabei verschwinden die traditionellen bäuerlichen Kulturlandschaften mit ihrer ausgeprägten Kleinräumigkeit und ihrer großen ökologischen Vielfalt. Sie werden durch banale und uniforme Siedlungsflächen versetzt, womit die Landschaft ihre Kleinräumigkeit, ihre Artenvielfalt, Identität und Attraktivität verliert – also genau jene Attribute, deretwegen Städter die peripheren Räume eigentlich aufsuchen. Geht die Spirale so weiter, zerstört sie die kulturellen und ökologischen Voraussetzungen für nachhaltige regionale Entwicklung.[12, 13]

---

[12] Dies wird beispielhaft und minutiös dokumentiert in der aktuellen Publikation von Edith Hessenberger, Walter Hauser und Karl Wiesauer (Hg.), Bau.Kultur.Landschaft im Ötztal. Innsbruck 2020.

[13] Roger Sonderegger/Werner Bätzing, Zweitwohnungen im Alpenraum. in: Journal of Alpine Research/Revue de géographie alpine, 2014; doi: 10.4000/rga.2517. Werner Bätzing, Zweitwohnungen im Alpenraum, in: Bergauf, Heft 3/2020, 70–71.

In der Schweiz hat man diese Bedrohung schon früher erkannt und durch Volksentscheid im Jahr 2012 eine strenge Limitierung für Zweitwohnungen eingeführt. Die österreichischen Raumordnungsgesetze – von Bundesland zu Bundesland unterschiedlich – bieten zu viele Schlupflöcher und somit wenig legale Handhaben gegen diesen Verlust an Kulturlandschaft und Lebensqualität.[14]

Ungebrochen ist auch der Trend zum Auto. Ein Großteil des nationalen Verkehrsaufkommens in den Alpenländern entfällt auf die Freizeit- und Tourismuswirtschaft. Freizeit-Mobilität, eine zentrale Errungenschaft gegenwärtiger Industriegesellschaften, wird in erster Linie als Auto-Mobilität definiert. Sehr beliebt sind die Fahrten über die Alpenpässe – Gotthard, Dolomiten oder über die Col de la Bonette, die höchste Alpenstraße Europas an der Grenze zum Parc National du Mercantour. Die Großglockner Hochalpenstraße, eine typische Tourismus-Straße an der Außenzone des Nationalparks Hohe Tauern gelegen, wird jährlich von rund einer Million Touristen besucht und gehört zu den beliebtesten Sehenswürdigkeiten Österreichs.[15] Zwei Drittel der Österreicher fahren überhaupt mit dem Auto in den Sommerurlaub und in die Wintersportorte. Mehr noch für die Deutschen ist das Auto das weitaus wichtigste Urlaubsmobil. Mit weiter zunehmender Reiseintensität wird in Zukunft ein länderübergreifendes Mobilitätsmanagement erforderlich sein, um langfristige Umweltschäden zu vermeiden und um die

---

[14] Arthur Kanonier/Arthur Schindelegger, Raumplanungsrechtliche Ferienwohnungsquote in Vorarlberg, TU-Wien 2018; Sabine Wüstemann, Regionale Folgen von Landschaftsveränderungen, Eine Fallstudie am Beispiel der traditionellen Kulturlandschaft im Oberpinzgau, Land Salzburg 2017.

[15] Kurt Luger, Eine Straße auf dem Weg zur Touristenattraktion, in: Johannes Hörl/Dietmar Schöndorfer (Hg.), Die Großglockner Hochalpenstraße, Erbe und Auftrag, Wien-Köln-Weimar 2015, 203–230.

Belastungen aus dem erhöhten Verkehrsaufkommen für Reisende und Bereiste in akzeptablen Grenzen zu halten.

Einen merkbaren Aufschwung nahmen aber auch alle touristischen Formen, die auf das Auto teilweise oder ganz verzichten und man als *sanfter Tourismus* zusammenfassen kann. Dies betrifft vorzugsweise Rückzugsorte bzw. Wander- und Fahrradtourismus, Reisen, die zu sich selbst führen, der Entschleunigung dienen und der Erholung durch Ruhe und Langsamkeit. Eine Variante davon ist der *naturnahe Tourismus,* der sich vorwiegend in Schutzzonen abspielt, in Nationalparks, Natura 2000-Gebieten usw. Sie haben gemeinsam den weitestgehenden Verzicht auf Automobilität, nutzen zur Anreise öffentliche Verkehrsmittel und vor Ort bereitgestellte Elektromobile, Pferdekutschen oder Fahrräder. Das Jahr 2017, zum *Jahr des nachhaltigen Tourismus* von der UN WTO ausgerufen, förderte diesen Trend sichtbar.[16]

Im deutlichen Kontrast dazu steht der verstärkte Ausbau von Schiresorts (Hotels/Chalets, Gastronomie, Garagen/Parkplätze, Shopping Malls, Erlebnisparks, Straßen) und die enormen Investitionsvolumen der Seilbahnindustrie für Erschließungen, zum Ersatz- und zur Verbesserung der Liftanlagen sowie für die Versorgung mit Technologien zur künstlichen Beschneiung. Dieser Expansionsdrang drückt sich auch in der Zusammenführung von Schigebieten zu Verbunden aus, weil man in der Steigerung der Pistenkilometer einen *Benchmark* im Konkurrenzkampf setzen möchte. Dies hat in den letzten Jahren zu etlichen Auseinandersetzungen zwischen der Seilbahnwirtschaft und Umweltorganisationen geführt.

---

[16] Dominik Siegrist/Matthias Stremlow (Hg.), Landschaft – Erlebnis – Reisen. Naturnaher Tourismus in Pärken und UNESCO-Gebieten, Zürich 2009.

Erlebnisraum Berg

Der Deutsche ist ein sehr kontrollierter Mensch.
Den musst du einstellen zwischen 0,5 und 1 Promille,
wo der Kontrollverlust beginnt – dann kannst du ihn
abmelken.
Lois Hechenblaikner, Tiroler Fotokünstler (Profil, 30. Mai 2021)

Müssen sich die Berge wirklich neu erfinden, wie eine Schlagzeile in einer österreichischen Tageszeitung lautete? Die Alpen sind völlig langweilig, Tirol sei im Tiefschlaf, tönte es aus dem Paznauntal. Dieses Urteil wirkt sonderbar, ist Tirol doch weltweit die Region mit der höchsten Dichte an Schiresorts – 79 Schigebiete, 480 Liftanlagen, und 49 % aller österreichischen Schitage entfallen auf dieses Bundesland. Allerdings hat der Schisport tatsächlich sein Zenit erreicht, Wachstum ist kaum noch möglich und die Zahl der Schiläufer sinkt aus demographischen Gründen. Die Kernzielgruppen altern, stellen Schilaufen ab 60 zusehends ein, Junge wachsen nicht ausreichend nach. Der Seilbahnindustrie sind durch Raumordnungsauflagen, gesetzlich vorgeschriebene Umweltverträglichkeitsprüfungen (UVP) und durch den Widerstand aus der Zivilgesellschaft gegenüber Neuerschließungen gewisse Grenzen gesetzt. Daher investieren die Seilbahnunternehmen vorwiegend in Komfort- und Kapazitätssteigerung, weil das Entwicklungspotenzial vorwiegend in der Diversifizierung des Angebots, in der Vielfalt der Produkte gesehen wird. Von *Natur pur* bis zu *Snowfun-Parks* wird alles probiert und angeboten, Wellness, Kulinarik, Wohlfühlurlaub einerseits, mehr Adrenalin andererseits. Für Österreich stellt sich dieses Problem in besonderer Weise, weil es alpenweit über die größte Hotel- und Schiindustrie verfügt. Als kleines Land ist es

7 Alpentourismus – Schönwetterzone im Klimawandel

weitgehend auf das Schifahrende Ausland – insbesondere auf die Deutschen – angewiesen, wo rd. zwei Drittel seiner rd. 52 Mio. Schitouristen (Ersteintritte) herkommen.

Inszenierung heißt das eine Zauberwort – viele Touristiker sind überzeugt, dass Gäste inszenierte Berge wollen und nur so Attraktionen geschaffen werden können. Die Kunst der Erlebnisinszenierung am Berg bestehe darin, eine besondere Atmosphäre zu schaffen. Das zweite Zauberwort heißt *Authentizität* – Emotion durch *echte* Erfahrung, Begegnung mit Einheimischen, mit den Geheimnissen der Natur, der Konfrontation mit der Unmittelbarkeit des Gegebenen. Die Landschaft bietet eine reizvolle Kulisse, so ist man auf der Suche nach der Symbiose von hochwertiger Inszenierung und dem *wahren* Bergerlebnis.

Die Widersprüchlichkeit darin bzw. der Streit um das richtige Verhältnis von intensiven und extensiven Tourismusformen, wie es im *Tourismusprotokoll* der *Alpenkonvention* heißt, birgt ausreichend Konfliktstoff. Akzentuiert wird die Auseinandersetzung durch die in etlichen Urlaubsregionen kräftig expandierenden Seilbahngesellschaften, die durch Neuerschließungen den weiteren Ausbau vorantreiben wollen. Die *Internationale Alpenschutzkommission* CIPRA forderte daher einen alpenweiten Stopp für die Umwandlung von Gletscherlandschaften zu Schipisten und für die flächenhafte Erweiterung von Schigebieten, denn der „ruinöse Wettbewerb" der Schigebiete führe zur Zerstörung von Natur und Landschaft und leiste keinen Beitrag zur Entwicklung einer nachhaltigen Wirtschaft. Auch der Österreichische Alpenverein mit seinen rd. 650.000 Mitgliedern fordert seit langem eine *Alpine Raumordnung,* die eine Konsolidierung des Tourismusangebots enthalten soll und die Wachstumsspirale unterbricht. Sie soll Alternativen zum technischen Tourismus aufzeigen und Endausbaugrenzen formulieren, damit die Erhaltung naturnaher Räume als Ergänzung zu den intensiv genutzten Wirtschafts- und Tourismusregionen garantiert werden kann.

Gegen etliche Projekte zur Neuerschließung von Gletscherregionen, gegen die infrastrukturelle Aufrüstung bisher gering touristisch genutzter Naturräume und die Entwicklung neuer Gebiete für den Schitourismus, laufen quer durch den Alpenraum Bürgerinitiativen und werden derartige Pläne von Organisationen der Zivilgesellschaft vehement beeinsprucht. Bewerbungen für die Austragung Olympischer Winterspiele in den Alpen finden aufgrund der befürchteten Großbaustellen und der zusätzlichen Verkehrsbelastung kaum noch Unterstützung in der lokalen Bevölkerung.

Führende Vertreter der österreichischen Seilbahnindustrie halten dies für völlig ungerechtfertigt. An der geplanten Fusion zweier Gletscherschigebiete mit teilweiser Neuerschließung einer Gletscherregion in Tirol entzündete sich der gesellschaftspolitische Streit an der Frontlinie von Ökologie und Ökonomie. Die Seilbahnwirtschaft wendete sich damit aber gegen die Alpenkonvention, eine völkerrechtlich bindende Vereinbarung, die 1981 unterzeichnet und von den Alpenländern ratifiziert wurde. Der Trägerorganisation CIPRA wurde vorgeworfen, es gehe ihr weniger um Schutz als um die Verhinderung von Projekten und „um die Entvölkerung der Täler, damit Luchs, Bär und Wolf angesiedelt werden können".[17]

---

[17] Tiroler Tageszeitung vom 27.7.2016; Streitfälle und Debatten über Erschließungsprojekte sind auf verschiedenen Websites nachzulesen, etwa www.cipra.org; https://www.alpenverein.at/portal/natur-umwelt/alpine_raumordnung/skierschliessungsprojekte/index.php.

7 Alpentourismus – Schönwetterzone im Klimawandel

Die Standpunkte liegen in der Tat weit auseinander und werden durch eine völlig unterschiedliche Interessenslage begründet. Fordern die einen angesichts der Klimakrise und der *Agenda 2030* sichtbare Investitionen in Maßnahmen der Nachhaltigkeit und eine bewahrende Entwicklung, so drängen die wirtschaftlichen Interessen der anderen zum weiteren Ausbau der ohnehin schon sehr touristifizierten Bergregionen. In den 2010er Jahren kam es zu etlichen spektakulären Wintersport-Großprojekten und zu Fusionen von Schigebieten in verschiedenen Teilen der Alpen. So entstand durch Zusammenschluss der größten Schiresorts rund um den Arlberg das größte zusammenhängende Schigebiet Österreichs mit 305 km Piste und 87 Schiliften. In Frankreich kontrolliert die *Compagnie des Alpes* 12 der wichtigsten französischen Schigebiete, betreibt Funparks und hält auch Anteile an exquisiten Schweizer und Italienischen Schistationen. Als größter Konzern im weltweiten Wintertourismus verkauft die Compagnie etwa gleich viele Schipässe wie die gesamte europäische Konkurrenz zusammen. Bei weiterer Konzentration dürfte es in wenigen Jahren nur noch eine kleine Zahl von großen Schiverbunden geben. Die Marktbereinigung wird von wirtschaftlichen Überlegungen einerseits und von den Folgen des Klimawandels andererseits ausgehen.

Herausforderung Klimawandel
Ersatz- und Komfortinvestitionen in den Wintersportorten garantierten bislang ein florierendes Geschäft. Die Zahl der Schifahrer ist seit Jahren konstant bis leicht rückläufig, was aber weniger mit den Schneeverhältnissen zu tun hat. Durch technische Beschneiung sind je nach Region bis zu 80 % der Pisten auch in mittleren oder gar niedrigeren Höhenlagen weitestgehend Schneesicher. Der Kunstschnee wurde zur unentbehrlichen Grundlage für

den Wintertourismus. Alleine in Österreich gibt es über 420 Speicherbecken, die rd. 20.000 Beschneiungsanlagen mit Wasser versorgen und wenn es kalt genug ist, mit einer Energiemenge von 4,2 kWh pro Schifahrer Sprühschnee erzeugen. Alleine im Land Salzburg werden 85 % der Schipisten beschneit, das entspricht 4700 ha Pistenfläche oder 0,65 % der Landesfläche. In 120 Speicherseen werden rd. sechs Milliarden Liter Wasser gefasst, die jährlich dem natürlichen Wasserkreislauf entnommen werden, das entspricht etwa der Hälfte des Verbrauchs der Stadt Salzburg. Jährlich werden rd. 50 Mio. € in die Beschneiung und den Ausbau dafür notwendiger Anlagen investiert. Dazu kommt der Verbrauch von geschätzten 24.000 Megawatt Strom – ein insgesamt erheblicher Aufwand, für ein *echtes* Naturerlebnis im Winter.[18]

Die wirtschaftlichen Ergebnisse im Wintersport- bzw. Schitourismus waren bis zur Pandemie zufriedenstellend bis großartig. In Österreich, wo der Schitourismus eine besonders wichtige Rolle spielt, wurden von Wintersaison zu Wintersaison neue Rekorde gemeldet, zuletzt hat man 70 Mio. Gästenächtigungen in rd. 1600 Berichtsgemeinden erreicht.

Die österreichische Seilbahnwirtschaft ist trotz der stagnierenden Zahl von Schifahrern die treibende Kraft in der Expansion des alpinen Tourismus. Mit rund 1,5 Mrd. € überflügeln die Seilbahnumsätze bereits jene der Gastronomie. Berechnungen ergeben einen von der Seilbahnbranche mit ihren fast 3000 Liftanlagen generierten Gesamtausgabenumfang durch Seilbahnnutzer

---

[18] Moralisch fragwürdiger Skitourismus in Zeiten des Klimawandels. In: LUA-Notizen 4/2020 – Landesumweltanwaltschaft Salzburg. www.lua-sbg.at; siehe dazu auch Thema aktuell: Ist der Kunstschnee ein Umweltproblem? In: Salzburger Nachrichten, 4.1.2021.

von zuletzt etwa acht Milliarden Euro jährlich und eine daraus abgeleitete Wertschöpfung von 4,3 Mrd. €. Rund 600 Mio. Beförderungen verzeichnete die Branche zuletzt (vor der Pandemie). Ob dieser beeindruckenden Zahlen treten Vertreter der Seilbahnindustrie sehr selbstbewusst auf und unterstreichen ihre hohe Bedeutung für die gesamte Volkswirtschaft des Landes.[19]

Seit 2001 schafft die Branche in Österreich jährliche Investitionen im Schnitt von rund 500 Mio. €, investiert also mehr als ein Drittel, in einzelnen Jahren bis zur Hälfte der Umsätze. Im Winter 2016/17 stieg das Gesamtinvestitionsvolumen auf geschätzte 710 Mio. €. Davon entfielen 171 Mio auf Beschneiungsanlagen. Kein Wunder, dass auch die Preise für Liftkarten in die Höhe gehen und Schifahren zu einer relativ teuren Freizeitbeschäftigung wurde.

Etlichen sehr florierenden Resorts bzw. Seilbahnunternehmen stehen auch viele um den Fortbestand ringende Destinationen gegenüber. Niedrig gelegene bzw. kleinere Schigebiete schreiben fast durchwegs Verluste, manche stehen am Rand des Konkurses und können bisweilen nur durch öffentliche Zuwendungen überleben. Größere Liftunternehmen in touristischen Gunstlagen können hingegen zwei- oder auch dreistellige Millionenbeträge für künftige Investitionen zurücklegen oder in entsprechende Komfort-, Sicherheits- und Schneeversorgungstechniken investieren, wodurch sich die Markchancen weiter auseinander entwickeln.

Langfristig sieht die Prognose für den Alpentourismus aber nicht so rosig aus.[20] Das *Forum für Klima und Global*

---

[19] Daten dazu auf der Website der Wirtschaftskammer, www.wko.at.

[20] Ausführlich dazu Kurt Luger/Franz Rest, Alpenreisen-Alpentourismus, Eine Standortbestimmung mit Rück- und Fernblick, in: Luger/Rest, Alpenreisen 2017, 15–40.

Change der Schweizer Bundesregierung schreckte 2007 die Branche mit ihren Prognosen auf, weil es die Erwärmung in den Gebirgsregionen mit dem Rückgang der Schneesicherheit in Verbindung brachte. Manche Studien über Schneehöhen und Temperaturentwicklung in den Alpen halten das Ausmaß der befürchteten Auswirkungen des Klimawandels für überzogen. MeteoSchweiz etwa publizierte 2015 eine Erhebung über die letzten 50 Jahre mit dem Ergebnis, dass die hochalpine Temperaturentwicklung im Winter von periodischen Erwärmungs- und Abkühlungsphasen gekennzeichnet ist und für den Hochwinter in der Schweiz weder eine eindeutige Erwärmung noch eine eindeutige Abkühlung nachgewiesen werden kann.[21]

Das *Austrian Panel on Climate Change* berechnete auf Grundlage der 100 Tage-Regel (drei Monate Naturschnee und über die Weihnachtsfeiertage) die Schneesicherheit der Österreichischen Schigebiete. Demnach sinkt ihre Zahl bei einem Grad Erwärmung auf 81 %, bei zwei Grad auf 57 % und bei vier Grad Erwärmung auf 18 %. Sämtliche Klimawandelstudien sagen für die Alpen eine stärkere Erwärmung voraus als für Flachlandregionen. Diese wird verbunden sein mit schon jetzt deutlich sichtbaren Gletscherrückgängen, dem Auftauen des Permafrosts, mit vermehrten Murenabgängen sowie extremen Niederschlägen und auch mit Stürmen und Hochwasser wird öfter zu rechnen sein. Das Gefahrenpotenzial wird also steigen und die Kosten für die Erhaltung der Infrastruktur werden sich deutlich erhöhen. Schon jetzt kommt kaum eine Wintersportdestination ohne Kunstschnee

---

[21] OcCC/ProClim – Beratendes Organ für Fragen der Klimaänderung/Forum für Klima und Global Change (Hg.), Klimaänderung und die Schweiz 2050, Erwartete Auswirkungen auf Umwelt, Gesellschaft und Wirtschaft, Bern 2007; MeteoSchweiz, Fachbericht 254, Milde und kalte Bergwinter; www.meteoschweiz.ch, aufgerufen 1.3.2017.

aus und bei einer Temperatursteigerung um zwei Grad bedeutet dies den doppelten Beschneiungsbedarf. Das betrifft nicht nur die niedrig gelegenen Schigebiete in den Voralpen. Von diesen werden immer weniger ertragreich wirtschaften können.[22]

Für den Sommer sehen die Prognosen besser aus, aber das Landschaftsbild wird sich ändern, die Gefahren in den Bergen werden zunehmen und all das sind keine guten Voraussetzungen für die Seilbahngesellschaften, die ihre etwaigen Verluste oder Rückgänge im Winter mit der deutlichen Intensivierung des Sommergeschäfts kompensieren wollen. Dies wird aber wohl nur möglich sein durch die weitere Erschließung asiatischer Märkte. Manche Investition im Zuge der Neugestaltung von Bergstationen deuten darauf hin, dass städtische Vergnügungsformen mit großem technischem Aufwand die natürliche Bergwelt zusehends zur Kulisse degradieren werden.

Alpiner Schilauf – von Lilienfeld bis Ischgl
Die Sonderstellung des Schisports bzw. des Wintertourismus in Österreich verdient eine eigene Betrachtung.[23] 1896, also vor 125 Jahren, publizierte der niederösterreichische Schipionier Mathias Zdarsky das erste *Lehrbuch*

---

[22] Robert Steiger/Bruno Abegg, Klimawandel und Konkurrenzfähigkeit der Skigebiete in den Ostalpen, in Egger/Luger (Hg.), Tourismus und mobile Freizeit, Norderstedt 2015, 319–332; Ulrike Pröbstl-Haider/Dagmar Lund-Durlacher/Marc Olefs/Franz Prettenthaler (Hg.) Tourismus und Klimawandel. Open Access 2021. https://doi.org/10.1007/10.1007/978-3-662-61522-5; Der Österreichische Tourismus im Klimawandel, https://ccca.ac.at/wissenstransfer/apcc/broschuere-der-oesterreichische-tourismus-im-klimawandel, 4.8.2021.

[23] Die folgende Darstellung stützt sich weitestgehend auf folgende Quellen: Heinz Polednik, Weltwunder Skisport, Wels 1969; Joachim Glaser, Goldschmiede mit Schnee, 100 Jahre Salzburger Landes-Skiverband, 1911–2011, Wien-Köln-Weimar 2011; Sabine Dettling/Bernhard Tschofen, Spuren, Skikultur am Arlberg, Bregenz 2014; Elisabeth Längle, Der Arlberg – Natur- und Kulturlandschaft, Wien 2011; Reinhard Bachleitner (Hg.), Alpiner Wintersport, Innsbruck-Wien 1998.

des Alpinen Schilaufs unter dem Titel *Die Lilienfelder Schilauf-Technik*. Seine Technik war eine Weiterentwicklung der in den skandinavischen Ländern vorherrschenden Praxis (die norwegische Landschaft *Telemarken* gilt als die Ursprungsregion des sportlichen Schifahrens). Zdarsky legte den Grundstein für das lustbetonte Schilaufen im Alpinen Gelände als Breitensport wie als Wettkampfsport. Zielte die nordische Praxis eher auf die Fortbewegung im wenig geneigten Gelände bzw. auf die Meisterung von Hindernisparcours oder das Überspringen von Schanzen, so stand in den Alpen die Sturzfreie Bewältigung des steilen Geländes im Vordergrund. In den frühen Tagen des Schilaufs schloss diese notgedrungen auch die Bewegung bergauf ein, denn erst in den späten 1920er Jahren entstanden die ersten mechanischen Aufstiegshilfen. Dadurch kam es auch zur Trennung in die nordische Tradition (Schilanglauf und Schispringen) und die alpine Form des Schilaufs, die Abfahrt bzw. Slalom als *down hill only*, weil in den Wettkämpfen keine Gegenanstiege mehr zu bewältigen waren. Im *Tourenschilauf*, der in jüngster Zeit immer mehr Anhänger findet, kommt die Entwicklung gewissermaßen wieder zu ihrem Ausgangspunkt zurück.

Mit der Erfindung des *Stemmbogens* durch Hannes Schneider, des *Parallelschwunges* durch Toni Seelos sowie der *Wedeltechnik* durch Stefan Kruckenhauser entwickelte sich eine spezifisch österreichische Kulturtechnik der Fortbewegung im verschneiten alpinen Gelände, die als *Hohe Schule des Schilaufs* in Schischulen vermittelt wurde. Im Laufe der zweiten Hälfte des 20. Jahrhunderts wurde sie zum internationalen Standard und durch verschiedene materielle wie bewegungstechnische Innovation immer wieder weiterentwickelt. Neben der Bewegungserfahrung und dem Naturerlebnis waren und sind bis heute die sozialen Beziehungen die größten Attraktoren des alpinen Schilaufes. Das Vereinsleben, die Wettkämpfe in den Schiklubs sowie die typische österreichische Praxis des Après-Schi Vergnügens sind Bestandteile eines freizeitorientierten Lebensstils – einer *Schikultur* – geworden. Er ist ein wesentlicher Wirtschaftsfaktor und der Schilauf die mit Abstand wichtigste Sportart des Wintertourismus. Österreichische Schisiege auf österreichischen *Brettln* – Fischer, Kneissl, Blizzard, Atomic waren alles österreichische Unternehmen geradezu im patriotischen Dienst. Die Marken existieren bis heute, auch wenn die Firmen längst in internationalen Konzernen aufgegangen sind. Der Schisport ist die einzige Sportart, in der Österreich Weltgeltung besitzt. In keinem anderen Land ist der Wintersport in allen seinen Erscheinungsformen so populär wie in Österreich und insbesondere der Alpine Schilauf gehört zu den beliebtesten Sportarten. In selbstgestalteter oder in Gruppen erlebter Mischung von Spannung, Genuss, Anstrengung und Erholung passt er auch in die Fitness- und Gesundheitsphilosophie der modernen Gesellschaft, ist er für viele ein Bestandteil der Alltags- und Freizeitkultur.

Die Beherrschung der Kulturtechnik *Alpiner Schilauf*, der kontrollierten Fortbewegung im verschneiten alpinen Gelände, hat eine 100jährige Tradition mit einer sehr spezifischen österreichischen Ausprägung. Seit Beginn hat der moderne Schilauf eine Heimat in den über 1200 Vereinen und Schiklubs, die wiederum in Landesverbänden organisiert und im Österreichischen Schiverband (ÖSV) zusammengeschlossen sind. Erfolgt die Förderung des Breitensports ehrenamtlich, so hat der Leistungssport eine ganz klar profitorientierte Ausrichtung und der Verein ÖSV kontrolliert eine Reihe kommerzieller Unternehmen zur Vermarktung des Schilaufs.

Jenseits der Vereine – wo ehrenamtliche Schilehrer als Lehrwarte tätig sind – erfolgt das Erlernen dieser Kulturtechnik in den örtlichen Schischulen. Professionelle Schilehrer vermitteln auf der Grundlage des Österreichischen Schilehrplans die jeweils gängige Praxis. In den Schikursen der Hauptschulen und Gymnasien wird durch das eigene Lehrpersonal bzw. eigens eingestellte Schilehrer dieses Wissen an die Schüler weitergegeben. Wie in keinem anderen Land wird seit den 1950er Jahren die Jugend im Sinne der Förderung des Breitensports auf diese Weise mit der Schifahrtechnik vertraut gemacht.

Der Alpine Schilauf hat sich seit den 1960er Jahren zu einem Breitensport entwickelt, der in allen Gesellschaftsschichten zuhause ist. Ausschlaggebend dafür war der rasante Ausbau der Infrastruktur – Seilbahnen, Pisten, Unterkünfte, Gastronomie bis in die hochalpine Zone hinauf – die den Schilauf zu einem Vergnügen für Einheimische wie Gäste gemacht haben. Inspiriert vom Rennlauf hat sich dieser Sport aber stark gewandelt und weiterentwickelt, ist athletischer geworden und soziologisch variantenreicher. Das *Snowboarden* etwa ist eine Variante, die mit eigener Ästhetik und vestimentärem Ausdruck ein jugendliches Lebensgefühl vermittelt. *Funparcours, Halfpipes* und *Slopestyles* bieten eine Alternative zur Piste oder Schiautobahn und verweisen wiederum auf die Frühzeit des Schilaufs, als es darum ging, natürliche Hindernisse, Geländesprünge usw. *in wilder Fahrt* zu meistern. Das sogenannte *Variantenschifahren* bedient sich zwar der Aufstiegshilfen, sucht dann aber die Abfahrt jenseits der Piste im freien Gelände. Während beim Tourenschilauf die Route so gelegt wird, dass die Risiken des Gebirges möglichst minimiert werden, wird beim *Freeriden* die äußerste Herausforderung gesucht, der Grenzbereich des Möglichen erkundet. Aber alle Formen haben eine gemeinsame Ausgangsbasis: die Beherrschung der Kulturtechnik, die mittels einem Paar Schi und entsprechender Ausrüstung einen möglichst kompetenten Umgang in und mit der winterlichen Natur garantiert.

Ein Schwung geht um die Welt
Österreich bzw. österreichische Schipioniere hatten einen prägenden Einfluss auf die Entwicklung des Schilaufs in Mitteleuropa. Die frühe Geschichte des Schilaufes um die Jahrhundertwende bis in die 1920er Jahre hinein ist geprägt von der Suche und Auseinandersetzung um die optimale Schitechnik, die passende Bindung und die Zahl der Stöcke usw. Die beiden großen Vordenker des Alpinen Schilaufs in Österreich, Mathias Zdarsky und Oberst Georg Bilgeri, vertraten um die Jahrhundertwende divergente Lehrmeinungen, brachten aber Tausenden das Schilaufen in der von ihnen jeweils bevorzugten Technik bei.

Mit den ersten Schifilmen etwa Mitte der 1930er Jahre startete der Alpine Schilauf seinen fulminanten Aufstieg, mehr und mehr Schibegeisterte kamen mit den ersten Seilbahnen in die Berge und die sogenannte *Arlberg-Technik* wurde als alpine Form des Schifahrens weltberühmt. Bereits 1901 war der *Ski-Club Arlberg*, der älteste der Alpen, gegründet worden. Schnee wurde zu einer Bezugsgröße im modernen Handeln, die Schikultur im Kontext von Sport, Tourismus und Alltag zum Gegenstand der Selbstverständigung von Gruppen und Regionen. Sie umfasst nicht nur das Befahren der winterlichen Berge, sondern verbindet Körper, Wissen und Fertigkeiten, Denk- und Redeweisen zu einer kulturellen Praxis. Bereits 1928 war erstmals die heutige Traditionsveranstaltung *Kandahar-Rennen* durchgeführt worden – organisiert von Hannes Schneider, dem Exponenten der modernen alpinen Schitechnik und Gründer der ersten Schischule am Arlberg, und dem Briten Arnold Lunn, dem Schöpfer des neuzeitlichen Torlaufs. Mit der

Errichtung von Seilbahnen und Schiliften in diesen Jahren verlagert sich auch innerösterreichisch das Geschehen zusehends in die westlichen Bundesländer, von Niederösterreich nach Vorarlberg, Tirol und Salzburg.

An der Wende zum 20. Jahrhundert waren die ersten Schivereine entstanden, in denen die Technik des alpinen Schilaufs vermittelt wurde – und zwar zuerst von norwegischen Könnern, immer mehr dann aber von den Einheimischen, die sich an den Lehrbüchern von Zdarsky oder Bilgeri (1910 erschien dessen Buch *Der alpine Schilauf*) orientierten. Für eine gewisse Zeit kann man von einem *Schulstreit* um die bessere Fahrtechnik sprechen, aber letztlich formte sich eine Praxis heraus, die Elemente von mehreren Techniken verband und in den 1930er Jahren in den *Österreichischen Schilehrplan* Eingang fand. Der erste Ausbildungslehrgang für Schilehrer fand 1927 in Sankt Johann im Salzburger Pongau statt. Der Lilienfelder Stemmbogen von Zdarsky, dessen Verfeinerung und die Sitzhocke der Arlbergschule, die Weiterentwicklung der Grundtechniken zum Parallelschwung und der engen Schiführung durch Toni Seelos hin zur *Wedeltechnik* von Stefan Kruckenhauser mit Hüftknick und Fersenschub – das waren die Elemente der österreichischen Technik, die hierzulande und auch in anderen Ländern zum Standard der Ausbildung wurde. Ausgehend vom Rennlauf und dank technischer Innovationen wurde das *Wedeln* in den 1970er Jahren von der *Umsteigetechnik* abgelöst und in den 1990er Jahren kam mit dem *Carving* eine Schitechnik auf, die durch breitbeinig gefahrene engere Kurvenradien ein intensiveres Beschleunigungsgefühl ermöglichte. Als Erfinder dieser natürlichen Form des Schwingens gilt der Wiener Schiprofessor Hans Zehetmayer, der die letzten 30 Jahre die Ausbildung der österreichischen Schilehrer prägte. Seit einigen Jahren gilt *Schönschifahren* als neuer Trend auf der Piste, der Genuss und Eleganz der

Schwünge verbindet und nun das Maß der Dinge darstellt. Das schöne Fahren mit enger Schiführung wurde auch wieder in den österreichischen Schilehrplan aufgenommen und wird in den Schischulen unterrichtet.

Sechs Österreicher unter den ersten Fünf
Wesentlichen Anteil an dem Aufstieg des Schisports hatten die Siege der österreichischen Schirennläufer und -läuferinnen bei Olympischen Spielen, Weltmeisterschaften und bei Weltcuprennen. Sie begeistern als Motivatoren bis heute den Nachwuchs und ihre Strahlkraft zieht Zuschauermassen an. Tausende kommen zu den Rennen, Millionen halten vor dem Fernsehschirm ihren Idolen die Daumen, denn im österreichischen Fernsehen werden die Rennen des Schiweltcups und alle Großereignisse selbstverständlich live übertragen. Ihre Erfolge – eine Hundertstelsekunde kann über Sieg und Heldenstatus oder Niederlage und vergessen werden entscheiden – stärken den Nationalstolz und die österreichische Seele. *Sechs Österreicher unter den ersten Fünf, Neun Österreicher unter den ersten Zehn* – Schlagzeilen wie diese aus den späten 1990er Jahren drücken Dominanz, Stolz und Dankbarkeit aus. Ähnlich bedeutsam wie die Welt- und Europameistertitel der deutschen Fußballer, waren die Siege der Schistars in den Jahren nach dem Zweiten Weltkrieg Stützpfeiler einer sich über das Jahrhundert neu formenden österreichischen Identität – weg von der Donaumonarchie, hin zur Alpenrepublik. Von Toni Sailer angefangen über Karl Schranz, Annemarie Moser-Pröll, Franz Klammer, Petra Kronberger, Hermann Maier, Marlies Schild, Marcel Hirscher und Anna Veith-Fenninger – um nur die allerberühmtesten Namen zu nennen – gehören sie als Olympiasieger, Weltmeister und Weltcupsieger zu sportlichen Vorbildern nicht nur für die Jugend. Sie sind gleichzeitig weltbekannte Botschafter und

Botschafterinnen des Wintersport- und Tourismuslandes Österreich.

Schifahren gehört neben Radfahren und Wandern in allen Bundesländern zu den beliebtesten Sportarten, in Tirol und Salzburg schafft es auch das Snowboarden unter die Top Ten. Basierend auf Erhebungen von Statistik Austria und anderen Untersuchungen bezeichnet sich die Hälfte der Bevölkerung als Schifahrer/Schifahrerin. Etwa ein Drittel der österreichischen Bevölkerung betreibt regelmäßig den Schilauf, gegenüber den vergangenen Jahren mit leicht sinkender Tendenz.

Der alpine Schilauf ist ein unverzichtbares Element für den heimischen Wintertourismus. Dieser hat eine direkte Wertschöpfung von rd. sieben Milliarden Euro, trägt zum Bruttoinlandsprodukt rd. 2,5 % bei und sichert rd. 185.000 Beschäftigten ein Einkommen. In den westlichen Bundesländern ist seine ökonomische Bedeutung noch größer, denn er schafft Arbeitsplätze und Einkommen auch in den peripheren hochgelegenen Seitentälern der Alpen.

Deshalb schmerzt der Reputationsverlust, den Tirol bzw. Ischgl im Zuge der Corona-Pandemie dem österreichischen Tourismus bescherte, besonders. In diesem auch als *Luxusballermann* bekannten Schiort im Paznauntal haben sich nach Angaben des Robert Koch-Instituts etwa 10.000 Schitouristen mit dem Covid-Virus angesteckt. Après-Schi Bars und Diskotheken sperrten widerwillig und erst Tage nach Anordnung der Schließung zu. Fast zwei Wochen früher war schon bekannt, dass sich eine isländische Reisegruppe dort infiziert hatte. Die Landessanitätsdirektion hielt die Ansteckung jedoch für „eher unwahrscheinlich". Schließlich kam es zur überstürzten Abreise der ausländischen Gäste und der Saisonarbeiter. Die investigative Berichterstattung in Deutschlands größtem Polit-Magazin *Der Spiegel* – mit einer Titelstory über die *Akte Ischgl* und dem Versagen der Behörden – dürfte noch länger nachwirken und das Image der Schination schädigen.[24]

Die Frage, ob die Schließung der Hotels, Discos und Seilbahnen und die Maßnahmen seitens des Landes Tirols nicht viel zu spät gesetzt wurden, wird vor Gericht zu klären sein. Viele Erkrankte – die meisten davon aus Deutschland – haben sich einer Sammelklage auf Schadenersatz angeschlossen, die vom österreichischen Verbraucherschutzverein eingebracht wurde. Nachdem Tirol bzw. ganz Österreich von Deutschland zeitweise auf die Rote Liste gesetzt worden war und die Grenzen geschlossen blieben, kam der Tourismus der Deutschen in Österreich fast ganz zum Stillstand. Die Seilbahnen fuhren im Winter 2020/21 praktisch nur für Einheimische und die Umsätze fielen um 90 %. Nun – im Sommer 2021 – hat der Wettlauf um die deutschen Gäste wieder begonnen.

Es fehlte noch an Hotels. Die Unternehmungslustigsten im Dorf, die Abenteuerlustigen, jene, die nicht sonderlich beliebt waren, gründeten welche und wurden Hoteliers: Ein weiterer Schritt hinaus aus der bäuerlichen Gesellschaft. Die Gasthäuser florierten. Die Besitzer begannen im Dorf an Einfluss zu gewinnen. Das ausgebaute Gasthaus zieht Touristen an, lädt sie ein wiederzukommen. Man lehnt auch den Fremden nicht mehr ab. Er bringt das Geld, ein Geld, das noch nie so leicht zu verdienen war.

Kennzeichnend für die Jahre vor der Inflation ist also das Aufkommen des Tourismus mit seinen Folgen. Sommer- und dann auch Wintersport. Daraus ergibt sich eine Umstellung der Freizeit und – als wichtigste Konsequenz – eine Transformation der dörflichen Gesellschaft, die Herausbildung

---

[24] Der Spiegel Nr. 27, 27.6.2020.

einer neuen, unternehmungsfreudigen Elite vom Typ des Gastwirts oder Hoteliers. Im Dorf entsteht eine rege wirtschaftliche Tätigkeit, der Gewinn wird immer wichtiger. Die Verbindungen zur Stadt werden zunehmend enger. ...

Der Bauer sucht also die Stadt.

Aber vor allem überfällt nun die Stadt das Dorf.

Lucie Varga, Ein Tal in Vorarlberg – zwischen Vorgestern und Heute (1936)

8

Tourismus als Entwicklungsperspektive

Ein Reisender in Afrika
 Einst Löwen weit und breit nicht sah.
 Doch gierig selbst sich zu verhelden,
 will er zu Hause trotzdem melden,
 ihn hätten – was ihm alle gönnen –
 leicht echte Löwen fressen können.
 Eugen Roth, Beinahe

„Es ist schon eine sehr entlegene Gegend hier!" Thundu Sherpa, Dorflehrer und Besitzer einer kleinen Lodge in Simigaon, dem Dorf der Bohnen am Fuße des heiligen Berges *Gauri Shankar,* freut sich über jeden Touristen. Einige hundert kommen im Jahr herauf in das sehr ruhige Rolwaling Tal, im Grenzgebiet zwischen Nepal und Tibet. Ein kleines Zusatzeinkommen schaut für die Familie heraus, aber nicht viel mehr, denn die meisten Touristen buchen in Kathmandu einen *fully organized trek* oder sind als Expeditionsteilnehmer auf dem Weg zu einem der Achttausender jenseits des Trashi Laptsa Passes im Sagarmatha (Mount Everest) Nationalpark. Bis zum Spiegelei wird alles aus der Hauptstadt mitgetragen. Thundu vermietet auch einen der wenigen ebenen Plätze, dort werden die Touristenzelte aufgeschlagen. Gleich daneben liegen die Hirsefelder seines Vaters, der einst Postläufer für Edmund Hillary, dem Erstbesteiger des Mount Everest 1953, gewesen ist.

Das *Rolwaling Öko Tourismus Projekt*, implementiert von 1996–2008 durch die österreichisch-nepalesische NGO *EcoHimal*, hat die Struktur und die basale Infrastruktur für einen sanften Ökotourismus in dieser Region geschaffen. Geplant war eine etwa zweiwöchige Trekkingroute auf bestehenden Pfaden durch Dörfer und eine Terrassenlandschaft, der man die harte Arbeit ansieht. Sie durchwandernd kann man die Welt der Bergbauern kennenlernen und das Land ein wenig verstehen. Beeinträchtigt wurde das Projekt von einem zehn Jahre dauernden Bürgerkrieg und zuletzt durch den Bau eines Großkraftwerks in der Nachbarschaft. Dies veränderte auch die Interessenslage der Bewohner und etliche ließen sich als Bauarbeiter anwerben. Aufgrund der Vorleistungen durch das Projekt entstand mit der *Gauri Shankar Conservation Area* aber eine weitere Schutzzone, was den Anteil naturgeschützter Gebiete in Nepal auf fast ein Viertel an der gesamten Landesfläche erhöhte.

Eine in die Landschaft hineingesprengte Aufschließungsstraße führt jetzt durch den Dschungel zum Kraftwerk und bringt so manche Städter in die Gegend. Kamen die Trekker früher vorwiegend aus den westlichen Industriestaaten, so finden jetzt auch die asiatischen Mittelschichten das Wandern chic&cool und junge Nepalesen entdecken ihre Heimat. Das Tal des *Tamba Khosi*, des Flusses, der aus Tibet kommt, und das Rolwaling Tal wurden so zu einem heißen Tipp für Kurzurlaube. Aber das große Erdbeben 2015, dessen Epizentrum in diesem Gebiet lag, hat viel Substanz gekostet. Auch eine neue Lodge in Simigaon wurde dessen Opfer, die Richterskala verzeichnete eine Stärke von 7,8 und so einer Magnitude hält wenig stand. In ganz Nepal wurden zehntausend Menschen getötet, hunderttausende Familien verloren ihre Häuser und ihre Haustiere, damit auch ihre Lebensgrundlage.

Simigaon und der gesamte Dholaka-Distrikt, etwa 180 km nordöstlich von Nepals Hauptstadt Kathmandu entfernt, haben sich bis heute nicht von diesem Schlag erholt. Die Subsistenzlandwirtschaft der Bauern war schon vorher durchlöchert wie Schweizer Käse, die Fruchtbarkeit der Böden sinkt seit Jahren und die Ernten reichen den Großfamilien meist nicht für ein ganzes Jahr. Der im Entwicklungsprojekt propagierte Tourismus war als Zusatzeinkommen für die Bauernfamilien gedacht, sollte helfen, den Abwanderungsdruck zu reduzieren. Nun ist die Zahl der Gäste und auch der Nutzen etwas geringer und viele Männer sind weiterhin gezwungen, anderswo Geld zu verdienen. Sie arbeiten in anderen Regionen im Tourismus, als Träger, Köche, Trekkingführer, bauen Fußballplätze und Hochhäuser in Ländern am Arabischen Golf, roboten als Erntehelfer auf Plantagen oder verdienen sich irgendwo als Tagelöhner. Nicht selten finden sie nicht mehr zurück zu Frau und Kind, verschwinden irgendwo auf der Suche nach einem besseren Leben.[1]

Ein besseres Leben – von dem träumen die Bergbauernfamilien im Himalaya ebenso wie Millionen in vielen anderen Armutsregionen dieser Welt. Ob im

---

[1] Über die harten Lebensbedingungen im Himalaya siehe Kurt Luger, Auf der Suche nach dem Ort des ewigen Glücks – Kultur, Tourismus und Entwicklung im Himalaya, Kathmandu 2014.

üppigen Tropendschungel, an makellosen Sandstränden oder im Schatten der Bergriesen -- die Landschaft ist atemberaubend, eignet sich ideal für Ferien, Abenteuer, Erholung. Aber was haben die dort lebenden oft bitterarmen Menschen von dieser Schönheit, welchen Nutzen haben die Einheimischen von der Vermarktung dieser Kulisse? Am meisten und in erster Linie profitierten von dem Tourismus, der sich da und dort rasant entwickelte, die Investoren und Tour Operators in den Metropolen, in unserem Beispiel sind es die Trekkingagenturen im fernen Kathmandu und die Reiseanbieter *overseas*. Dorthin fließt der Löwenanteil der Einnahmen, aber der Tourismus hat auch Arbeitsplätze vor Ort geschaffen und ist ökonomisch bedeutsam. Die Frage lautet, ob der Tourismus zur Milderung von Armut taugt und wie dieser Tourismus aussehen muss, damit der Nutzen tatsächlich der lokalen armen Bevölkerung zugutekommt?

Einheimische und Fremde auf dem Pfad der Nachhaltigkeit
Bis zur Jahrtausendwende etwa ging man in der entwicklungspolitischen Diskussion eher davon aus, dass Tourismus mehr Schaden als Nutzen in den Entwicklungsgesellschaften stifte oder ein zu riskanter Wirtschaftszweig sei, um langfristig zur Existenzsicherung oder zur Verbesserung der Lebensumstände beitragen zu können. Das trifft bestimmt vielerorts zu, ist aber dennoch eine nicht haltbare pauschale Verurteilung. Es kommt letztlich darauf an, wie Tourismus praktiziert wird und das britische *Department for International Development (DFID)* hat mit dem *Pro Poor Tourism* ein Modell vorgestellt, bei dem der Nutzen für die Armen und die Umverteilung des Gewinns zugunsten der lokalen Bevölkerung zur Verbesserung ihrer Lebensumstände tatsächlich beiträgt. Zusammen mit etlichen

anderen NGOs und der UN Welttourismus-Organisation WTO wurde ein Action Plan unter dem Titel *ST-EP – sustainable tourism, eliminating poverty* – entwickelt und das Programm im Laufe der 2000er Jahre umgesetzt. Etliche der großen Entwicklungsorganisationen wie Weltbank, Asian Development Bank, UNDP, die britische DFID/ODI oder die niederländische Freiwilligenorganisation SNV beteiligten sich daran bzw. haben eigene Projekte gestartet, weil sie erkannt hatten, dass sorgfältig konzipierter Tourismus sich gut in Regionalentwicklungsprojekte integrieren lässt und unter dem Strich klar mehr positive als negative Auswirkungen verursacht. Der grundsätzliche Trend, in der Entwicklungszusammenarbeit stärker auf die Schaffung von Arbeitsplätzen und Unternehmensgründungen (Klein- und Mittelbetriebe) zu setzen, die lokalen Ökonomien zu stimulieren und private-public-Partnerschaften zu fördern, hat sicherlich zu dieser Umorientierung beigetragen.[2]

Nach gut zwei Dekaden und einer Reihe von Projekten lässt sich resümieren, dass armutsreduzierender Tourismus dann Nutzen für die einheimische Bevölkerung in Entwicklungsländern stiftet, wenn diese voll eingebunden wird und ein Umverteilungsmodus zur Anwendung kommt. Pro-poor-Tourismus ist also nicht ein spezielles touristisches Produkt oder eine Sektornische und er soll auch nicht mit sanftem Tourismus oder Öko-Tourismus gleichgesetzt werden, obwohl viele Projekte solche Formen praktizieren. Vielmehr geht es um ein Konzept

---

[2] Eine detaillierte Auseinandersetzung mit dieser Thematik ist nachzulesen in Kurt Luger, Ökotourismus, Partizipation und nachhaltige Entwicklung, Erfahrungen aus einem regionalen Entwicklungsprojekt in Nepal, in: TW-Zeitschrift für Tourismuswissenschaft, 2/2010, 165–183; siehe auch Melanie Ströbel, Tourismusforschung, in: Ursula Kluwick/Evi Zemanek (Hg.), Nachhaltigkeit interdisziplinär, Konzept, Diskurse, Praktiken, Wien-Köln-Weimar 2019, 242–261.

von Tourismusentwicklung und Management, eine strategische Ausrichtung, welche die *entwicklungspolitische Dimension* ins Zentrum rückt. Es fördert die Verbindungen zwischen der Tourismuswirtschaft und der lokalen Bevölkerung, und diese bekommt mehr Möglichkeiten, sich in die Produktentwicklung und als Dienstleister einzubringen. Es gibt etliche Anwendungsformen und Strategien, wie dies geschehen kann und sie reichen von der Schaffung von Arbeitsplätzen über Ausbildungsmaßnahmen bis zu Mitsprachemodellen. Somit kann jedes Unternehmen in diese Strategie eingebunden werden, eine kleine Lodge, ein Stadthotel, ein Reiseveranstalter oder auch ein Betrieb, der die Infrastruktur aufbaut. Der kritische Faktor ist nicht die Art des Unternehmens oder die Form des Tourismus, sondern die sichtbare Steigerung des Nettonutzens für die arme Bevölkerung in der Region, in der Tourismus praktiziert wird.[3]

Grundlage des Engagements der UN-WTO im Sektor Entwicklungszusammenarbeit durch Armutsreduzierenden Tourismus war eine pragmatisch orientierte Studie, die 2002 unter dem Titel *Tourism and Poverty Alleviation* publiziert wurde. Darin wird festgehalten, dass der Tourismus ein erstrangiges Exportprodukt für Entwicklungsländer und Least Developed Countries (LDCs) darstellt, gute Wachstumsraten aufweist und sich in vielen Ländern zur wichtigen Quelle für Deviseneinkünfte entwickelt hat. 80 % der Armen dieser Welt, die mit weniger als einem US-Dollar pro Tag auskommen mussten, lebten in 12 Ländern und in elf davon spielte der Tourismus

---

[3] Überblickshaft Regina Scheyvens, Exploring the Tourism-Poverty Nexus, in: Current Issues in Tourism, 2–3, 2007, 231–254, http://dx.doi.org/10.2167/cit318.0.

eine bedeutende und wachsende Rolle. Die UN-WTO war angetan von der Idee, aus den Armen Schöpfer und Exporteure eines intelligenten Produkts zu machen und auch von dem Entwicklungspotenzial, das auf eine enorme Vielfalt von ethnischen Gruppen, Biodiversität und Landschaften zurückgreifen kann.[4]

Um dieses Potenzial zur Entfaltung zu bringen, wurde Dorfkooperativen und kleinen Unternehmen der Zugang zum Tourismusmarkt ermöglicht. Um große Abflusseffekte (leakage) zu vermindern, wurden sie mit der bestehenden Industrie vernetzt. Komplementär zur Subsistenzwirtschaft in den Entwicklungsgesellschaften werden in solchen Projekten Klein- und Mittelbetriebe gefördert und wird sichergestellt, dass die Einkommen aus dem Tourismus tatsächlich in die Region zurückfließen, in der sie verdient wurden. Damit landet die Diskussion aber unweigerlich dort, wo auch andere Entwicklungsbemühungen oft enden: im Korruptionssumpf der nationalen Eliten und Regierungen, bei den ungleichen Machtstrukturen, beim völlig ungleichen Zugang zu Bildung und Entwicklung, bei der höchst ungerechten Verteilung von Besitz, Land und Infrastruktur.

Daher funktionieren derart ambitionierte Tourismusprojekte am besten in eigens dafür geschaffenen Rahmenbedingungen, mit kontinuierlichem Monitoring und klarer entwicklungspolitischer Struktur bzw. Einbindung der tourismuspolitischen Maßnahmen in langfristig angelegte Regionalentwicklungsprogramme. Seitens der

---

[4] Seit damals ist die Zahl solcher Studien enorm gewachsen und liegt eine große Palette an Case Studies vor, die den empirischen Nachweis erbringen, dass dieser Ansatz zu den gewünschten Erfolgen führen kann. Die UN WTO hat für Entscheidungsträger und Tourismusentwickler ein Manual herausgebracht, das die gute Praxis der Vorgehensweise darlegt. Manual on Tourism and Poverty Alleviation – Practical Steps for Destinations, 2010; https://www.e-unwto.org/doi/book/10.18111/9789284413430, aufgerufen 8.8.2021.

Entwicklungsorganisationen wird davon ausgegangen, dass der Tourismus wie der Straßen- oder Kraftwerksbau, wie Bildung und etliche andere Faktoren eine wichtige Rolle bei der Veränderung von Lebensbedingungen in armen Ländern spielt. Nachhaltigkeitsstrategien müssen daher regional verankert sein und auf die lokalen Bedingungen eingehen. Wo das touristische Ausbaupotenzial vorhanden ist, spricht nichts gegen eine Forcierung dieses Wirtschaftszweiges.[5]

Heute, 30 Jahre nach der UNO Konferenz für Umwelt und Entwicklung in Rio de Janeiro 1992 (Earth Summit, Agenda 21) und nach etlichen Konsultationen der UN Commission on Sustainable Development (CSD 7), hat das Thema *Tourismus und nachhaltige Entwicklung* längst seinen Niederschlag in den *Sustainable Development Goals* (SDGs) sowie in UNO Deklarationen gefunden und ist in vielen Forderungskonzepten und Programmatiken wie der *Agenda 2030* enthalten. Der ökologische Aspekt wie die Partizipation der lokalen Stakeholder sind in touristischen Nachhaltigkeitskonzepten ebenso enthalten wie das große Ziel der Armutsreduzierung.

Bei der Definition von Zielsetzungen und Schritten zur Erreichbarkeit argumentieren UN-WTO und Entwicklungsorganisationen sehr ähnlich: Pro-poor-Tourismus ermöglicht den Schutz natürlicher, historischer, kultureller und anderer Ressourcen für die Zukunft, wirft aber schon jetzt Nutzen ab. So eine Entwicklung muss mit Bedacht geplant und gut gemanagt sein, damit sie keine Umweltschäden oder soziokulturelle Probleme verursacht. Die hohe Qualität des touristischen Produktes muss erzielt

---

[5] John Hummel, Pro-poor Sustainable Tourism, in: Kurt Luger/Christian Baumgartner/Karlheinz Wöhler (Hg.), Ferntourismus – wohin? Der globale Tourismus erobert den Horizont, Innsbruck 2004, 123–146.

und dauerhaft gesichert werden, denn damit erreicht bzw. behält die Destination ihre Attraktivität. Die Vorteile daraus müssen möglichst vielen in der Gesellschaft zugutekommen. Damit sind auch *Fair Trade*-Überlegungen angesprochen, die vom Arbeitskreis Tourismus und Entwicklung in Basel unter dem Slogan *Fair Reisen* Verbreitung im deutschen Sprachraum und darüber hinaus gefunden haben.[6]

Die Bedeutung des nachhaltigen Tourismus als entwicklungspolitische Maßnahme wird unterstrichen durch die Resolution, die von der Generalversammlung der Vereinten Nationen im Dezember 2020 verabschiedet wurde. Unter dem Titel *Promotion of sustainable tourism, including ecotourism, for poverty eradiction and environment protection* wird die Agenda 2030 als Leitlinie auch für den Tourismus hervorgehoben und gleichzeitig betont, dass nachhaltig ausgerichteter Tourismus zur Erreichung der UN-Entwicklungsziele/SDGs beiträgt. Diese Art von *Tourismus der Zukunft* hilft, die Armut zu bekämpfen, verbessert die Lebensgrundlagen der lokalen Bevölkerung und trägt zur Bewahrung der Biodiversität bei. Dieser Resolution ist ein weltweiter Evaluierungsprozess vorausgegangen, in dem die Fortschritte von Tourismusprojekten im Kontext von Klimawandel und Agenda 2030-Prozessen dargestellt wurden. Auch wenn mancherorts schon die Erstellung von Konzepten oder Managementplänen als großer Fortschritt bezeichnet wurde, also auf Papier festgehaltene Absichten, so ist dennoch sukzessive ein Umdenken im

---

[6] Eine Reihe von NGOs setzen sich seit Jahren für faires Reisen ein und haben ein internationales Netzwerk gegründet. Siehe dazu https://www.fairunterwegs.org/; https://www.tourism-watch.de/de; https://www.nf-int.org/.

globalen Tourismus auszumachen, wie etliche *projects of hope* zeigen.[7]

Der messbare Nutzen
John Hummel hat für die SNV in etlichen asiatischen Ländern über 15 Jahre Pro-poor-Tourismusprojekte geleitet und er sieht sie als erfolgreiches wirtschafts- und entwicklungspolitisches Instrument im Kampf gegen die Armut. Eingebunden in regionale Entwicklungsprojekte bezieht er sich auf seine Einsätze in Nepal, Bhutan, Vietnam und Laos. SNV verfolgte damit konsequent den Weg, in der Entwicklungszusammenarbeit die Schaffung von Arbeitsplätzen und Unternehmensgründungen (Klein- und Mittelbetriebe) zu unterstützen, lokale Ökonomien zu stimulieren und *private-public*-Partnerschaften zu fördern. Aufgrund der unterschiedlichen Größe der Projekte bzw. der zahlreichen Nutznießer ist die Frage der Wirksamkeit nicht auf einer rein statistischen Basis möglich. Wohlstandsindikatoren geben allerdings einen klaren Hinweis darauf, dass vom Tourismus ausgelöste Einkünfte nicht nur einen rein monetären Nutzen bringen. In den Dörfern mit Tourismus findet man solider gebaute und besser ausgestattete Häuser, einen größeren Tierbestand, die Kinder gehen regelmäßig zur Schule und die Betroffenen stufen ihre Versorgungslage als deutlich weniger problematisch ein.[8]

Die Palette der Ansätze ist auch von Land zu Land sehr unterschiedlich. SNV arbeitete in Nepal an der

---

[7] https://digitallibrary.un.org/record/3879234; https://undocs.org/en/A/RES/75/229

[8] John Hummel, Tara Gujadhur, Nanda Ritsam, Evolution of Tourism Approaches for Poverty Reduction Impact in SNV Asia. Cases from Lao PDR, Bhutan and Vietnam, in: Asia Pacific Journal of Tourism Research 4/2012, 369–384; https://doi.org/10.1080/10941665.2012.658417.

Entwicklung von Trekkingrouten, war kleinräumig in der Ausbildung tätig, in der Beratung zur Destinationsentwicklung, im Aufbau einer multi-Stakeholder Struktur und setzte den Fokus immer auf Armutsreduzierung. In Laos war die Organisation eingebunden in die Entwicklung eines nationalen Tourismusplans und im Branding des Landes als Ökotourismus- und Trekkingdestination. Auf der lokalen Ebene wurden die Trägerorganisationen beraten und Mitarbeiter geschult, in der Folge auch die Wertschöpfungsketten entwickelt, aus welchen die lokale Bevölkerung Einkommen bezog – als Bereitsteller von Unterkünften und Verpflegung, als Produzenten und Verkäufer von Handwerksartikeln und als Tourguides bzw. Anbieter von Ausflügen.

Auch in Bhutan verfolgte man das Konzept, zwei Trekkingrouten zu entwickeln und die lokale Bevölkerung in den Dörfern entsprechend einzubinden. Direkt einbezogene Haushalte konnten ihre Einkünfte zwar deutlich erhöhen, doch war nicht gesichert, dass auch die tatsächlich Ärmsten davon profitieren konnten. Dieser Zweifel konnten auch durch die Evaluierungen der Projekte nicht gänzlich ausgeräumt werden. Nach Budgetkürzungen zog sich SNV aus dem Bereich zurück und konzentrierte sich auf Landwirtschaft, Sanitär- und Hygiene bzw. Gesundheitsprojekte, weil man dort einen direkteren Zusammenhang mit Armutsreduzierung herstellen kann.

Tatsächlich reichte das mehrjährige Länderprogramm für Vietnam über kleinräumige Tourismusentwicklung weit hinaus. Der Strategieplan schloss auch Elemente des Agrotourismus ein, unterstützte Wertschöpfungsketten und propagierte auf nationaler Ebene als auch auf Dorfebene *pro-poor sustainable tourism*. Aus diesen Ansätzen entwickelte sich in der weiteren Mekong Sub-Region mit Unterstützung der Asian Development Bank eine umfassende Tourismuskonzeption, in der das entwicklungspolitische Ziel der Armutsreduzierung eine zentrale Rolle spielt.[9]

Nepal – Paradiesvogel im Himalayatourismus
Auf dem Staatsgebiet des ehemaligen Hindukönigreichs und der heutigen Republik Nepal stehen acht der 14 Himalaya-Achttausender. Mit deren Erstbesteigungen kam das Land, von dem man sonst kaum etwas wusste, schon früh in die Schlagzeilen der Weltpresse. 1951 setzte der erste Mensch seinen Fuß auf die Annapurna I, 1953 glückte die Erstbesteigung des Mount Everest, 1954 stand der österreichische Asienreisende Herbert Tichy mit einem kleinen Team auf dem Cho Oyu. 1960 wurde mit der Erstbesteigung des Dhaulagiri diese Pionierphase des Höhenbergsteigens abgeschlossen. Der Expeditionstourismus sichert dem Staat und etlichen Einheimischen bis heute eine dauerhafte Einkommensquelle. Ein zahlenmäßig und ökonomisch wirklich relevanter Bergtourismus setzte aber erst in den 1970er Jahren ein. Der exotische Zauber, Tigerjagden und die sakrale Architektur im Tal von Kathmandu, lockten auch ein exklusives internationales Publikum ins Land. Kurze Zeit galt Nepal als Topdestination für die *Blumenkinder,* weil in dem subtropischen Klima Haschisch (Ganja) praktisch vor der Haustüre bestens gedeiht. Diesem *low-budget tourism* setzten die Behörden durch hohe Strafen auf Drogenkonsum und -handel ein Ende. Neben dem Höhenbergsteigen entwickelte sich sehr dynamisch der Trekkingtourismus. Das Bergwandern über hohe Pässe und von Dorf zu Dorf im Schatten der Achttausender

---

[9] John Hummel/Rene van der Duim, Tourism and development at work: 15 years of tourism and poverty reduction within the SNV Netherlands Development Organisation, in: Journal of Sustainable Tourism, 3/2012, 319–338. https://doi.org/10.1080/09669582.2012.663381.

brachte von Jahr zu Jahr mehr Besucher und Devisen ins Land.

Bereits 1973 wurde im Dschungel des südlichen Flachlandes mit dem 932 qkm großen *Royal Chitwan National Park* der erste Nationalpark des Landes gegründet. Wildlife Resorts innerhalb der Parkgrenzen wurden zu idealen Ausgangspunkten für Dschungelsafaris, eine der größten touristischen Attraktionen des Landes und ihre ökologische Verträglichkeit ist bis heute höchst umstritten. Das Bauen von Lodges ist seit einigen Jahren nur noch in der Pufferzone erlaubt. 1976 kam es durch die Intervention internationaler Experten zur Gründung des *Sagarmatha (Mount Everest) Nationalparks.* Die fragile alpine Ökologie sollte vor den Auswüchsen des Tourismus ebenso geschützt werden wie vor den Einheimischen, die in ihrer Subsistenzwirtschaft auf Ressourcen aus dem Wald angewiesen sind. Dieser Doppelbelastung hält die hochalpine Landschaft mit ihrer kurzen Vegetationszeit auf die Dauer nicht stand. 1979 wurde der Nationalpark zum UNESCO Weltnaturerbe ernannt, eine Auszeichnung, die in jüngster Zeit auf dem Spiel steht, weil die Eingriffe in die Natur ein kaum noch akzeptierbares Maß erreicht haben. Zudem ist die Region vom Klimawandel massiv betroffen, abschmelzende Gletscher und der Ausbruch von Gletscherseen bedrohen die reichhaltige Biodiversität und den Lebensraum von Mensch und Tier.[10]

Als wegweisend erwies sich die Einrichtung des *Annapurna Conservation Area Projects* im Jahr 1986. Das neben der Everest-Region beliebteste Trekkinggebiet wurde in

---

[10] Ang Rita Sherpa, Climate Change in the Himalayas, Lalitpur 2020; Jack Ives, Himalayan Pereptions, Environmental Change and the Well-being of Mountain Peoples, London-New York 2014. Sanjay Nepal, Tourism and Environment, Perspectives for the Nepal Himalaya, Kathmandu-Innsbruck 2003.

eine Schutzzone verwandelt und dessen Bewohner darin ausgebildet, sich Ressourcen schonend zu verhalten. Gleichzeitig wurde der Trekkingtourismus gefördert und ein touristisches Produkt entwickelt, das auf die Gegebenheiten Rücksicht nahm. Die Bergbauern bzw. der Staat konnten auf diese Weise mehrfach profitieren: durch Einnahmen aus dem Tourismus (direkte Einnahmen, Trekkinggebühr, Eintritt in die Schutzzone), durch die Bewahrung ihrer Umwelt, durch einen verbesserten Wissensstand über die ökologischen Zusammenhänge, durch die Beratung und begleitende Kontrolle des Projektteams, das eine durchdachte Regionalentwicklung forcierte. Getragen wurde dieses Projekt vom *King Mahendra Trust for Nature Conservation* (heute: *National Trust for Nature Conservation*), einer großen nationalen Umweltorganisation, in der einst der letzte König etliche Jahre als Vorsitzender agierte.[11]

Der Trekkingtourismus findet in Nepal weitestgehend in Nationalparks und in ausgewiesenen Schutzgebieten statt. In diesen landschaftlich eindrucksvollen Gegenden erwirbt die lokale Bevölkerung durch den Tourismus ein Zusatzeinkommen zur Subsistenzlandwirtschaft. Im Khumbu, der Region um den Mount Everest, und etwas weniger ausgeprägt im Annapurna-Gebiet, entwickelte sich der Tourismus in den letzten 30 Jahren in Richtung Monokultur und geriet damit in eine gefährliche Abhängigkeit von internationalen Entwicklungen. Je höher hinauf die Dörfer reichen, umso weniger Ertrag liefert die Landwirtschaft, sodass der Tourismus über einer

---

[11] Siddharta Bajracharya, The Annapurna Conservation Area Project, in: Patricia East/Kurt Luger/Karin Inmann (Ed.), Sustainability in Mountain Tourism. Perspectives for the Himalayan Countries, New Delhi-Innsbruck 1998, 243–254.

Höhe von 3000 m zur hauptsächlichen Einkommensquelle für die Bergbauern wurde.

Bis zum Jahr 2000 florierte das Geschäft. 490.000 internationale Touristenankünfte wurden gezählt und etwa 100.000 Touristen zog es hinauf in die Berge. Danach ging es steil bergab mit dem Tourismus und Nepal kam aus den negativen politischen Schlagzeilen nicht mehr heraus. Der Asien-Tourismus litt massiv unter den pandemischen Ereignissen wie Vogelgrippe und SARS, 9/11 und Afghanistankrieg, Terrorangst und religiösem Fundamentalismus. Nepal hatte zudem eigene Probleme. Ein zehnjähriger Bürgerkrieg (1996–2006), lange Zeitphasen ohne demokratisch legitimierte Regierungen, sowie Ausgangssperren und erzwungene Streiks, die das Land immer wieder lahmlegten, schreckten ausländische Besucher ab. 2002 wollten nur noch 275.000 Touristen das Land besuchen. Erst nach dem Friedensabkommen zwischen dem Königshaus, den im Parlament vertretenen Parteien und den maoistischen Rebellen im Jahr 2006 und der Republikgründung legte der Tourismus wieder kräftig zu. Mit der Serie von Erdbeben im Jahr 2015 und den großen Schäden im ganzen Land schrumpfte er wieder. Vor der Corona-Pandemie, die erneut einen fast vollkommenen Stillstand brachte, kam rund eine Million Touristen ins Land. Etwa ein Sechstel davon brach in die Berge auf und machte eine Trekkingtour.[12]

Aus den Erfahrungen von mehr als drei Jahrzehnten mit *village tourism* und Trekking haben nicht nur die Einheimischen ihre Lehren gezogen, sondern auch die Verantwortlichen in der nationalen Tourismusbehörde bzw.

---

[12] Daten des Ministry of Tourism and Civil Aviation bzw. https://de.statista.com/statistik/daten/studie/425075/umfrage/anzahl-der-internationalen-touristenankuenfte-in-nepal/, 8.8.2021.

in den damit befassten Ministerien. In den Entwicklungsplänen des Landes erhielt der Tourismus eine hohe Priorität, denn man hatte erkannt, dass die lokale Wirtschaft wie die nationale Ökonomie davon profitieren. In einem Land, das mit wenig Rohstoffen auskommen muss – sieht man von Holz und Wasser ab – bleiben nicht viele Alternativen. Zudem hatte sich in der Zwischenzeit *Sustainable Tourism* als Marke etabliert und fand als Instrument zur nachhaltigen Entwicklung bei internationalen Geberinstitutionen wie der Asiatischen Entwicklungsbank oder bei internationalen Entwicklungsorganisationen Anerkennung. 2004 entwarf Nepal eine *Pro-Poor Sustainable Tourism Policy*, einen *Nepal Tourism Industry Strategic Plan* und eine Marketingstrategie, die den touristischen Auftritt des Landes bis ins Jahr 2020 prägen sollte. Erstmals wurde Tourismus in die Entwicklungspläne der Distrikte (politische Bezirke) aufgenommen, um so die regionalen Behörden in das Geschehen um die Tourismusentwicklung einzubinden. All dies zeigt, dass der nachhaltigen Tourismusentwicklung in Nepal grundsätzlich ein hoher Stellenwert beigemessen wird und man die Chance wahrnehmen möchte, das enorme touristische Potenzial des Landes zur Reduzierung von Armut und zur Steigerung des Wohlstandes zu nutzen.

Entwicklung auf Ebene der Dorfgemeinschaften
Auch das *Rolwaling Eco Tourism Project*[13] war diesen Zielen verpflichtet, wenngleich zu Beginn des Projekts der Pro-poor-Ansatz noch nicht zum entwicklungspolitischen Kanon gehörte. Es startete mit einer Durchführbarkeitsstudie, in der die lokale Bevölkerung als zentralen

---

[13] Ausführliche Informationen über das Projekt auf der Website von EcoHimal, http://ecohimal.org/index.php?id=20&L=128.

Wunsch die Entwicklung einer Infrastruktur für *Village Tourism* zum Ausdruck brachte. Das Projekt sollte wie alle anderen Projekte von EcoHimal stark partizipativ ausgerichtet sein (Motto: W*here there is unity, there is energy!*), einen Beitrag zum Umweltschutz leisten und einen möglichst breiten Kreis an Nutznießern erreichen. Als Trägerorganisation für die beteiligten 24 Dörfer wurde ein Selbstverwaltungsorgan geschaffen, dessen Mitglieder über den gesamten Zeitraum geschult worden waren. Dennoch zeigte die Endevaluierung eine Schwäche der Selbstverwaltung. Zusammengefasst könnte man sagen, dass es sich um ein *rural livelihood project,* ein integriertes regionales Entwicklungsprojekt handelte, das als spezifische Komponente des Lebensunterhalts den Aufbau eines Trekkingtourismus mit basaler Infrastruktur vorsah.

Mehr als zehn Jahre nach Beendigung des Projekts besteht Klarheit darüber, dass sich das Modell von Lodges im Besitz der Dorfgemeinschaft nicht bewährt hat. Der Bürgerkrieg und die Großbaustelle in der Region waren wohl die wichtigsten Hindernisse dafür. Dazu blieben in dieser ersten Phase die Touristen aus, was die Gemeinschaften entmutigte. Aber die am Projekt Beteiligten haben gelernt, wie Tourismus praktiziert wird, wie mit Müll und Abwasser verantwortlich umzugehen ist, welchen Nutzen Komposttoiletten stiften und wie Sanitäreinrichtungen zu einem angemessenen Hygieneverhalten führen. Gab es zu Beginn des Projekts kaum funktionierende Toiletten, wurden bis zum Ende über eintausend Sickergruben gebaut und war die Nachfrage so groß, dass nur noch Zuschüsse zu den Baumaterialien gewährt wurden. Anfangs konnten mehr als zwei Drittel der Bevölkerung weder lesen, schreiben oder rechnen, aber viele waren in ein breites Alphabetisierungsprogramm eingebunden, ergänzt durch spezielle Ausbildungskurse, in denen tourismusrelevantes Wissen und Fähigkeiten vermittelt wurden.

Unübersehbar positiv sind die Auswirkungen auf die Lebensqualität in der Region auch ohne das ursprünglich angestrebte deutlich höhere Tourismusaufkommen. Die Zuleitung von sauberem Trinkwasser in die Dörfer – 68 km Wasserleitung wurden insgesamt verlegt – erleichtert den Alltag der Frauen erheblich, denn sie sind es, die früher stundenlang unterwegs waren, um Wasser zu holen, dessen Qualität nicht sofort Durchfallerkrankungen provozierte. Speziell der Zusammenhang von Hygiene, Wasserqualität, Ernährung und Gesundheit war Gegenstand vieler Ausbildungskurse, an denen ein Großteil der Bevölkerung teilgenommen hat. Sie erfolgten in Verbindung mit dem Toilettenprogramm, der Etablierung von Küchengärten und von Gesundheitscamps, die in den Dörfern abgehalten wurden. In den entlegen Regionen des Himalaya, wo es kaum ärztliche Versorgung gibt, hat die Gesundheitsprophylaxe höchste Priorität. Auf diese Weise fand das Projekt auch Anerkennung und Gefolgschaft in der breiteren Bevölkerung, denn es war klar, dass nie alle vom Tourismus profitieren würden.

Zur guten Reputation trug auch bei, dass die Projektmitarbeiter selbst während des Bürgerkriegs die immer wieder von Kämpfen gezeichnete Region nicht verließen. Dieses Vertrauen führte andererseits zu einer durchaus verbreiteten Einschätzung, dass „es die Projektleute schon machen werden" und man Arbeit und Verantwortung gerne dem Projekt überlassen wollte, um nicht selbst in Erscheinung treten zu müssen. Dies hatte auch mit der angespannten politischen Situation zu tun. Lokale Kaderleute und Sympathisanten der maoistischen Rebellen waren von Anfang an in den Dorfgemeinschaften präsent und Soldaten der Rebellenarmee verfolgten manche Sitzung patrouillierend mit der Kalaschnikow über die

Schulter gehängt. Das Projektmanagement von EcoHimal konnte zum Ende des Bürgerkriegs die Verantwortung für das Projekt an die Dachorganisation der Dorfgemeinschaften übergeben und mit der sich entspannenden politischen Situation entwickelte sich unter deren Mitgliedern auch ein wachsendes Verständnis von *ownership*.

Durch das Projekt und seine Auswirkungen auf die Entwicklung der Region bekam der Ökotourismus einen Stellenwert auch auf Bezirksebene. Von deren Verwaltung wurde der Vorschlag unterbreitet, die gesamte Region als Schutzzone, als *Conservation Area,* zu definieren. Dieser wurde aufgegriffen und die Regierung erklärte in ihrer Kabinettssitzung vor dem Kopenhagener Klimagipfel im Dezember 2009, die sie publicitybewusst im Mount Everest Basecamp abhielt, den Vollzug. Eine Reihe von im Projekt entwickelten Konzepten und Strategiepapieren dienten als Hilfestellungen für Planungen und den Tourismus-Masterplan der Region. Wie Nepal in Asien heute eine führende Stellung im Ökotourismus einnimmt, so gehört der nördliche Dolakha-Bezirk innerhalb Nepals zu jenen Regionen, wo das Bemühen um Nachhaltigkeit im Tourismus deutlich sichtbar wird.[14]

Integrativer Ansatz – Verbindung von Tourismus und Landwirtschaft
Die entwicklungspolitischen Organisationen haben im Laufe der Entwicklungsdekaden verschiedene vielversprechende Ansätze praktiziert und auch wieder ver-

---

[14] Kurt Luger, Ökotourismus, Partizipation und nachhaltige Entwicklung, Erfahrungen aus einem regionalen Entwicklungsprojekt in Nepal, in: TW-Zeitschrift für Tourismuswissenschaft, 2/2010, 165–183; siehe dazu auch Birgit Brosio, Entwicklung von Indikatoren zur Messung noch nachhaltigem Tourismus in Bergregionen am Beispiel der Gaurishankar-Region in Nepal. Dissertation, Universität Salzburg 2016.

worfen, wenn sie nicht die erwarteten Ergebnisse gebracht haben. Tourismus mit dem Ziel Armutsreduzierung bzw. einer Nachhaltigkeitsperspektive hat es geschafft, bei der Entwicklung ländlicher bzw. entlegener Gebiete als taugliches Instrument Anerkennung zu gewinnen. Daher setzt man auch in einem derzeit laufenden Projekt zur Stärkung des Bergtourismus in Georgien auf diese Schiene. In einem von der Europäischen Union kofinanzierten mehrjährigen Projekt der österreichischen Entwicklungszusammenarbeit mit deutschen, schwedischen und lokalen Partnern wird versucht, das Tourismusmanagement, die Dienstleistungen und die Produktqualität sowie das Marketing in zwei Bergregionen zu verbessern. Eine nachhaltige Tourismusstrategie für diese Gebiete sieht vor, die ökonomischen, sozialen, kulturellen und ökologischen Aspekte weitestgehend zu verbinden um langfristig die Lebensbedingungen vor Ort deutlich zu verbessern.[15]

Nachhaltiger Tourismus und ökologischer Landbau stehen im Zentrum dieses Pilotprojekts. Aufeinander bezogen und abgestimmt haben sie positive Auswirkungen auf die lokale Biodiversität und erhöhen die Resilienz gegenüber dem Klimawandel. Ökologische Landwirtschaft ist ein effizienter Weg, Kleinbauern in Wertschöpfungsketten auf lokalen und internationalen Märkten einzubinden, ihre Einkommensmöglichkeiten zu diversifizieren, Arbeitslosigkeit und Armut zu reduzieren und wirtschaftliches Wachstum zu fördern.

Die Bergregionen des *Kaukasus* mit ihrer beeindruckenden Natur und dem traditionellen Dorfleben haben großes touristisches Potenzial. Die neue

---

[15] Informationen über das GRETA-Projekt der österreichischen Entwicklungszusammenarbeit, an dessen Konzepterstellung ich eingebunden war, sind zu finden unter https://eu4georgia.ge/green-economy-sustainable-mountain-tourism-and-organic-agriculture-greta/.

Verfügbarkeit von Flugverbindungen bietet eine Gelegenheit, den europäischen Markt insbesondere für ländlichen Öko- und Agrotourismus zu erschließen. Natur und Abenteuer, Schi und Berge, Kulturelles Erbe und Wein sind die zentralen touristischen Angebote in der Pilotregion, die Teile des Oberen und Unteren *Svanetien* sowie von *Imereti* umfasst. Svanetien ist die Lieblingsregion für Alpinisten und Wanderer. Die Popularität dieser Region und vor allem des Dorfes *Ushguli* ist deutlich gestiegen, weil es von internationalen Touranbietern als die höchstgelegene permanente bewohnte Siedlung in Europa beworben wurde (man betrachtet Georgien als den *Balkon Europas*). Seit 1996 ist der Ort mit seinen markanten Wehrtürmen UNESCO Welterbe. Touristische Produkte (wie organisierte Wanderungen, Trekking, Schitouren mit Bergführern, Gepäcktransport mit Pferden und Übernachtungen in traditionellen Hütten und Bauernhöfen) bieten etliche Arbeitsmöglichkeit für Einheimische, für gut wie für weniger gut Ausgebildete.

Das Pilotprojekt, das mit Bezug auf nationale Masterpläne und Programme der EU realisiert wird, setzt neben einer Vielfalt von einzelnen Maßnahmen vor allem eines um: die Zusammenarbeit der verschiedenen Akteure und die Integration der Aktivitäten in einem *Clustermodell* zur nachhaltigen Entwicklung der Destination.

Als *Cluster* versteht man eine Gruppe von miteinander verbundenen Unternehmen in derselben Region (Zulieferer, Produzenten, Handel etc.) unter einem Dach. Die Leitung koordiniert ihre Zusammenarbeit mit den nationalen und lokalen Behörden, Bildungseinrichtungen und auch den Partnern aus anderen Sektoren. Ihre Aktivitäten werden durch ein gemeinsames Aktionsprogramm geregelt. In jüngster Zeit wird dieser Ansatz auch auf den Tourismussektor angewandt. Demnach beinhaltet ein Tourismus-Cluster eine Gruppe von tourismusbezogenen Unternehmen mit dem Ziel, die Entwicklung durch den Einsatz spezifischer Managementtechniken zu unterstützen. Ein Tourismus-Cluster zielt zudem darauf ab, die Wettbewerbsfähigkeit der beteiligten Partner durch Kooperation und Interaktion zu steigern, indem gemeinsames Lernen und Wissensaustausch ermöglicht werden.

In der Pilotregion wird derzeit eine Destination Management Struktur (DMO) aufgebaut, die diese Integration der verschiedenen Akteure koordiniert, die Partnerschaft und das Destinationsmanagement fördert. Erfahrungen mit lokalen Initiativen wie in anderen Regionen des Kaukasus, welche die Mechanismen des partizipativen Ansatzes in lokalen Entscheidungsprozessen und das nachhaltige Wachstum der Bezirke unterstützen, gibt es in der Pilotregion nicht. Es müssen auch Initiativen geschaffen werden, die sich um die Mobilisierung der Gemeinschaft bemühen – mit besonderem Fokus auf die Einbeziehung von Jugendlichen, Frauen und Menschen aus den peripheren Gebieten. Dazu bedarf es einer gemeinsamen Vision und einer langfristigen Strategie für die integrative Entwicklung in den Bergregionen.

Das Pilotprojekt ist auf eine nachhaltige Tourismusentwicklung ausgerichtet. Dies verpflichtet auch zur Sammlung von validen Daten, um einen fundierten Nachweis über den Fußabdruck jeder Aktivität oder die Auswirkungen jeder Innovation zu erhalten. Solche Daten müssen Informationen über touristische Datenflüsse, über die Leistung von Unternehmen, die Quantität und Qualität von Beschäftigung und sozialen Aspekten, über die touristische Versorgungskette usw. liefern. Nachhaltige Entwicklung braucht die Bewertung und Überwachung der Abfallwirtschaft, des Energieverbrauchs, des Landschaftsschutzes und der Biodiversität, um nur einige zu nennen. Langfristig könnte die Überwachung durch die Einführung eines Indikatorensystems wie dem *Europäischen Indikatorensystem (ETIS)*[16] erfolgen. Dies erfordert zuverlässige und umfassende statistische Daten, die derzeit nicht existieren, aber das gilt für viele Tourismusregionen. Deren ökologischer Fußabdruck liegt im Dunklen und vermutlich in einer bedenklichen Größenordnung.

Vorzeigemodelle guter Praxis
Die Zahl sogenannter Pro-poor-Projekte – auch wenn sie nicht als solche explizit ausgewiesen werden bzw. nicht unter der Patronanz der UN-WTO als *sustainable tourism, eliminating poverty* (ST-EP)-Projekt laufen – hat im Laufe der vergangenen 20 Jahre weltweit enorm zugenommen. Dies hängt mit der Einführung der Millenniumsziele (MDGs) bzw. der Sustainable Development Goals der UNO (SDGs) zusammen, die in der Ausrichtung regionaler Entwicklungsbemühungen das Maß der Dinge sind und zu deren Erreichung sich die Länder verpflichtet haben. Damit sind sie auch für den Tourismus von höchster Bedeutung. Besonders angesprochen werden die Ziele 1 – Reduzierung von Armut, 2 – Hunger beenden und Landwirtschaft nachhaltig entwickeln, 10 – Ungleichheiten reduzieren, 12 – Produktion und Konsum nachhaltig gestalten, 13 – den Klimawandel bekämpfen, 15 – Biodiversität erhalten und 17 – internationale Partnerschaften entwickeln, um letztlich alle Ziele zu erreichen, weil der Tourismus eine Materie ist, die alle Lebensbereiche durchdringt und mit gesellschaftlicher Entwicklung engstens verbunden ist.[17]

---

[16] https://ec.europa.eu/growth/sectors/tourism/offer/sustainable/indicators_en
[17] https://www.unwto.org/sustainable-development

Eine Illustration dieses Zusammenhangs liefert der Wettbewerb *To Do!* des *Studienkreises für Tourismus*. Seit 1995 werden jährlich einige herausragende, auf Nachhaltigkeit zielende Tourismusprojekte, im Sinne von Beispielen für gute Praxis prämiert und von einem Expertenteam bewertet. Diese Projekte haben nicht alle eine großflächige wirtschaftliche Auswirkung, weil sie oft nur ein ganz kleines Gebiet betreffen, aber ihnen allen ist das Bemühen anzumerken, den Kriterien nachhaltiger Entwicklung zu entsprechen.[18]

2021 bekam das Gemeindebasierte Tourismusprojekt *Rutas Ancestrales Araucarias* in Chile die Auszeichnung. Auf sieben Routen wird Besuchern die Kultur und Lebensweise einer ethnischen Volksgruppe, der *Mapuche,* der *Menschen der Erde,* nähergebracht. 30 Partnerorganisationen betreuen Gäste, die bei Familien wohnen, mit ihnen essen und ihre Farmen besuchen, lokale Heil- und Medizinalpflanzen sowie das Gebiet am Rande des *Nationalparks Villarrica* kennen lernen. 38 Familien können aus diesem Projekt direkt Einkommen erwirtschaften, aber noch wichtiger ist der Beitrag dieses Projekts zur Stärkung der eigenen Identität, denn die Bevölkerung muss seit Jahrhunderten um die Anerkennung ihrer Rechte kämpfen und wird bis heute vom Staat unterdrückt, ihr Lebensraum durch militärische Interventionen verkleinert.[19]

Im Jahr 2020 wurden das *Esfahk Historic Village* im Iran sowie das *Banteay Chhmar Community Based Tourism Project* in Kambodscha prämiert. Die Tempelanlage Banteay Chhar aus dem 12. Jahrhundert gehört zu den

---

[18] www.to-do-contest.org

[19] https://www.todo-contest.org/pramierte-projekte/rutas-ancestrales-araucarias-chile/

8 Tourismus als Entwicklungsperspektive

wichtigsten Kulturschätzen des Landes. 90 Familien des Dorfes geben durch *homestays* den Besuchern einen sehr authentischen Einblick in das Dorfleben. Unterstützt von der französischen NGO *Agir pour le Cambodge* wurde ein Dorfentwicklungsfonds eingerichtet, über den etwa ein Müllentsorgungsprogramm und Trainingsmaßnahmen finanziert werden. Der Tourismus trägt dazu bei, die Tempelanlage zu erhalten und bewirkt ein zusätzliches Einkommen für die beteiligten Familien.

1978 zerstörte ein starkes Erdbeben viele traditionelle Lehmbaudörfer im Osten des Iran, darunter auch das Wüstendorf *Esfahk*. Die Überlebenden bauten ein neues Dorf auf, nur einige hundert Meter vom alten Dorf entfernt. 2009 entstand ein Dorfkomitee, welches das alte Dorf rekonstruierte und mit Hilfe lokaler Architekten und Experten aus Teheran ein touristisch nutzbares und kulturhistorisches Kleinod gestaltete. Die Gästehäuser sind im alten Lehmbaustil aber erdbebensicher errichtet worden, es gibt die traditionelle Moschee, den Hamam, ein Restaurant, das lokale Speisen anbietet, einen Souvenirshop, in dem typische und vor Ort produzierte Handwerksartikel angeboten werden. Aus einem auf Ehrenamtlichkeit fußenden Projekt entstand über die Jahre ein auf Nachhaltigkeit ausgerichtetes Beschäftigungsmodell für 50 Personen. Diese betreiben die Gästehäuser und vermitteln das „alte Leben" in diesem abseits der großen Pilger- und Tourismusregionen gelegenen Wüstenbezirk. Ein Viertel der 800 Dorfbewohner profitiert direkt oder indirekt von dem Gemeinschaftsprojekt. Etliche junge Frauen sind in die Maßnahmen eingebunden, verkaufen kunsthandwerkliche Erzeugnisse, Kräutermischungen und betreiben die Restaurants. Tradition wird mit Augenmaß gelebt, auch was Baumaterialien angeht oder die Bewässerung der Felder, die durch kleine Kanäle gerade ausreichend Wasser bekommen, um dort Lebensmittel ohne Kunstdünger zu erzeugen.

Ähnlich weitab liegt das usbekische Dorf Mitan, in dem die Reiseagentur *Silk Road Destinations* ein gemeindebasiertes Projekt entwickelte, das 2014 prämiert wurde. Hier wird besonderer Wert auf die Einbeziehung von Jugendlichen gelegt. Das kleine Dorf in der Steppe eröffnet seinen Besuchern einen direkten Kontakt zur Bevölkerung und erfüllt die Kriterien wie partizipativer Ansatz, Umweltverträglichkeit und wirtschaftliche Nützlichkeit beispielhaft.

Das Projekt *Maquipucuna Ecotourism* in Ecuador fördert den Schutz der Biodiversität durch lokale Entwicklung und Ökotourismus. In diesem Rahmen wurde ein 6000 Hektar großes Naturschutzgebiet ausgewiesen, eine Eco-Lodge mit ökotouristischen Aktivitäten aufgebaut und Jugendliche mit Ausbildungsprogrammen in Umweltthemen geschult. Das Projekt erhielt den TO DO-Award im Jahr 2018.

Im selben Jahr wurde auch das *!Khwa ttu San Culture and Education Centre in* Südafrika ausgezeichnet. Ziel dieser Organisation ist die Wiederherstellung und der Erhalt der San-Kultur, deren Lebensräume sich über mehrere Länder des südlichen Afrikas erstrecken. Das San Culture and Education Centre nahe Yzerfontein fungiert als Restaurant mit diversen Übernachtungsmöglichkeiten als touristischer Anbieter. Es ist auch ein Berufsausbildungszentrum für junge San-Angehörige, um ihnen nach Phasen der Entwurzelung und Vertreibung eine berufliche Zukunftsperspektive zu verschaffen und in ihren Heimatregionen in touristischen Berufen zu arbeiten. Als dritter Schwerpunkt setzt sich !Khwa ttu für nachhaltige Naturprojekte ein und fördert kulturelle Maßnahmen für den Erhalt und das Kennenlernen der

San-Kultur.[20] Der Ethnotourismus in der Kalahari und kulturtouristische Projekte mit den San, Khomani oder Buschmänner Südafrikas haben mit medialer Unterstützung in den letzten Jahren einen enormen Zulauf erhalten. Das Stereotyp des mystischen Volkes unterminiert die Vorstellung von einer jungen und gebildeten Generation, was eine kritische Sicht auf diese Entwicklung verlangt.[21]

Der Studienkreis für Tourismus und Entwicklung e. V. prämiert Tourismusprojekte, bei deren Planung und Umsetzung die einheimische Bevölkerung eng mit einbezogen wird, bei denen Ressourcen umweltschonend genutzt werden und nachhaltige Wirtschaftskreisläufe entstehen. Das schafft neue Perspektiven, stärkt Selbstwirksamkeit wie kulturelle Identität, fördert Chancengleichheit und gesellschaftlichen Fortschritt. Dazu zählen auch faire Arbeitsbedingungen, Bildungsmöglichkeiten und soziale Absicherung. Im Laufe der Jahre wurden über 500 Projekte eingereicht und 54 prämiert, die meisten aus Entwicklungs- oder Schwellenländern. So vielfältig die Konzepte sind, sie haben eines gemein: Sie helfen Einheimischen, den Tourismus für ihre Entwicklung zu nutzen. Und auch die Reisenden profitieren: Sie lernen Länder und Menschen auf eine authentische Art und Weise kennen.

Reisen, Lesen und Reflexion – das sind die drei Quellen, aus denen ich beim Schreiben schöpfe, sie liefern mir den Stoff.

---

[20] https://www.todo-contest.org/pramierte-projekte/khwa-ttu-san-culture-and-education-centre/;
[21] Siehe dazu Nhamo Mhiripiri/Keyan Tomaselli, Language Ambiguities, Cultural Tourism and the Khomani, in: Kurt Luger/Karlheinz Wöhler (Hg.), Kulturelles Erbe und Tourismus, Innsbruck-Wien 2010, 285–295.

Darüber hinaus helfen mir noch sporadische Ausflüge in die Poesie und die Fotografie.
Die erste Quelle ist also die Reise als Entdeckung, als Exploration,
als Anstrengung des Wissenschaftlers.
Reisen als Suche nach der Wahrheit, nicht nach Entspannung.
Ich möchte mich der Wirklichkeit, der ich begegne, annähern. Sie sehen, erkennen, begreifen. Das verlangt ständige Konzentration und gleichzeitig ein ständiges
Sich-Öffnen, um möglichst viel aufnehmen, erleben, erinnern zu können.

Ryszard Kapuscinski, Die Welt im Notizbuch

9
Wege zur Nachhaltigkeit

Es ist unerlässlich, den Tourismussektor auf sichere,
gerechte und klimafreundliche Weise umzugestalten.
Antonio Guterres, UN-Generalsekretär

Wir sind entschlossen, die kühnen und transformativen Schritte
zu unternehmen, die dringend notwendig sind,
um die Welt auf den Pfad der Nachhaltigkeit und
der Widerstandsfähigkeit zu bringen.
Vereinte Nationen: Transformation unserer Welt.
Die Agenda 2030 für nachhaltige Entwicklung.

I hope my microphone was on.
I hope you all could hear me.
Greta Thunberg, Houses of Parliament, London, 23 April 2019

Eine Entwicklung mit Bestand und Rücksichtnahme, dauerhafte gute Lösungen zur positiven Entwicklung des Planeten und seiner Bewohner, nicht mehr und nicht weniger lautet die Aufgabe, der wir uns alle zu Beginn des 21. Jahrhunderts stellen müssen. Mit der *Agenda 2030* hat sich die Weltgemeinschaft 17 Ziele für eine sozial, wirtschaftlich und ökologisch nachhaltige Entwicklung gesetzt. Sie gelten universal und für alle Länder gleichermaßen und reichen von der Beseitigung des weltweiten Hungers über die Stärkung von nachhaltigem Konsum und nachhaltiger Produktion bis hin zu Maßnahmen für den Klimaschutz. Dieser politisch anspruchsvollen Agenda haben die Unterzeichnerstaaten zugestimmt.

Im kürzlich publizierten *Dasgupta-Report* über die Ökonomie der biologischen Vielfalt und die massiven Fehlentwicklungen auf dieser Welt, wird aufgezeigt, dass der Lebenswohlstand global zwar erheblich gestiegen ist, dies aber auf Kosten der natürlichen Ressourcen erfolgte und wir jetzt schon 1,6 Erden benötigten, um den gegenwärtigen Standard zu halten. Im Anthropozän, im Zeitalter der alles gestaltenden Menschheit, scheint man vergessen zu haben, dass unser Leben und Wirken in die uns umgebende Natur eingebunden sind, nicht außerhalb davon existieren. Aber Markt und Institutionen agieren, als wachse Landschaft nach, würden Ressourcen unerschöpflich sein. Realität hingegen ist, dass die Biodiversität schneller als jemals in der Geschichte der Menschheit schwindet. Es sind daher rasch grundlegende Änderungen herbeizuführen und für Pessimismus ist keine Zeit mehr. In der Studie wird eine Reihe von strukturellen Transformationen gefordert, etwa in der Industrie und v. a. in der Produktion von Lebensmittel, die nicht zur weiteren Zerstörung des Regenwaldes führen darf. Ökonomischer Erfolg muss anders gemessen werden als nur in Wachstum und Geld-Kapital, sondern auch durch Indikatoren, die das Natur-Kapital bewerten und die langfristige Perspektive berücksichtigen. Drittens sind für Ökosysteme wie die Ozeane, die außerhalb der Hoheitsrechte ja öffentliche Güter sind, Richtlinien, Schutzmaßnahmen und Nutzungsgebühren einzuführen. Für die Bewahrung von Ökosystemen innerhalb nationaler Grenzen müsste die Staatengemeinschaft einen finanziellen Ausgleich leisten. Der hier nur angedeutete transformative Wandel der Weltwirtschaft und unseres Umgangs mit natürlichen Ressourcen wird jedenfalls nur gelingen, wenn die Weltgemeinschaft am selben Strang zieht und tiefgreifende Systemänderungen sofort in Angriff genommen werden. Ansonsten erreichen das Ausmaß der Zerstörung von Natur und der Klimawandel Kipppunkte, jenseits derer noch weitaus katastrophalere Konsequenzen eintreten können.[1]

Die Studie unterstreicht somit ein drohendes Szenario, das der Weltklimarat IPCC seit Jahren und auch in seinem jüngsten Report als das Wahrscheinlichste ankündigt: Wenn es nicht gelingt, sofort umzusteuern und die Treibhausgasemissionen drastisch zu mindern, wird die Erderwärmung schneller als befürchtet zunehmen. Das auf der Pariser Klimakonferenz formulierte Ziel, den Temperaturanstieg auf 1,5 Grad zu begrenzen, wird vermutlich nicht eingehalten werden können. Mit der stärkeren Erderwärmung einher gehen extreme Wettersituationen, Hitzewellen und Überschwemmungen werden öfter vorkommen und neue, noch nie dagewesene Veränderungen die Lebensbedingungen weltweit erheblich beeinträchtigen.[2]

---

[1] https://www.gov.uk/government/publications/final-report-the-economics-of-biodiversity-the-dasgupta-review; aufgerufen 9.8.2021.

[2] https://www.de-ipcc.de/media/content/Hauptaussagen_AR6-WGI.pdf, aufgerufen 10.8.2021.

Tourismus im Klimawandel
Der Tourismus ist Betroffener von dieser Entwicklung, aber er trägt wie jeder andere Wirtschaftssektor zum Klimawandel bei und ist Produzent von Treibhausgasen. Auf den Tourismus entfallen rd. fünf Prozent aller global produzierter CO_2-Emissionen, und wenn nicht massiv gegengesteuert wird, werden es bis 2030, den zeitlichen Horizont zur Erreichung der SDGs, um zehn Prozent mehr sein statt deutlich weniger. Davon entfällt auf den freizeitlichen Reiseverkehr etwa ein Viertel, wobei im internationalen Tourismus aufgrund des Flugverkehrs der Anteil höher liegt als bei Inlandsreisen oder im interregionalen Tourismus. Es ist daher unerlässlich, den Ausstoß von Millionen von Treibhausgastonnen zu reduzieren und den Transport- bzw. Tourismusverkehr zu dekarbonisieren.[3] Einen Schritt in diese Richtung machte das *Pan-Europäische Programm für Verkehr, Gesundheit und Umwelt* (The PEP) mit der *Wiener Deklaration*. Diese wurde 2021 zusammen mit der Weltgesundheitsorganisation Europa (WHO) und der Wirtschaftskommission für Europa der Vereinten Nationen (UNECE) beschlossen und sieht Maßnahmen für umweltfreundliche und gesundheitsfördernde Mobilität vor. Darin enthalten ist ein erster pan-europäischer Masterplan zur Förderung des Radverkehrs.[4]

Der Tourismus, als eine der größten Wirtschaftsbranchen und mit seinen vielfältigen Auswirkungen auf das gesellschaftliche Leben und die Natur, ist daher aufgefordert, die von der UNO propagierten *Sustainable Development Goals* anzustreben und umzusetzen. Die

---

[3] UNWTO: Transport-related CO_2-Emissions of the Tourism Sector. https://www.unwto.org/sustainable-development/tourism-emissions-climate-change, aufgerufen 7.7.2021.

[4] https://thepep.unece.org/sites/default/files/2021-03/2103410E.pdf

von den Vereinten Nationen 2003 eingerichtete Welttourismusorganisation versucht mit einem abgestimmten Konzept die Zielsetzungen der SDGs mit dem Tourismus zu vernetzen. Dazu gehört der *Global Code of Ethics*, die Förderung des Öko-Tourismus und des nachhaltigen Tourismus für kleine Inselstaaten. Der Rio+20 Prozess, das Istanbuler Aktionsprogramm über die Nutzung von Meeres- und Küstenressourcen, das Wiener Aktionsprogramm für Binnenländer oder die Einbindung in das *UN Habitat II* Programm sind weitere Bausteine dieser integrativen Strategie.

Eine nachhaltige Tourismusentwicklung erfolgt der UN-WTO zufolge, wenn

- die Umweltressourcen, die ein Schlüsselelement der touristischen Entwicklung darstellen, optimal genutzt werden, indem sie wesentliche ökologische Prozesse aufrechterhalten und zur Erhaltung des Naturerbes und der Artenvielfalt beitragen;
- die sozio-kulturelle Authentizität der Gastgemeinden respektiert wird, ihr gebautes und lebendiges kulturelles Erbe und ihre traditionellen Werte erhalten werden und zu interkulturellem Verständnis und Toleranz beiträgt;
- sie einen tragfähigen, langfristigen Wirtschaftsbetrieb garantiert, der allen Beteiligten einen fair verteilten sozioökonomischen Nutzen bringt, einschließlich stabiler Beschäftigungs- und Einkommensmöglichkeiten sowie sozialer Dienstleistungen für die Gastgemeinden, und zur Bekämpfung der Armut beiträgt.[5]

---

[5] https://www.unwto.org/unwto-un-system; https://www.unwto.org/sustainable-development;

Von den Aktionsprogrammen zum Schutze der Biodiversität, der Anpassung an den Klimawandel, der Eindämmung von Plastikmüll oder der Propagierung von sauberen Energieformen für Hotels, die alle auf Beispielen der guten Praxis basieren, sticht das *One Planet* Programm besonders heraus. Es bildet die *Road Map* für den Tourismussektor und seinen Beitrag zu den SDGs, indem es durch erfolgreiche Beispiele Wissen aufbaut, die Stakeholder dadurch ermutigt, eigene Projekte anzugehen und zur Umsetzung von neuen Ideen und Initiativen inspiriert. Es ermöglicht der Staatengemeinschaft gemeinsame Projekte auf privater und öffentlicher Ebene national und international zu verbinden. Aus diesen Verbindungen entstehen Lernerfahrungen, die wiederum in nationale Entwicklungspläne Eingang finden und deren Realisierung in den Freiwilligen nationalen Nachhaltigkeitsberichten der Mitgliedsstaaten dokumentiert wird. So entsteht ein internationales Anreizsystem, durch welches die Erreichung der Entwicklungsziele gefördert wird.[6]

Trendwende im Tourismus
Das *One Planet Sustainable Tourism Programme* wird von dem *One Planet Network* in Kooperation mit den Regierungen von Frankreich und Spanien sowie dem United Nations Environment Programme (UNEP) umgesetzt. Zielsetzung ist die Überleitung in eine *Green Travel and Tourism Economy,* also eine ökologisch ausgerichtete Tourismuswirtschaft. Die am Welttourismustag im Juni 2020 vorgestellte Vision soll auch zur Erholung der Tourismuswirtschaft von der Covid-19 Krise dienen und eine Transformation der gesamten Branche einläuten – für

---

[6] Ausführlich dazu Tourism and the Sustainable Development Goals – Journey to 2030, https://www.e-unwto.org/doi/epdf/10.18111/9789284419401.

einen besseren Tourismus, besser für die Menschen, für Wohlstand und für den Planeten.

Die Krise hat deutlich gemacht, dass sich Ökosysteme erholen können, wenn wirtschaftliche Aktivitäten und Verkehr teilweise oder ganz zum Stillstand kommen. Die Pandemie bewirkte 2020 eine Reduktion von Treibhausgasen von sieben Prozent weltweit. Kurzfristige Emissionspausen haben zwar keinen dauerhaften Effekt, durch derartige Erkenntnisse kann aber Bewusstsein für die Zusammenhänge in der Bevölkerung entstehen und strategisch in Tourismusprojekte Eingang finden – etwa in Form von Vorschlägen oder Regeln für ökologisch bewusstes Reisen. *Visit Valencia* hat beispielsweise mit der Umsetzung eines ambitionierten Dekarbonisierungsprogrammes begonnen, das bereits 2025 zur Karbonneutralität der Destination führen soll. Ein anderes Beispiel ist das *Visit Scotland* Projekt, bei dem 5000 Tourismusbetriebe auf Energieeffizienz, die Vermeidung von Lebensmittelabfall und auf CO_2-armen Verkehr ausgerichtet sind. *Intrepid-Travel,* ein führender Anbieter anspruchsvoller Erlebnisreisen, unterstützt mit seiner Stiftung ein innovatives maritimes Permakultur-Projekt. Das Australische Unternehmen mit Büros in Österreich und Deutschland engagiert sich in der Regenerierung von Seetang-Wäldern in Tasmanien, denn Algen entziehen dem Ozean CO_2 und erlauben damit dem Meerwasser mehr CO_2 aus der Atmosphäre aufzunehmen. Auch dies ist ein wichtiger Schritt um den Empfehlungen des IPCC zu entsprechen und bis 2050 Netto-Null Emissionen zu erreichen.

Die Covid-19 Krise hat auch das Bewusstsein für regionale Produktions- und Lieferketten geschärft, die eine wichtige Rolle in einer grünen Tourismuswirtschaft spielen. Zirkulare Wertschöpfungsketten sind ein Schritt zu nachhaltigem Wirtschaftswachstum, weil die Ressourcen effizient genutzt werden. Zur Vermeidung von Lebensmittelresten laufen etliche Pilotprojekte. Die Wiederverwertung von Plastikmüll ist von enormer Wichtigkeit, weil 13 Mio. Tonnen von Plastik jährlich in den Meeren landen, zum Nachteil der Fischerei und der Tourismusindustrie. Recycling und Upcycling haben zudem einen positiven Effekt auf die Gesundheit der davon betroffenen Bewohner. Frankreichs Regierung unterstützt ein großes Projekt, das von über 60 Tourismusorganisationen mitgetragen wird und Plastikmüll einer zirkulären Wiederverwendung zuführt. Argentinien leitet eine multilaterale Initiative, die sich gegen Klimaschädigende Formen der Lebensmittelproduktion richtet, aber auch die Herstellung von Plastik in nachhaltige Bahnen zu lenken versucht. Mit an Bord sind auch die Europäische Kommission und Mülltrenner-Länder wie etwa Deutschland, die Niederlande, Schweden und die Schweiz, aber auch Bhutan, Costa Rica oder Mauritius.

Kommunikation und das Monitoring von solchen Beispielen sind Voraussetzung dafür, dass Tourismus mit ökologischer und sozialer Einsicht zum durchsetzungsfähigen Modell in der gesamten Branche wird und Bewusstsein für die komplexen Zusammenhänge in der breiten Öffentlichkeit entstehen kann.

Schließlich geht es bei diesem Programm auch um *grüne Jobs* im Tourismus, um soziale Inklusion und gerechte Löhne für die Beschäftigten, aber auch um die Unterstützung von Kleinstunternehmen, weil sie für die Branche eine hohe Diversität garantieren. Canada etwa hat mit einem Konjunkturprogramm indigene Tourismus-Kleinstbetriebe während der Pandemie unterstützt. Auf diese Weise konnten der lokale Arbeitsmarkt entlastet werden und die Betriebe die Zeit nutzen, um sich auf die jüngsten Marktentwicklungen einzustellen. Gleichzeitig entstanden neue Verbindungen mit der Kreativwirtschaft und es kam zu engeren Kontakten mit den lokalen Gemeinschaften. Die Stärkung lokaler Wertschöpfungsketten macht letztlich weniger abhängig von externen Lieferanten und die lokale Tourismuswirtschaft profitiert von Inlandstouristen.[7] In einem Treffen der G20 Tourismusminister im Mai 2021 verpflichteten sich diese zur digitalen wie grünen Transformation der Tourismuswirtschaft.

Trotz einer Reihe positiver und vielversprechender Beispiele das Reisen klimafreundlich zu gestalten, war der globale Tourismus bis zum Ausbruch der Pandemie ressourcen- und emissionsintensiv, und das aufgrund des ungezügelten Wachstums mit steigender Tendenz. Dafür wurde er in einer gemeinsamen Erklärung von TourCert, TourismWatch, Brot für die Welt und Arbeitskreis Tourismus&Entwicklung heftig kritisiert. Die tourismuskritischen NGOs verlangen die zügige Umsetzung der *Agenda 2030* im Tourismus, weil damit auch die negativen ökologischen und sozialen Auswirkungen des Tourismus bekämpft werden. Nachhaltigkeit hänge mit wirtschaftlicher Entwicklung, mit ökologischer und sozialer Gerechtigkeit zusammen und das Ziel muss daher ein fairer und verantwortlicher Tourismus sein, der die natürlichen Ressourcen schont, Reisende und Mitarbeitende für nachhaltiges Handeln begeistert und ihnen Freude, Naturerlebnisse, ein Gemeinschaftsgefühl sowie die Lust auf einen nachhaltigen Lebensstil vermittelt. Das muss die Grundlage jeglicher touristischen Entwicklung bilden. Die angesprochene Tourismuswende muss daher auch dazu führen, die bestehenden Modelle zu hinterfragen und klimaschädigende Praktiken abzustellen wie

---

[7] https://webunwto.s3.eu-west-1.amazonaws.com/s3fs-public/2021-05/210504-Recommendations-for-the-Transition-to-a-Green-Travel-and-Tourism-Economy.pdf?wiwmhlGgXT4zwXles_Q8ycdITGIQfaMt

etwa die Förderung emissionsreicher Mobilitätsformen. Es gilt, konsequente Schutzmaßnahmen für Mensch und Umwelt gesetzlich zu verankern, umzusetzen und Anreize zu schaffen, damit alle Akteure, sowohl die Tourismusunternehmen als auch die Reisenden zu einer nachhaltigen Entwicklung beitragen.[8]

Suche nach Wegen zur Nachhaltigkeit
Ausgehend von dem Weltgipfel über Umwelt und Entwicklung in Rio 1992 wurde eine Phase der Reflexion über den dauerhaften Schutz der Ressourcen eingeleitet. Die UN-WTO sieht *Sustainable Tourism* als jene Form der wirtschaftlichen Entwicklung, die zur Steigerung der Lebensqualität in den Gastgeberländern führt, eine hohe Erlebnisqualität für den Besucher bietet und gleichzeitig zur langfristigen Erhaltung der Umwelt beiträgt.

Obwohl seitens der UN-WTO und etlicher zivilgesellschaftlicher Einrichtungen seit Jahren eine Reihe von Programmen, Empfehlungen, Deklarationen, Resolutionen und Handreichungen für eine nachhaltige Tourismusentwicklung vorliegen, wurden sie von den Tourismusanbietern weitestgehend ignoriert oder nur sehr zögerlich umgesetzt. In der Generalversammlung der UNO im Dezember 2020 wurde nun die Bedeutsamkeit einer globalen nachhaltigen Tourismusentwicklung erneut als Resolution an die Weltöffentlichkeit kommuniziert.[9]

Bezugnehmend auf die SDGs wie etwa Armutsreduzierung oder Verbesserung der Lebensbedingungen für Millionen, propagiert die UN-WTO angesichts des

---

[8] Tourismuswende – Agenda 2030 für nachhaltige Entwicklung: Die Transformation im Tourismus gestalten. 2016; https://www.tourism-watch.de/system/files/document/Profil20-de-v07-Web.pdf.

[9] https://digitallibrary.un.org/record/3879234; https://undocs.org/en/A/RES/75/229.

drohenden Klimawandels seit Jahren Ziele und Maßnahmen, um den Tourismus der Gegenwart wie der Zukunft auf Nachhaltigkeit auszurichten. Möglichst viele der folgenden Vorschläge oder Indikatoren, sind anzustreben, um die Nachhaltigkeitsziele zu erreichen.

- Ausrichtung auf langfristige wirtschaftliche Rentabilität
  (Kompetenz, attraktive Destinationen fördern die Standorttreue der Kundschaft)
- Maximierung des Wohlstands der Region
  (Möglichst wenig Abfluss der Einnahmen, Schaffung von Wertschöpfungsketten)
- Qualität der Beschäftigung
  (Ganzjahresjobs, angemessene Bezahlung und Arbeitsbedingungen, gute Ausbildung, Beschäftigte werden als Kapital der Tourismusbetriebe gesehen)
- Faire Verteilung des Nutzens und sozialer Ausgleich
  (Einkommen aus dem Tourismus gerecht verteilen)
- Zufriedenheit der Besucher
  (Qualität der Dienstleistung, Preis-Leistungsverhältnis)
- Mitsprache über zukünftige Entwicklung
  (Kontrolle auf lokaler Ebene, Einbindung der nächsten Generation)
- Steigerung der lokalen Lebensqualität
  (Tourismusintensität, Tragfähigkeit nicht überfordern, Informationsarbeit)
- Respekt und Stärkung des kulturellen Erbes
  (Erhaltung des gebauten Erbes, sensitiver Umgang mit dem immateriellen Erbe)
- Schutz der Umwelt, Qualität des Lebensraumes sichern
  (Möglichst wenig Zerstörung der Landschaft, angemessene Infrastruktur für Touristen und Einheimische)
- Schutz der Biodiversität
  (Kooperation mit Nationalparks etc., Förderung des naturnahen Tourismus)

- Effizienter Umgang mit den natürlichen Ressourcen (Minimaler Verbrauch von Wasser und nicht erneuerbarer Energie, sorgfältige Tourismusplanung)
- Minimierung von Emissionen und der Müllproduktion (Sanfte Mobilität, angepasste Technologien)

Das *Pentagon des nachhaltigen Tourismus* ist dann gegeben, wenn die folgenden Kriterien gleichberechtigt erfüllt werden, Tourismus somit

- langfristig möglich ist, weil die Entwicklung bzw. Verwendung aller Ressourcen schonend betrieben wird
- kulturell verträglich ist, weil Respekt gegenüber den lokalen Konventionen und Riten ausgedrückt wird, ein Verzicht auf ausbeutende Kommerzialisierung und eine Anpassung an ortsübliche Standards erfolgt
- sozial ausgewogen ist, weil der Nutzen und die Nachteile gleichermaßen gestreut werden, regionale Disparitäten vermieden werden und Einheimische in die Entscheidungen maßgeblich eingebunden sind
- ökologisch tragfähig ist, weil möglichst geringer Druck auf Umwelt, die Vermeidung von Schädigungen der Biodiversität und eine Förderung von Umweltbewusstsein erfolgt
- wirtschaftlich sinnvoll und ergiebig ist, weil er ein profitables Geschäft für die lokale bzw. nationale Ökonomie ist und zur Schaffung von Einkommen für die einheimische Bevölkerung maßgeblich beiträgt.[10]

Die Berichte des Weltklimarats (IPCC), die auf der Grundlage von tausenden Studien den Nachweis liefern,

---

[10] Kurt Luger, Schwitzender Planet – Kalte Betten. Tourismus im Zeitalter moralisierender Märkte und des Klimawandels. In: Roman Egger/Thomas Herdin (Hg.), Tourismus Herausforderung Zukunft, Wien-Berlin 2007, 127–142.

dass der Klimawandel weitgehend auf den menschlichen Eingriff in ökologische Systeme zurückzuführen ist, haben in der gesamten Tourismusbranche zumindest Verunsicherung erzeugt, zumal durch die Veränderungen im natürlichen Gefüge ja auch erhebliche Probleme für die Tourismuswirtschaft absehbar sind. Die Reaktion der Branche ist sehr unterschiedlich und reicht von sehr ernsthaften Bemühungen bis zu *green washing*. Die ganze Widersprüchlichkeit im Handeln der Tourismusanbieter drückt sich im folgenden Beispiel aus. Die TUI Group, die schon in den 1980er Jahren als erstes Reiseunternehmen einen Umweltbeauftragten nominierte, betreibt heute eine Flotte von 16 Kreuzfahrtschiffen. Nur die jüngste Generation ist mit flüssigem Erdgas-Antrieb ausgestattet und fährt nicht mit Schweröl. *Marines Rückstandsöl* ist die Handelsbezeichnung für die Schadstoffreichen Rückstände aus der Erdölverarbeitung, die gemischt mit Dieselöl als Schiffstreibstoff die Ozeane verpesten. Trotz ständiger Verbesserung der Energieeffizienz verbrauchte die TUI-Flotte „Mein Schiff" im Jahr 2019 141.000 t Schweröl und belastete die Umwelt mit 475.000 t CO_2-Emissionen.[11]

Verglichen mit einer Milliarde Tonnen Kohlendioxid der weltweiten Schifffahrt, etwa drei Prozent aller von Menschen verursachten Emissionen (dazu 15 % der globalen Stickoxidemissionen und 13 % der Schwefeldioxidemissionen, Tendenz steigend)[12], scheint dieser Verbrauch aus Gründen des Vergnügens nicht allzu viel zu

---

[11] https://www.tuigroup.com/de-de/verantwortung/engagement/kreuzfahrten, aufgerufen 10.8.2021.

[12] Die Weltflotte von rund 90.000 Schiffen verbrennt etwa 370 Mio. t Treibstoff pro Jahr und produziert dabei auch 20 Mio. t Schwefeloxid. https://www.srf.ch/kultur/wissen/schifffahrt-das-schmutzigste-gewerbe-der-welt, aufgerufen 10.8.2021

sein. Die TUI hatte aber nur einen Anteil von weniger als drei Prozent des Marktes von 32 Mio. Kreuzfahrtpassagieren im Jahr 2018.[13]

Dass Kreuzfahrtschiffe ein hohes Ausmaß an Treibhausgasen produzieren, ist keine Neuigkeit. Auch wenn die Reedereien aus wirtschaftlichen Gründen an einer Steigerung der Energieeffizienz interessiert sein mögen, fühlen sich viele Tourismusanbieter für die Dekarbonisierung des Reiseverkehrs nicht zuständig.

Auch der Flugverkehr, dessen fossiler Treibstoff in etlichen Ländern sogar staatlich preisgestützt wird, erzeugt einen enorm hohen ökologischen Fußabdruck. 2019 gab es rd. 47 Mio. Flüge weltweit und der gesamte Flugverkehr ist für drei Prozent der weltweiten Emissionen aus der Verbrennung fossiler Brennstoffe verantwortlich. Das Flugzeug ist jenes Verkehrsmittel, das die Umwelt pro Passagierkilometer mit Abstand am meisten belastet. Umweltschützer in Deutschland und Österreich fordern daher die Einführung einer Kerosinsteuer und eines Inlandsflugverbots. In Deutschland erhöhte die Bundesregierung Ende 2019 die Luftverkehrssteuer, um Flugtickets aus Klimaschutzgründen teurer zu machen.[14]

Die freiwillige Kompensation, bei der Fluggäste je nach Distanz und verursachter CO_2-Emission einen Preisaufschlag beim Ticket akzeptieren, setzt sich bislang nicht flächendeckend durch. Leistet man solche Kompensationszahlungen etwa an die deutsche NGO *atmosfair*, im Jahr 2019 waren das rd. 20 Mio. €, so unterstützt man damit

---

[13] Die TUI greift aber auch auf Schiffe von anderen Reedereien zurück, etwa die Costa Kreuzfahrtschiffe. https://de.statista.com/statistik/daten/studie/285194/umfrage/passagiere-auf-dem-weltweiten-kreuzfahrtmarkt/; Study_id55329_weltweiter-kreuzfahrtmarkt.pdf, aufgerufen 10.8.2021.

[14] https://de.statista.com/statistik/studie/id/70799/dokument/flugpassagierverkehr-und-klimaschutz/ aufgerufen 10.8.2021;

Klimaschutzprojekte dieser Organisation in Ländern des globalen Südens. Dadurch hat man noch keinen Freifahrtschein für klimafreundliches Fliegen erworben, aber im Rahmen des Möglichen eigenverantwortlich gehandelt und ein gewisses Verständnis für die Umweltproblematik zum Ausdruck gebracht.[15]

Der Klimawandel wurde im Laufe der letzten Jahre zu einer der dringlichsten Sorgen der Europäer. Viele sind daher für Klimafreundliches Reisen, aber Einstellungen sind nicht immer verhaltensrelevant. Wer will nicht billig nach Mallorca fliegen oder zum Frühstück nach London? Flugscham wurde im Kontext der *Friday for Future*-Bewegung zwar zu einem öffentlichen Thema, aber die Schweizer lehnten in einem Bürgerentscheid die Erhöhung der PKW-Treibstoffpreise und eine Verteuerung der Flugtarife trotzdem ab. Solange die Flugindustrie nicht auf *Sustainable Aviation Fuel* zurückgreifen kann, auf das wesentlich teurere, nicht auf fossilen Rohstoffen basierendes Kerosin, wird das Fliegen nicht klimafreundlicher werden. Zudem ist nur ein Prozent der Weltbevölkerung für 50 % der Emissionen im Flugverkehr verantwortlich, hinterlässt aber einen enorm hohen Fußabdruck.[16]

Mit dem in Rio 1992 unterzeichneten internationalen Klimaschutzabkommen (Klima-Rahmenkonvention) verpflichteten sich die Signatarstaaten, die Menge der weltweit emittierten Treibhausgase zu reduzieren und damit

---

[15] https://www.atmosfair.de/wp-content/uploads/atmosfair_2019_jahresbericht_deutsch.pdf, aufgerufen 10.8.2021; zur Messung des eigenen Fußabdrucks siehe www.fussabrucksrechner.at der TU Graz.
[16] Europäische Kommission, Standard-Eurobarometer 92 – Herbst 2019. Die öffentliche Meinung in der Europäischen Union. Befragung November 2019. https://ec.europa.eu/commfrontoffice/publicopinion/, aufgerufen 30.10.2020. Reisewarnungen. Portfolio Freizeit & Leben, Profil vom 8. August 2021.

die gefährliche Beeinflussung des Weltklimas zu verhindern. Die Staaten wurden etwa im Kyoto-Protokoll aufgefordert, ihre Emissionen jährlich um durchschnittlich fünf Prozent zu senken und sie letztlich in dem Maße zu reduzieren, wie sie selbst zum Treibhauseffekt beitragen. Aus den Medien ist zu entnehmen, wie weit sie ihren Zielen hinterherhinken. Staatliche bzw. suprastaatliche Lenkungsmaßnahmen sind besonders wichtig, weil sie durch Regularien und Förderpolitik den Prozess der Einführung von Klimaschutzmaßnahmen beschleunigen. Aber jede Tourismusregion, jeder Tourismusbetrieb und jeder Tourist/jede Touristin kann dazu selbst einen Beitrag leisten.

Dimensionen der Verantwortlichkeit
Die Heftigkeit der Unwetter im Sommer 2021 hat auch der Tourismusbranche die Dringlichkeit des Umdenkens vor Augen geführt. Flutkatastrophen in Deutschland und Österreich, Hagelkörner in Golfballgröße, ein Wirbelsturm über Tschechien, Hitzewellen und Waldbrände in den Mittelmeerländern, die Bedrohungen sind vor der eigenen Haustüre angekommen und somit sichtbar, denn das Abschmelzen der fernen Polkappen oder die prognostizierte Steigerung des Meeresspiegels geht manchen nicht nahe genug. Prognosen und Messdaten erzeugen offenbar nicht genügend Betroffenheit, um daraus persönliche Konsequenzen zu ziehen und das eigene Verhalten zu ändern. Der Klimawandel und die Nachhaltigkeitsdimension erobern nun die Schlagzeilen und Talk-Runden im Fernsehen – gut 30 Jahre nach den ersten Studien über den erwiesenermaßen durch menschlichen Eingriff erzeugten Klimawandel und der Aufforderung, mit dem Planeten gefälligst schonender und sorgsamer umzugehen.

Für den Tourismus bedeutet diese Ausrichtung, die Komplexität der Nachhaltigkeitsziele anzuerkennen und auf der nationalen, regionalen bzw. lokalen Ebene in Form von Maßnahmen und Projekten umzusetzen. Christian Baumgartner[17] gliedert diesen Auftrag in *Dimensionen der Verantwortlichkeit*. Er spricht damit an, dass der Tourismus integrierter Teil einer nachhaltigen, regionsspezifisch vernetzten Wirtschaft zu verstehen ist *(ökonomische Dimension)*. Ein intakter Natur- bzw. Lebensraum sowie betrieblicher Umweltschutz sind notwendige Voraussetzungen für den Tourismus der Zukunft *(ökologische Dimension)*. Die Urlaubsregionen haben ein Recht auf selbstbestimmte kulturelle Dynamik, die Bevölkerung sowie die im Tourismus beschäftigten Personen einen Anspruch auf soziale Zufriedenheit *(soziokulturelle Dimension)*. Intensiv genutzte touristische Zielgebiete müssen betriebliche und kommunale Umweltmanagement-Systeme sowie lokale Nachhaltigkeitsstrategien entwickeln und anwenden, um diese Ziele zu erreichen *(politische Dimension)*. Die Bevölkerung ist gleichberechtigter Partner bei der Gestaltung der Tourismuspolitik und in die Entscheidungsprozesse einzubinden. Die Tourismus-Quellgebiete der Ballungsräume sowie übergeordnete politische Systeme übernehmen Mitverantwortung für die Auswirkungen des Tourismus in den Urlaubsregionen *(institutionelle Dimension)*. Der Freizeitverkehr ist als Äußerung auf die lokale Lebens- und Erlebnisqualität am Wohnort eines Reisewilligen zu sehen. Menschen suchen den Ortswechsel, um lokale Mängel in der persönlichen Lebensqualität in einer Region mit subjektiv höherer Lebens- und Erlebnisqualität zu kompensieren *(individuelle Dimension)*. Schließlich hängt die Art der Freizeitmobilität maßgeblich von den Dienstleistungsangeboten bzw.

---

[17] Nachhaltigkeit im Tourismus. Innsbruck-Wien 2008.

den Alternativen (Anreisepackages, Haus-zu-Haus-Service etc.) ab und verlangt von den Regionen eine Steuerung der Mobilität durch entsprechende Angebote *(Dienstleistungsdimension)*.

Politik, Tourismus- und Produktionsbetriebe, Einrichtungen der zivilen Gesellschaft und die Wissenschaft sind die hauptsächlichen Akteure in diesem Transformationsprozess – sie müssen die Grundlagen dafür schaffen, dass sich Reisende ökologisch einwandfrei verhalten. Durch ihr Zusammenspiel und durch die gesamthafte Betrachtung der lokalen Gegebenheiten kann es gelingen, dauerhafte Lösungen für eine regionale Entwicklung im Gleichgewicht zu finden. Denn Nachhaltigkeit zielt eben nicht nur auf die Erhaltung der natürlichen Ressourcen ab, sondern strebt eine dauerhafte Stabilität ökologischer, ökonomischer und soziokultureller Gegebenheiten an.

Ein Beispiel, wie es funktionieren kann, liefert die *KäseStraße Bregenzerwald* in Vorarlberg, dem westlichsten Bundesland Österreichs. Aus dem Zusammenschluss von Landwirten, Sennern und Käsemachern, von KäseWirten und Gasthäusern, Museen und Bahnen, Tourismusbetrieben sowie Partnern aus Handwerk und Handel wurde eine Marke für eine ganze Region.[18] Ein anderes Beispiel für gute Praxis einer integrativen Strategie ist das Welterbe *Cinque Terre*. Die terrassierte Kulturlandschaft, Welterbe seit 1997 und seit langem auch Nationalpark, bietet ein einzigartiges *Terroir* für Weintrauben, Limonen, Oliven und Kräuter. Die Erhaltung der traditionellen Anbaumethoden wie des gesamten landwirtschaftlichen Systems gelang nicht zuletzt durch die Schutzmaßnahmen und das Managementsystem, das mit der Zuerkennung

---

[18] https://www.kaesestrasse.at/

des Welterbetitels implementiert wurde. Die Investitionen standen in Verbindung mit der Ausrichtung auf einen hochwertigen Tourismus und der Schaffung einer geschützten Herkunftsmarke, die mit hoher Qualität und entsprechenden Preisen korrespondiert – ein zentrales Element und Trumpf im hoch kompetitiven Markt.[19]

Cinque Terre hat heute einen prominenten Platz in der Initiative der *European World Heritage Vineyards,* mit dem auch das *Welterbe Wachau* kooperiert. Auch diese Region ist ausgezeichnet von der UNESCO, weil sich in diesem Landstrich an der Donau die materiellen Zeugnisse der Kulturlandschaft in einer mehr als zweitausend Jahre andauernden geschichtlichen Entwicklung in bemerkenswertem Ausmaß erhalten haben. Auch hier garantiert der Schutz von Kulturgütern in Verbindung mit der Herstellung herausragender Produkte, deren geographischer Indikation und der hohen touristischen Attraktivität, eine erhebliche Wirtschaftsleistung und damit Inwertsetzung der Kulturlandschaft.[20]

Nico Stehr spricht im Kontext von nachhaltiger Entwicklung von der Forderung nach einem „verantwortungsbewussten Wachstum der Wirtschaft" und beobachtet eine „Moralisierung der Märkte". Diese manifestiert sich nicht ausschließlich in Änderungen des Verhaltens und der Orientierungen der Marktteilnehmer, sondern auch in den auf Märkten gehandelten Produkten und Dienstleistungen, womit Produzenten, Lieferkette und

---

[19] CHCfE Consortium, Cultural Heritage Counts for Europe. Krakow 2015. https://www.digitalmeetsculture.net/article/cultural-heritage-counts-for-europe-final-report/aufgerufen 2.4.2019; Sarah May, Ausgezeichnet! Zur Konstituierung kulturellen Eigentums durch geografische Herkunftsangaben. Göttinger Studien zu Cultural Property, Göttingen 2016.

[20] Verein Welterbegemeinden Wachau, Wachau World Heritage Management Plan, Wien 2017.

Verbraucher in die Pflicht zu nehmen sind und zu einem verantwortungsvollen Handeln aufgefordert werden.[21]

Mobilität zum und im Urlaubsort
Um den Tourismus klimafreundlicher zu gestalten, muss man beim Transport ansetzen, beim Verkehr von und zu den Urlaubsorten.[22] Der Reiseverkehr innerhalb Österreichs bzw. der von den Nachbarländern in die Berg- und Seengebiete der Alpenrepublik führt, erfolgt Studien des *Austrian Panels on Climate Change* zufolge bis zu 80 % mit dem Auto.[23] Das gilt auch für viele Urlaubsreisen an die Mittelmeerküsten und führt während der Ferienzeiten zu endlosen Blechlawinen von Nord nach Süd und von Süd nach Nord. Der individuelle PKW-Verkehr ist aber auch ein Auslöser des Phänomens *Overtourism*. Die Überschreitung der Tragfähigkeit einer Destination, *das gefühlte Zuviel*, betraf bislang vorwiegend die historischen Innenstädte, in Zeiten des Corona-Lockdowns sind aber auch viele Ausflugs- und Naherholungsziele im Einzugsbereich größerer Städte davon massiv betroffen.

Der Alpenraum ist hochwertiger Natur-, Lebens- und Tourismusraum und aufgrund peripherer Lagen von hoher Automobilität gekennzeichnet. Die nachfrageorientierte Gestaltung von nachhaltigen Mobilitätsangeboten sowie die Bereitstellung umweltfreundlicher Verkehrsmittel für Touristen und Einheimische sind von zentraler Bedeutung für eine klimaschonende Regionalpolitik. Beispielhaft

---

[21] Die Moralisierung der Märkte. Eine Gesellschaftstheorie. Frankfurt 2007.
[22] Siehe dazu auch Hartmut Rein/Wolfgang Strasdas (Hg.), Nachhaltiger Tourismus, Konstanz-München 2015.
[23] https://ccca.ac.at/wissenstransfer/apcc/broschuere-der-oesterreichische-tourismus-im-klimawandel, aufgerufen 10.8.2021.

zeigen einige erfolgreiche Pilotversuche in den Alpenregionen, wie *smarte Mobilität,* durchgängige CO_2-arme Wegeketten der An- und Abreise sowie *Multimodalität* am Urlaubsort praktiziert werden kann.

Im Tiroler Ötztal propagiert man den öffentlichen Verkehr und die Anreise mit der Bahn. Mit der Initiative *Tirol auf Schiene* forciert die Tirol Werbung eine abgestimmte Mobilitätskette. Aus einem kürzlich beendeten Pilotprojekt *Easy Travel* von der Ötztaler Verkehrsgesellschaft mit der Universität Innsbruck wurde nun ein dauerhaftes Angebot. Die Anreise der Gäste erfolgt mit der Eisenbahn, ein Abholservice bringt sie und das Gepäck zu ihren Hotels in den fünf Gemeinden. Rund eine Million Gäste, die über vier Millionen Nächtigungen im Kalenderjahr 2019 generierten, kam in das 65 km lange Tal – aber 85 % davon mit dem eigenen PKW, denn so schnell ändern sich die Reisegewohnheiten nicht. Das macht deutlich, welch enormes Potenzial an Emissionseinsparung beim Umstieg auf öffentliche Verkehrsmittel besteht.[24]

Kundenbefragungen zeigen, dass oft die Problematik der ersten oder letzten Meile, der Gepäcktransport, die Notwendigkeit des Umsteigens und längere Reisedauer gegen eine Bahnanreise sprechen. Gewünscht werden ein besseres Gepäckservice, Shuttledienste sowie die kostenlose Nutzung von öffentlichen Mobilitätsangeboten am Urlaubsort. Dass Mobilität nicht automatisch Auto-Mobilität heißen muss, lässt sich am Vorarlberger Projekt *Mission Zero Silbertal* darstellen. In dessen Rahmen wurden multimodale Angebote in diesem Montafoner Seitental für Winter- und Sommertouristen geschaffen.

---

[24] https://www.unibk.ac.at/newsroom/easytravel-ohne-auto-in-den-urlaub.html.de, aufgerufen 10.8.2021.

Dazu gehören z. B. Schi- und Wanderbusse, ein Gästeshuttle, Car-Sharing-Angebote und ein Anrufsammeltaxi.

Ein ähnliches Beispiel wurde vom Verkehrsclub Österreich (VCÖ) vor einigen Jahren prämiert: die digitale Reiseplattform der Tourismusregion Villach-Faker See-Ossiacher See. Anreise mit der Bahn, Abholung, Gepäckservice und die Bereitstellung von Fortbewegungsmittel jeglicher Art im Rahmen eines regionalen Mobilitätsangebots machen das Auto überflüssig. Dies ist nach dem Modellprojekt Werfenweng im Salzburger Pongau der zweite Großversuch, der auf sanfte und multimodale Mobilität setzt.[25]

Die Erfahrung zeigt, dass auch Touristen, die mit eigenem Auto anreisen, am Urlaubsort auf dieses verzichten, wenn entsprechende Mobilitätsangebote bestehen. Das kann leicht über Regionskarten mit inkludierter Nutzung öffentlicher Verkehrsmittel bzw. Mobilitätsknoten erfolgen. Mobilitätsangebote müssen einfach, verlässlich, bequem und übersichtlich sein, dann werden sie auch angenommen und Reisegewohnheiten, die sich über 50 Jahre herausgebildet haben, nach und nach verändert. Grundsätzlich lässt sich sagen, dass für die An- und Abreise zentrale Plattformen zur Auskunft/Buchung gefragt sind, welche möglichst grenzübergreifende Angebote zur Förderung durchgängiger Wegeketten sowie Transparenz hinsichtlich der besten Angebote und Zusatzleistungen (z. B. Gepäckservice, Hotelshuttles) beinhalten sollten. Umstiege sollten möglichst gering und kundenfreundlich gehalten werden. Wichtig wäre es zudem, den ÖV zu jeder Jahreszeit fahrradfreundlich zu machen, transparent zu informieren und Kombi-Ticketing einzuführen bzw. zu optimieren.

---

[25] https://connect.visitvillach.at/de/das-mobilitaetsangebot-der-region.html

Wie öffentliche Verkehrsangebote für Einheimische und Touristen zur Steigerung der Lebens- und Erlebnisqualität beitragen, zeigt das Beispiel der *Vinschger Bahn* in Südtirol.[26] Diese Bahnverbindung zwischen Mals und Meran musste aufgrund der hohen Nachfrage bei Touristen und Einheimischen ständig weiter ausgebaut werden. Für Touristen wurden in ganz Südtirol neue Angebote geschaffen. Dazu gehören u. a. Gästekarten, Apps zur Onlinebuchung, die Modernisierung und Elektrifizierung der Strecke Meran-Bozen sowie die Anbindung der Schigebiete im Pustertal. Die Nutzung der Bahn erfolgt in etwa gleichen Teilen durch die Senioren, die Schüler bzw. Pendler und die Touristen, was insbesondere dem Radtourismus einen enormen Zuwachs bescherte. Ähnliche Pläne bestehen im Salzburger Land mit der *Pinzgauer Bahn* bzw. sind teilweise bereits in der Umsetzung.[27]

Der zunehmenden Bedeutung des Radverkehrs nicht nur im touristischen Kontext trägt das Projekt *Haltestelle 4.0* des Research Studio iSPACE Rechnung. Unter dem Stichwort *Regionsspezifische Personenmobilität* kooperiert das Pilotprojekt mit dem Salzburger Verkehrsverbund und sucht nach Lösungen für Pendler wie Touristen. In dessen Zusammenhang wird ein Datenlabor am Bahnhof Neumarkt/Wallersee geschaffen und ein Konzept zur Nutzung vorhandener Infrastruktur für den Fahrradtourismus im Salzburger Seenland erstellt.[28]

Welterbestätten und historische Altstädte in ganz Europa wurden bis zum Ausbruch der Pandemie von PKWs und einem Hit and Run-Tourismus geradezu

---

[26] https://www.sta.bz.it/de/eisenbahnen-seilbahnen/vinschger-bahn/
[27] Kurt Luger, Mobilität zum und im Urlaubsort, in: Forum Mobil, 4/2020, 14–16.
[28] https://www.researchstudio.at/projekt/uml-haltestelle-4-0/, 30.8.2021.

überrollt. Durch Social Media-Anwendungen – Apps, die über digitale Informationsplattformen verfügbar sind – lassen sich Besucherströme nachvollziehen und damit auch entzerren, im besten Fall sogar steuern.[29] Dies kommt der Qualität des touristischen Erlebnisses wie der Lebensqualität der Einheimischen zugute. Etliche Destinationen wie etwa der Pragser Wildsee in den Dolomiten, der seit Jahren von Instagram-getriebenen Touristen in Millionenstärke überrollt wird, warten noch auf eine Besucherlenkung, wie sie für die Welterbestätten Salzburg oder Hallstatt teilweise mit der digitalen Steuerung des Reisebusverkehrs gefunden wurden.

Neue Informationstechnologien werden in Zukunft wohl stärker zur Optimierung der Mobilität eingesetzt und können der Politik Entscheidungshilfen geben. Sie können Wirkungszusammenhänge zwischen Verkehr, Siedlung und Energie aufzeigen, denn eine angebotsorientierte Verkehrsplanung ist erforderlich, um Treibhausgase bzw. den CO_2-Ausstoß zu verringern. Genau dies entspricht den Forderungen des EU-Maßnahmenkatalogs und dem Pariser Klimaabkommen. Sie müssen das Handeln bestimmen, wenn die ins Auge gefassten Ziele erreicht werden wollen.

Der „Green Deal" der Europäischen Union, ein Gesetz, beschlossen von den EU-Staats- und Regierungschefs, schreibt vor, dass Europa bis 2050 de facto emissionsfrei zu sein hat. Bis zum Jahr 2030 sind als Zwischenziel 55 % aller Treibhausgase einzusparen. Dies soll erreicht werden durch eine Mischung aus marktwirtschaftlichen Instrumenten wie dem Emissionshandel und legistischen

---

[29] Engelbert Ruoss/Angela Sormaz, Social Media and ICT Tools for Managing Tourism in Heritage Destinations, In: Kurt Luger/Matthias Ripp (Ed.), World Heritage, Place Making and Sustainable Tourism, Innsbruck 2021, 247–270.

Vorgaben wie einer CO_2-Importabgabe und Grenzwerten für Kraftfahrzeuge, die ab 2035 fast nur noch elektrisch getrieben sein werden. Um diese Karbonfreiheit zu erreichen, sind letztlich die gesamte Wirtschaft sowie alle Verkehrstechnologien umzugestalten. Hunderte von Milliarden Euro sind über Fonds, Förderungen und Innovationshilfen zum Anschub und zur Abfederung dieses Umbaus vorgesehen. Der Tourismus ist wie alle anderen Wirtschaftsbranchen aufgefordert, diesen Umgestaltungsprozess mitzuvollziehen – Energie zu sparen, Heizungssysteme auf erneuerbare Energie umzustellen, durch thermische Isolierung die Beherbergungsbetriebe den Herausforderungen der Klimaneutralität anzupassen u.v.m. Er wird wie das Klima von einem umweltverträglicheren Verkehr profitieren, dessen Emissionen bis 2050 um 90 % gesenkt werden müssen.[30]

Visionen und Maßnahmen
In Österreich wurden die generellen Forderungen des Nachhaltigkeitsdiskurses in Dokumenten wie dem Nationalen Umweltplan aufgegriffen bzw. auf regionaler und lokaler Ebene als Zielsetzungen und Rahmenbedingungen formuliert. Im Bereich des Tourismus gehören das 5. Aktionsprogramm der EU oder die Protokolle der Alpenschutzkonvention zu den Regularien für eine dauerhafte umweltgerechte Entwicklung. 1995 beschloss die österreichische Bundesregierung Prinzipien und Ziele einer nachhaltigen Tourismus- und Freizeitwirtschaft. Die Alltagspraxis und damit die Umsetzung von Maßnahmen hängt diesen Zielvorstellungen – nicht nur in Österreich – aber erheblich hinterher. Auch wenn

---

[30] https://ec.europa.eu/info/strategy/priorities-2019–2024/european-green-deal_de, aufgerufen 12.8.2021.

mittlerweile in einigen Regionen mittels Öko-Audit die Prinzipien einer nachhaltigen Tourismus- und Freizeitwirtschaft operationalisiert wurden, so finden sie außerhalb von Schutzgebieten noch wenig Anwendung. Gerade in den Alpen, einem Natur- und Kulturraum, dessen Ressourcen auf verschiedene Weise unter erheblichen Druck stehen, sollte ein derartiges Monitoring Bestandteil jeglicher freizeitwirtschaftlicher Aktivitäten sein. Auf diese Weise könnten modellhaft Beispiele für gelungene Innovation bzw. nachhaltige Entwicklung ausgearbeitet werden.

Wie in Deutschland und in der Schweiz hatte auch Österreich eine Klimaschutz-Strategie vorzulegen, um mit deren Umsetzung die Versäumnisse früherer Regierungen zu kompensieren. Während die meisten EU-Länder ihren CO_2-Ausstoß von 1990 bis 2017 reduzieren konnten, stieg er in Österreich um fünf Prozent an, v. a. wegen des Verkehrs.[31] Meilensteine einer klimaneutralen Politik sind das jüngst beschlossene Gesetz zum Ausbau Erneuerbarer Energie (EAG), welches dafür sorgen soll, dass ab 2030 nur noch grüner Strom aus den Steckdosen fließt, und ein umfassendes Ausbaupaket für die Österreichischen Bundesbahnen. Kürzlich eingeführt wurde das *1-2-3-Klimaticket*, ein günstiges Ganzjahresticket für Bahnfahrer und die im Regierungsprogramm angekündigte öko-soziale Steuerreform, die eine CO_2-Bepreisung vorsieht, tritt 2022 in Kraft.[32]

In diesem Kontext sind natürlich auch Raumordnungsentscheidungen angesprochen, weil sie in Verbindung mit Verkehrspolitik die langfristige Weichenstellung

---

[31] https://www.bmlrt.gv.at/umwelt/klimaschutz/klimapolitik_national/anpassungsstrategie/strategie-kontext.html, aufgerufen 10.8.2021.

[32] Astrid Gühnemann/Agnes Kurzweil/Markus Mailer, Tourism mobility and climate change – A review of the situation in Austria, in: Journal of Outdoor Recreation and Tourism 2021. https://doi.org/10.1016/j.jort.2021.100382.

in Sachen Klimaänderung und die Verantwortung für Kultur- und Lebensraum tragen. Der Ausbau von Straßen, die zur weiteren Versiegelung von Landschaft beitragen, die Errichtung neuer touristischer Infrastruktur und der Bau von weiteren Chaletdörfern bzw. die Umwidmung von Grünland in Bauland für Tourismusbetriebe oder Einkaufszentren haben in jüngster Zeit viel öffentliche Aufmerksamkeit erregt und wurden mit Bezug auf den Klimawandel heftig kritisiert.[33]

In Österreich wird auch den Tourismusverbänden eine wesentliche Rolle als Gestalter des heimischen Tourismus zugeschrieben. Ihnen wird nicht nur die Erstellung von Marketingkonzepten, die Betreuung der Gäste oder die Schaffung von Tourismuseinrichtungen übertragen, sondern explizit auch die Förderung und Erhaltung von Kultur und Landschaft. Da in den Tourismusverbänden meist die Marketingleute das Sagen haben, kann sich das als problematisch erweisen, weil die wirtschaftlichen Interessen die Entscheidungen zumeist dominieren.

Der ganzheitlichen Entwicklung wie dem Schutz des Alpenraumes ist hingegen das Tourismusprotokoll der Alpenkonvention gewidmet. Darin wird festgehalten, dass der Tourismus im öffentlichen Interesse liegt und dieser Erwerbszweig eine Überlebenschance für viele Regionen bietet. Die Unterzeichnerstaaten der Alpenkonvention verpflichten sich, zu einem umweltverträglichen Tourismus und zu einer nachhaltigen Entwicklung des Alpenraums beizutragen, und zwar in den Bereichen Raumplanung,

---

[33] Die Lückenhaftigkeit von Raumordnungsgesetzen, die den *Ausverkauf der Heimat* erst möglich machen, analysiert bestechend Franz Dollinger, Das Dilemma und die Paradoxien der Raumplanung, Wien 2021.

Verkehr, Land- und Forstwirtschaft, Umwelt- und Naturschutz sowie bei der Wasser- und Energieversorgung.[34]

Plan T – der Plan der starken Überschriften als Fallstudie
2019 legte die damalige österreichische Bundesregierung mit dem *Plan T* eine Leitlinie für den österreichischen Tourismus der Zukunft vor. Obwohl er als Instrument kaum entscheidend über ein Wirtschaftsfördermodell hinausreicht, trägt der *Masterplan* den Titel *Auf dem Weg zur nachhaltigsten Tourismusdestination,* was einer maßlosen Selbstüberschätzung entspricht.

Erarbeitet wurde der Plan mittels Umfragen unter 600 Betrieben, mit 30 Stakeholderinterviews und neun Zukunftswerkstätten. 500 Personen waren involviert – ein enormer Aufwand und dem Binnenklima der Branche tat dieser Austausch bestimmt gut. Aber nicht eine Zeile ist wirklich neu oder überraschend, was längst schon hätte passieren sollen wird nun aufgelistet. Denn die Probleme sind altbekannt, von der Tourismuswissenschaft hierzulande vielfach analysiert und in den Medien immer wieder Gesprächsthema. Der Klimawandel gilt nun offiziell als Herausforderung, immerhin. Das ist ein Fortschritt, sofern man tatsächlich etwas dagegen tun will.

Zum *Leitmotiv Nachhaltigkeit* liest man aber nur völlig vage Absichtserklärungen, einige Punkte, die seit Jahren bekannt sind wie die An- und Abreise, die zu 80 % mit individuellem PKW erfolgt und der CO_2-Ausstoß um 36 % gesenkt werden muss. Der Tourismus müsse auch *seiner globalen Verantwortung gerecht werden und einen Beitrag zur Umsetzung der Nachhaltigkeitsziele der Vereinten Nationen leisten.* Und wie? Je konkreter das Problem

---

[34] https://www.cipra.org/de/cipra/oesterreich/das-tourismusprotokoll-der-alpenkonvention-bedeutung-und-anwendung

dargestellt wird, umso schmallippiger fallen die Antworten aus. Allzuviel an Veränderung will man der Branche offenbar doch nicht zumuten, fürs erste scheinen die Ankündigungen zu reichen.

Mehrfach ist die Rede von *unserer intakten Natur* – aber die Landschaft ist bereits zersiedelt und zubetoniert wie kaum irgendwo in Europa, weil die Raumordnungsgesetze völlig zahnlos sind, Appartementhäuser und Chaletdörfer wachsen ungestüm zum Nachteil der einheimischen Bevölkerung rund um die Siedlungskerne, verknappen und verteuern Lebensraum. Das ist nicht primär die Schuld der Touristiker, aber eins greift ins andere und natürlich schadet diese Fehlentwicklung auch dem Tourismus. Von der Absicht, zur Bewahrung der noch bestehenden Kulturlandschaft beizutragen, ist jedenfalls nirgendwo die Rede, denn das hieße ja, den ordnungs- und raumpolitischen Referenzrahmen zu definieren, überfordertes Gelände vor weiteren menschlichen Eingriffen zu schützen.

Die *Lebensgrundlage nachhaltig sichern – Tourismus soll im Einklang von Mensch und Natur erfolgen.* Ja sicher, was denn sonst? In manchen Tiroler Tälern, ganz besonders im Zillertal, ist die Dystopie der Piefke-Saga Wirklichkeit geworden. Im *Plan T* steht: Es gilt die Treibhausgas-Emissionen zu senken, auf erneuerbare Energie zu setzen, Ressourceneffizienz zu erhöhen und dabei die Wettbewerbsfähigkeit des Tourismusstandortes weiterhin zu gewährleisten. Das sind Forderungen an den heimischen Tourismus, die seit gut 20 Jahren bestehen. Gut, dass man das jetzt aufgreifen will, zum verstärkten Engagement der Branche im 100.000 Dächer Photovoltaik- und Kleinspeicher Programm und bei anderen Fördermaßnahmen ermutigt. Das wird aber bei weitem nicht reichen.

Der *Ausbau nachhaltiger Mobilitäts- und Verkehrslösungen werde angestrebt, Prioritäten in urbanen wie ländlichen Regionen gesetzt* – wo denn sonst, und wieso hat man so lange gebraucht, um sich dazu zu bekennen, dass es wie bisher nicht weitergehen kann? An- und Abreise sowie die *Mobilität vor Ort sollen klimaschonend gestaltet werden, eine bessere Vernetzung der Tourismus- und Verkehrsbranche werde angepeilt, integrative Verkehrssysteme sind gewünscht* – aber was ist über die Überschriften hinaus wirklich geplant? Vom Ausbau öffentlicher Verkehrssysteme oder von innovativen Lösungen des Modalsplit ist übrigens nirgendwo die Rede, auch nicht von einem Einbremsen der Erschließungen alpiner Regionen und Gletschergebiete durch neue Seilbahnlösungen.

Dennoch soll *Nachhaltigkeit als Alleinstellungsmerkmal* für den österreichischen Tourismus etabliert werden. Etwa dadurch, dass der *Tourismus selbst zum Kraftwerk* wird, die Betriebe selbst erneuerbaren Strom erzeugen und liefern sollen. Bislang verbraucht er nur und nicht wenig, von den Pumpen, die zur Schneeerzeugung benötigt werden bis zu den teilweise überdimensionierten Wellness-Anlagen, die winters wie sommers disruptive Angebote garantieren müssen, um von Wetterlagen unabhängiger zu werden. Zweifellos besteht da ein enormes Potenzial und auch die Möglichkeit, dass Hotels Energie-Selbstversorger werden können.

Über weite Strecken atmet der *Plan T* den Geist einer Absichtserklärung, die wirtschaftliche Unterstützung der Branche zu forcieren. Das steht auch so in einer Zwischenüberschrift: Der *Fokus muss auf der Wertschöpfung liegen.* Die Senkung der Umsatzsteuer als Teilerfolg wird genannt, weitere Maßnahmen werden gewünscht, administrative Erleichterungen gefordert, insbesondere Hilfe und Beratung bei der Übergabe von etwa 2000 Hotels an die nächste Generation. Auch das Problem der Betriebsnachfolge existiert seit Jahren und es stellt sich die Frage, wieso gerade in dieser Branche das so ein Problem ist? Hat es mit dem Einsatz zu tun, mit dem Arbeitsmodell, dem Anforderungsprofil an Unternehmer und Mitarbeiter, den Härten des Dienstleistungsgewerbes? Von den AirBnB-Anbietern der Sharing Economy wird gefordert, dass sie wie jeder Privatzimmervermieter auch Steuern zahlen sollen. Das verringert Wettbewerbsverzerrungen und wurde von den zuständigen Landesregierungen bereits umgesetzt. Neue Finanzierungsinstrumente wünscht man sich von der Hotelbank und auch die wird es geben. Das zeigt, wie sehr den Regierenden der Tourismus am Herzen liegt und er dem Sektor Wichtigkeit einräumt. Während der Pandemie entschädigte die Regierung übrigens den Umsatzausfall der Hotel- und Gastrobetriebe zu 80 %, auch jedem Luxushotel, gewährte zudem Steuerstundungen und das Kurzarbeitsprogramm für die Beschäftigten lief länger als in den meisten anderen Ländern.

Unter der Überschrift *den Tourismus neu denken* werden Maßnahmen zur *Bewusstseinsstärkung* genannt, gemeint ist aber eigentlich das Selbstbewusstsein der Branche, die *Kooperationskultur etablieren* und das *digitale Potenzial nutzen*. Es handelt sich dabei jedenfalls nur um notwendige Selbstverständlichkeiten und nicht um kreative oder innovative Schritte.

Ein heißes Eisen in diesem Plan T ist die *Mitarbeiterproblematik*. Die Suche nach Personal wird immer schwieriger, auch aufgrund des Erfolgs der Branche. Die *Alpine Kulinarik* soll zu einem Schwerpunkt der nächsten Jahre werden, aber wie muss man sich das vorstellen, bei einem Fehlstand von hunderten Köchen schon vor der Pandemie? Wer soll das authentische Gericht auf die Teller zaubern? *Der Tourismus bietet für junge Menschen attraktive Möglichkeiten* – das sehen die Jungen offenbar nicht ganz so: Wenn alle Lehrstellen besetzt sind, findet man im Tourismus noch immer welche, und sie bleiben offen. *Ziel ist es, die Attraktivität von Arbeit im Tourismus zu erhöhen* – sind damit auch die Löhne gemeint, geregelte Arbeitszeiten, angemessene Unterbringung und bessere Personalführung? Wie viele andere Branchen braucht der Tourismus mehr Zuwanderung, aber allein mit dem Verweis auf das Monitoring der Rot-Weiß-Rot Karte wird dieses Problem nicht gelöst. Diesbezüglich steht sich die Regierung ja selbst mit ihrer restriktiven Zuwanderungspolitik im Wege, wenn sie erfolgreiche Lehrlinge nach Abschluss ihrer Ausbildung sofort wieder nach Afghanistan und Syrien etc. retourniert.

Der Urlaub am Bauernhof ist seit Jahren eine *cash cow* des österreichischen Tourismus, ihn gleich als *Erfolgsbeispiel für die Balance zwischen touristischer und land- und forstwirtschaftlicher Nutzung* zu bezeichnen, erscheint reichlich überzogen. Bauern in den alpinen Regionen brauchten immer ein Zusatzeinkommen, um über die Runden zu kommen. Der Tourismus spielt diesbezüglich zweifellos eine wichtige Rolle, denn er bietet dezentrale Arbeitsplätze bzw. den nötigen Zuverdienst. Wertschöpfungsketten durch regionale Produkte zu schließen ist ebenfalls wichtig und wird auch seit Jahren betrieben. Innovatives und Ideen für die Zukunft fehlen in diesem Plan, müssten sie doch über das Bestehende hinausreichen. Der Ausbau dieser Kooperation ist aber sicherlich für alle Beteiligten von Vorteil.

Vom Destination Marketing will man zum *Destination Management* kommen – zum Management von Lebensräumen für Einheimische und Gäste. Das wird die regionale bzw. lokale Politik herausfordern, denn nicht überall sind die Einheimischen vom Selbstverständnis her Dienstleister, sondern haben eine durchaus kritische Sicht auf den Tourismus. Aber die Märkte sollen erobert werden, gemeinsam – insbesondere die wachsenden in

Asien (wieder Flugreisende) und in den zentral- und osteuropäischen Ländern, die Deutschen als wichtigster Markt will man bei der Stange halten, die Österreicher auch. Das soll mit allen Raffinessen der neuen Technologien erfolgen, womit wir doch wieder beim Marketing wären. Wachstum bleibt offenbar das Maß der Dinge, und im Aktionsplan für 2019/20 sind Sonderbudgets für die Österreich Werbung vorgesehen, die der digitalen Gästeansprache dienen sollen. Durch die Pandemie wurden die Prioritäten nochmals anders gesetzt und einige Millionen in die Bewerbung vorwiegend österreichischer Gäste investiert, um sie in heimische Hotels und Restaurant zu locken.

Akzentuiert durch die Pandemie und die Katastrophen des Sommers 2021 wurde aus dem *Mailüfterl Plan T* nun doch ein frischer Wind, der Veränderungen bringen dürfte. Die Bereitschaft, sich mit dem Nachhaltigkeitsthema ernsthaft auseinanderzusetzen, ist in vielen Tourismusverbänden, Hoteldirektionen, im Transportbereich und im Handel mit Urlaubs-, Freizeit- und Sportartikel sichtbarer geworden. Natürlich will man den Tourismus wieder zu einer ertragsreichen Wachstumsbranche machen, möglichst schnell dort anschließen, wo man im März 2020 aufhörte. Aber es sind im österreichischen Tourismus doch erhebliche Veränderungen im Gange. Dies betrifft die sukzessive Umorientierung auf Nahmärkte ebenso wie die Ausrichtung auf höhere Qualitätsmaßstäbe, die Zusammenführung von Destinationen zu Erlebnisregionen, in der Kommunikation und im Marketing die verstärkte digitale Ansprache der Gäste, aber auch neue Angebote wie *Workation*-Aufenthalte, um Arbeit und Urlaub erholsam zu verbinden. Mit der Betonung des Regionalen und deren zugrundeliegender Wertebasis sollen Gäste eingeladen werden, diese mit den Einheimischen zu teilen und sich an der hohen Lebensqualität zu erfreuen. Dazu gehören auch neue klimafreundliche

Mobilitätsangebote, um die Aufenthaltsqualität zu steigern und Ortskerne in verkehrsarme Begegnungszonen zu verwandeln. In etlichen Leitbildern und Strategiepapieren kommt die angestrebte Harmonisierung von touristischen wirtschaftlichen Interessen und den Bedürfnissen der lokalen Bevölkerung explizit zum Ausdruck. Man wird sehen, wie sich diese neue Ausrichtung auf das Leben vor Ort und die Gestaltung des von Einheimischen und Gästen geteilten Lebensraums auswirkt.[35]

Could you hear me
Als ich im Jahr 2006 die ersten Vorträge hielt, um auf die massiven Probleme des zukünftigen Wintertourismus durch den Klimawandel hinzuweisen, mit den damals schon sehr soliden Daten des Weltklimarats und jener Forschungsgruppe, die die Schweizer Regierung zur Beratung eingerichtet hatte, erntete ich wenig positive Rückmeldungen von der Branche. Der erste ausgiebige Schneefall kam erst zur Mitte der Wintersaison, die Nerven aller, die vom Wintertourismus leben, lagen schon blank, als ich auf Einladung der Landtagsfraktion der Grünen Partei in Zell am See auftrat. Hoteliers, die Tourismusdirektoren und Geschäftsführer der Seilbahngesellschaften hielten schon den Titel „Schwitzender Planet und kalte Betten" für eine bösartige Provokation, und alle, die in Österreich offen ein kritisches Wort über den Tourismus verlauten lassen, werden sofort zum geschäftsschädigenden Subjekt gestempelt. Meine Warnungen prallten ab, die Branche wollte nichts von Klimaerwärmung hören, hielt mich und alle Klimaforscher damals für Scharlatane, Angstmacher oder

---

[35] Neuausrichtung. In: Bulletin-Fachmagazin für die touristische Praxis der Österreich Werbung, Heft 2/2021, 18–27.

Öko-Fundis. Der mächtige damalige Präsident des Österreichischen Schiverbandes, selbst ein großer Seilbahn- und Tourismusunternehmer, hielt alles nur für Schwindel, denn er hatte ein Buch gelesen, das alle Daten des Internationalen Klimarates und damit auch den Klimawandel selbst in Frage stellte.

Nun, 15 Jahre später, steht uns allen das Wasser sprichwörtlich bis zum Hals und der Tourismus kämpft um seinen Bestand. Wie viele Politiker weltweit haben auch die Entscheidungsträger im Tourismus in den vergangenen Jahren erstaunlich wenig unternommen, um den prognostizierten Auswirkungen des Klimawandels zu begegnen und das System Tourismus resilienter gegen die umfassenden Veränderungen zu machen. Seit damals bin ich der Meinung, dass es keine Alternative gibt, als zu versuchen, das *Pentagon des nachhaltigen Tourismus* umzusetzen. Die Chancen stehen günstig, denn angesichts der Vorboten der Apokalypse scheinen die globale Politik und die Europäische Union im Besondern bereit, mit den verfügbaren Mitteln und mit Hilfe der noch zu entwickelnden Technologien schnell zu handeln um die langfristigen Zielsetzungen zu realisieren.

Die Warnung vor kurzfristigem Denken passt ideal zu den langsam wachsenden Bäumen und aus der Waldwirtschaft stammt auch der Nachhaltigkeitsgedanke – der schonende Umgang mit den Ressourcen, damit kontinuierlich Nutzen entsteht, immer genügend Holz verfügbar ist und regelmäßig wie in ausreichendem Maße nachwächst.[36] Nun ist auch der Wald in Gefahr, im Zeitalter des fortgeschrittenen Klimawandels vertragen

---

[36] Frank Uekötter, Im Strudel, Eine Umweltgeschichte der modernen Welt, Frankfurt-New York 2020.

manche Baumsorten unsere Breiten nicht mehr, weil der Mensch zu sehr in die Selbstregulierung des Systems eingegriffen hat. Für Pessimismus ist es tatsächlich zu spät, der Kampf um jedes Zehntelgrad weniger Erderwärmung muss sofort begonnen werden.

10

Die Vision: smarte Touristen, minimalinvasiv

Wenn du in ein anderes Land gehst,
solltest du wissen, was dort verboten ist.
Konfuzius

Nichts mitnehmen als Fotos, nichts hinterlassen als Fußspuren.
Sir Edmund Hillary

Ein später Nachmittag im Monsun, die Sonne sucht sich ihren Weg durch die Wolken. Die Felder rund um das Dorf Bulung im nepalesischen Grenzland zu Tibet dampfen nach dem Regen, die Schneegipfel der umliegenden Himalayariesen glitzern wie Hologramme. Mit den Mitarbeitern von EcoHimal unterwegs, inspiziere ich von Dorf zu Dorf wandernd die Fortschritte im Rolwaling Ökotourismusprojekt. Der Gruppe voraus erreiche ich einen kleinen Weiler, der mit seiner üppigen subtropischen Vegetation wie meisterhaft gemalt vor mir liegt: Frauen in bunten Kleidern und mit grobem Messingschmuck dekoriert weben Tücher, Männer mit breiten Messern am Gürtel flechten Körbe, Kleinkinder schlafen in schaukelnden Wiegen, Rinder und Ziegen grasen, Wasserbüffel suhlen sich im Tümpel, eine Henne mit ihren Küken zieht ihre Kreise auf der Jagd nach Maiskörner oder Blutegel und einige Hunde dösen vor sich hin. Gerne hätte ich diese Idylle fotografiert, aber die Hunde schlagen an und schlagartig sieht alles in meine Richtung. Der sanfte Eindringling konnte nicht einmal seine Kamera zücken, um diesen Augenblick festzuhalten. Die friedliche *Idylle* existiert aber bis heute vor meinem Auge und sie wiederholt sich in Nepals tausenden Dörfern täglich, ohne als solche wahrgenommen zu werden, denn sie ist Alltag und auch nicht romantisch. Die Subsistenzbauern Nepals müssen der Topographie tagtäglich ihre Lebensgrundlage abringen, um ihre Familien halbwegs durch das Jahr zu bringen.

Wir zerstören das, was wir suchen, indem wir es finden – in diesem Fall eine bildreife Situation vermeintlicher Harmonie von Mensch, Tier und Natur, aber Hans Magnus Enzensbergers Behauptung findet immer wieder ihre Bestätigung. Die Frage ist nur, wie weit die Zerstörung oder die Beeinträchtigung gehen darf, die von Touristinnen und Touristen verursacht wird, und was wird tatsächlich in welchem Ausmaß in Mitleidenschaft gezogen?

L'idiot du voyage – der unbedarfte Reisende
Vielen Touristen wie Reisenden ist nicht bewusst, dass sie überhaupt Teil eines möglichen Problems sind. Sie glauben, ihre Anwesenheit und was sie in den Herbergen für Übernachtung und Essen ausgeben, was sie an Souvenirs kaufen, reicht schon, um Dankbarkeit seitens der Einheimischen zu empfangen, sie bringen ja

10 Die Vision: smarte Touristen, minimalinvasiv

Entwicklung in periphere Regionen und tragen dort zum Wohlstand der Bereisten bei. In Wirklichkeit sind sie meist Nichtwissende über die Zusammenhänge und die Auswirkungen ihres Auftretens, wie der in der Literatur immer wieder zitierte *idiot du voyage*.[1] Jean-Didier Urbain hat sich in seiner ethnografischen Analyse mit der Figur des Touristen auseinandergesetzt, die sich mit wenig Geschick und viel Spott in der Fremde zurechtfinden muss. Nicht jedem Reisenden gelingt die Suche nach Weltsicht, und ohne eigentliches Ziel und entsprechende Vorbereitung auf die fremde Örtlichkeit muss die Unternehmung ertragslos bleiben. Urbains Reise in die Welt des Touristen lässt uns entdecken, dass die heutigen Klischees eine lange Tradition haben und dass es die mythische Unschuld des Wanderers vielleicht gar nie gegeben hat.

Reisetrottel, die nicht wissen, wie sie sich im Gelände zu verhalten haben, treten besonders in Alpen in großer Dichte auf. Unfallberichten zufolge laufen sie etwa in Flip-Flops über die Gletscher, befahren Lawinenhänge und mit den von ihnen ausgelösten Schneebrettern in den Tod. Nationalpark-Ranger beobachten, dass Touristen Murmeltiere gerne mit Schokoladeriegel füttern. Fehlt nur noch der Befund, dass ein Teil der Tierpopulation an Diabetes erkrankt ist! Auch die Trekkingtouristen auf ihren Wegen im Schatten der Himalaya-Achttausender verschenken gerne Süßigkeiten – an bettelnde Kinder, und das in einem Gebiet ohne zahnärztliche Versorgung. Ein Bleistift als symbolisches Geschenk wäre vernünftiger.

Aus der Geschichte des Alpinismus ist bekannt, dass die Bürger, die einst aus den Städten mit der Idee aufs Land kamen, auf die Berge steigen zu wollen, diese aber nicht ohne die Kompetenz und Hilfe der Einheimischen

---

[1] Jean-Didier Urbain, L'Idiot du voyage: Histoires de touristes. Lausanne 2002.

verwirklichen konnten. Sie mussten sich also unter deren Führung den Herausforderungen stellen, von den Einheimischen lernen und sich die Fertigkeiten der bäuerlichen Gemsjäger antrainieren. Dies verlangte eine gewisse kulturelle Symbiose. Erst nach einem Jahrhundert emanzipierten sich die bürgerlichen Alpinisten von den Berglern und erwarben die Fähigkeit zum führerlosen Steigen.[2] Das darin liegende Prinzip der *Eigenverantwortung* hat bis heute in der Alpinistik Gültigkeit, wo eine gute Vorbereitung mit genauer Routenplanung, angemessener Ausrüstung und körperlicher Verfasstheit sowie eine die Unternehmung ermöglichende Wetterprognose zu den Voraussetzungen für die Erreichung des Zieles und eine sichere Rückkehr gehört.

Auf diese grundsätzliche Kooperation zwischen Reisenden und Bereisten verweist auch der Ethik-Code der UNWTO.[3] Von gegenseitigem Verständnis und Respekt zwischen den Völkern und Gesellschaften ist die Rede, von ethischen Werten, die der Menschheit gemeinsam sind, eine Haltung der Toleranz und des Respekts für die Vielfalt religiöser, philosophischer und moralischer Überzeugungen, die durch den Tourismus gefördert würde. Sie bilden das Fundament, sind aber auch Ergebnis eines verantwortungsbewussten Tourismus. Die touristischen Aktivitäten sollten daher im Einklang mit den Eigenschaften und Traditionen der Gastregionen und -länder sowie unter Beachtung ihrer Gesetze, Praktiken und Bräuche durchgeführt werden. Touristen und Besucher haben daher die Pflicht, sich schon vor ihrer Abreise mit den Besonderheiten jener Länder vertraut zu machen, die sie besuchen wollen.

---

[2] Martin Scharfe, Berg-Sucht, Eine Kulturgeschichte des frühen Alpinismus, Wien-Köln-Weimar 2007.

[3] https://www.unwto.org/ethics-culture-and-social-responsibility, 21.8.2021.

10 Die Vision: smarte Touristen, minimalinvasiv

Sie müssen sich der Gesundheits- und Sicherheitsrisiken bewusst sein, die mit jeder Reise außerhalb ihres gewohnten Umfelds verbunden sind, und sich so verhalten, dass diese Risiken so gering wie möglich gehalten werden. Sie sollten selbstredend keine Handlungen setzen, die nach den Gesetzen des besuchten Landes als kriminell gelten, und sich jeglicher Aktivitäten enthalten, die von der örtlichen Bevölkerung als beleidigend oder verletzend empfunden werden bzw. die örtliche Umwelt schädigen könnten. Bei diesem moralischen Imperativ handelt sich eigentlich um Selbstverständlichkeiten, die von Philosophen wie Platon oder Konfuzius schon vor tausenden von Jahren als Voraussetzung für jegliches Reisen eingefordert wurden.

Damit diese Begegnung für beide Seiten erfolgreich verlaufen kann, wird von den Bereisten erwartet, dass sie den Besuchern gastfreundlich begegnen, ihnen den nötigen Schutz gewähren und wegen ihrer besonderen Verletzlichkeit eine ebensolche Aufmerksamkeit schenken. Insbesondere sollten sie ihnen die Aufnahme aller nötigen Informations-, Sicherheits- und Hilfsmaßnahmen erleichtern, die ihren Bedürfnissen entsprechen. Angesichts der sich im Laufe der Zeit immer professioneller gestalteten Tourismuswirtschaft dürfte diese Forderung weitestgehend erfüllt sein, wenngleich da und dort die Tourismusgesinnung bestimmt ausbaufähig ist und überall dort, wo Massentourismus herrscht, auch auf die Probe gestellt wird. Dies zeigt eine kleine Episode aus Wien, die sich – obwohl in ihrer Hintergründigkeit typisch österreichisch – auch anderswo ereignet haben könnte.

Zwei Polizisten stehen vor der Wiener Oper, ein Tourist tritt hinzu und fragt den einen: „Do you speak English?" Der Polizist schüttelt den Kopf. „Parlez-vous français?" Der Polizist schüttelt erneut den Kopf. „Parlate italiano?" Desgleichen geschieht, worauf der Tourist frustriert abtritt. Sagt der andere Polizist bewundernd: „So viele Sprachen sollte man halt sprechen können!" Der erste: „Na und, hat's ihm was g'nutzt?"

Erfolg als Belastungsfaktor
Tourismus wird dann zum Problem, wenn er die Lebenswelt der Einheimischen auf unzumutbare Weise verändert. Bei massentouristischen Erscheinungen wie *overtourism* bzw. *overcrowding* war dies in den Jahren vor Ausbruch der Pandemie in etlichen Städten, aber auch in vielen Ferienorten am Mittelmehr oder in den Alpen der Fall. Die Stadtverwaltungen von Amsterdam und Barcelona machten die umfassendsten Anstrengungen, um die Auswüchse des massenhaften Tourismus konzeptuell zu bewältigen. Sie versuchen Touristen zu längeren Aufenthalten zu bewegen und betrachten sie als zeitlich befristete, temporäre Bewohner der Stadt, um sie so zu sensiblen und verantwortungsvollen Besuchern zu machen. Durch entzerrende Maßnahmen wird versucht Touristenghettos und eine weitere Konzentration touristischer Angebote zu verhindern. Man will durch bessere Zusammenarbeit zwischen Tourismuswirtschaft, Informationsstellen und Kultureinrichtungen, durch Anpassung der Infrastruktur und Verbesserung der Mobilitätsangebote die Lebensqualität für Einheimische und für Touristen erhöhen.[4]

Die Stadt mit Fremden zu teilen ist von der Perspektive des interkulturellen Verständnisses ein angestrebtes Ziel, verlangt allerdings auch eine Regelung. „Sharing the City" hat auch *Airbnb* auf seine Fahnen geheftet. Aus dem seinerzeitigen *couch surfing,* an Begegnung mit anderen

---

[4] Greg Richards/Lenia Marques, Creating synergies between cultural policy and tourism for permanent and temporary citizens. Committee on Culture of United Cities and Local Governments, Rotterdam 2018. http://www.agenda-21culture.net, 4.3.2019.

10 Die Vision: smarte Touristen, minimalinvasiv

Kulturen interessierter junger Leute, meist anspruchsloser Reisender sowie Luftmatratze bzw. Couch zur Verfügung stellender Gastgeber, ist eine gewinnorientierte Industrie geworden, die mit *Fairbnb* nichts gemein hat. Wertvoller Wohnraum geht für Einheimische verloren, wenn die Besitzer ihre Wohnungen zur Ertragssteigerung nur noch kurzfristig an Touristen vermieten. In dieser Debatte stellen Einheimischen ihr *Recht auf die eigene Stadt* der touristischen Reisefreiheit gegenüber, dem *Recht auf Tourismus.* Es bedarf also einer Harmonisierung der beiden Ansprüche und in Amsterdam hat man dafür den Begriff des *Balancing* gefunden, *Stad in Balans,* den Ausgleich der Interessen, der die positiven wie negativen Aspekte in ein letztlich allen Beteiligten nützliches Entwicklungskonzept integriert.

Dazu gehören eine *Enjoy & Respect Campaign,* die Erhöhung der Ortstaxe, um damit steuernde Maßnahmen finanzieren zu können, die Limitierung von Lizenzen für Geschäfte, die nur Touristenware anbieten, die Verbreiterung des Attraktionsspektrums mit teilweiser Verlagerung der Besucherströme (Kampagne *See Amsterdam, Visit Holland*) und Kooperationen mit einer Reihe von Kultureinrichtungen, Museen und Begegnungsprogrammen. Die Einschränkung des PKW-Verkehrs und Verbesserung der städtischen Mobilität – etwa durch eine neue U-Bahnlinie, Vorfahrt für das Fahrrad etc. – und ein großangelegtes Häuserrenovierungsprogramm *(Stadherstel Amsterdam)* weisen darauf hin, dass die Stadt ein *Governance-Programm* durchführt, ein integratives Stadtentwicklungsprojekt, zu dem die neuen Technologien ebenso gehören wie moderierte Gemeinschaftsprozesse.

Die Maßnahmen reichen über ein touristisches Besuchermanagement weit hinaus.[5]

Dies war nötig, um die ungeheuren Belastungen der Stadtbevölkerung zu minimieren. Im August 2017 etwa schliefen in Amsterdam mehr Touristen als Einheimische – was für eine Millionenstadt doch ungewöhnlich ist, für viele Alpendörfer oder die Reiseziele an den Mittelmeerküsten während der Saison jedoch zur Normalität gehört. In den Innenstädten von Amsterdam, Barcelona, Kopenhagen, Lissabon und Rom hat jeder Bewohner nahezu die Hälfte des Jahres Touristen zum Nachbarn bzw. verdoppelt sich während dieser Zeit die Bevölkerung der Altstadt.

Vorausplanende tourismuspolitische Maßnahmen – die in erster Linie ein Destinationsmanagement und neue umweltschonende Verkehrslösungen enthalten müssen – sind wohl nötig, um schnellstens jenen Handlungsspielraum zu bekommen, mit dem sich ein weiteres Tourismuswachstum in Zukunft bewältigen lässt. Die immer leichtere Erschwinglichkeit von Fernreisen für Asiaten bzw. die Mittelschicht der Schwellenländer, viel zu niedrige Flugtarife, weil Flugbenzin nicht angemessen besteuert wird, die Vermietung von Wohnraum an Städtetouristen, was Druck auf dem Wohnungsmarkt erzeugt, das rücksichtslose Verhalten der Touristen, die den öffentlichen Raum und die attraktive Plätzen in Anspruch nehmen, aber vom Steueraufkommen der lokalen Bevölkerung erhalten und gereinigt werden müssen, sind nur einige Symptome für das Phänomen *Overtourism*. Dazu kommen die Belastungen durch die saisonale Konzentration, was

---

[5] Claartje van Ette, Amsterdam – A strategy to keep a growing city in balance, in: Forum Mobil Extra – 16. Salzburger Verkehrstage/14. Salzburger Tourismusforum 2018, 18–20; zum Governance-Ansatz siehe Alfred Kyrer/Bernhard Seyr (Hg.), Governance und Wissensmanagement als wirtschaftliche Produktivitätsreserven, Frankfurt 2007.

10 Die Vision: smarte Touristen, minimalinvasiv

die Arbeitsbedingungen der Dienstleister zusätzlich erschwert. Große Transportkapazitäten von Kreuzfahrtschiffen und Reisebussen bewirken ein stoßweises Auftreten einer großen Masse von Touristen. Das überfordert nicht nur Welterbestädte wie Salzburg, Regensburg oder Dubrovnik, oftmals kleinräumige historische Zentren, sondern auch andere Destinationen. Der Dominanz dieser Schwarm-Touristen kann mit sanften oder strikten Formen der Besuchersteuerung begegnet werden, andere Faktoren der globalen Tourismusentwicklung können von den Destinationen aber nur zum Teil oder gar nicht beeinflusst werden.[6]

Smarte und minimalinvasive Touristen

Derartige Situationen zu vermeiden bzw. damit zurechtzukommen gelingt am besten einem flexiblen Reisenden, der bestinformiert eine Destination aufsucht. Philip Pearce[7] spricht daher vom *Smart Tourist* – vom intelligenten bzw. reiseerfahrenen Touristen, der bereits vor Antritt der Reise fünf Lehren aus der zu erwartenden Situation zieht. Erstens ist dieser Tourist bestens auf die Destination vorbereitet und weiß sich angemessen zu verhalten. Zweitens nutzt er als intelligenter Reisender die besten Mobilitätsangebote, reist mit dem Zug an oder bleibt mit seinem PKW an der Peripherie und verwendet öffentliche Zubringer. So verbringt er oder sie die Zeit dort, wo es etwas zu sehen gibt und verheddert sich nicht im dichten Autoverkehr von Großstädten oder im Kampf

---

[6] Harold Goodwin, Overtourism – Causes, Symptoms and Treatment, in: Tourismus Wissen – quarterly, April 2019, 110–114.

[7] Philip L Pearce, Limiting overtourism; the desirable new behaviours of the smart tourist. http://tforum.today/2018/wp-content/uploads/2018/03/Limiting-overtourism-the-desirable-new-behaviours-of-the-smart-tourist.pdf; 5.5.2019.

um Parkplätze. Er bucht geführte Touren, die er mit den verfügbaren Ermäßigungskarten nutzt. Als empathischer Gast handelt er drittens vor Ort respektvoll gegenüber der lokalen Bevölkerung, benimmt sich ordentlich und folgt den ortsüblichen Konventionen. Als solcher gelingt es ihm auch, Bekanntschaft mit Einheimischen zu machen. Viertens widmet dieser Gast dem besuchten Ort ausreichend Zeit und Aufmerksamkeit, lässt sich auf die Atmosphäre ein und versucht insgesamt, sich *minimalinvasiv* zu verhalten, sich geradezu wie ein Einheimischer zu bewegen, um möglichst wenig negative Effekte auszulösen. Dieser Tourist wird daher fünftens auch ein Smart Technology User sein, denn er wird die neuen Technologien dafür nutzen, seinen Aufenthalt zu optimieren.

Klarerweise gelten diese Anregungen zum *smart tourism* grundsätzlich für alle Reisenden und Tourismusdestinationen, aber besonders erleichtern sie das Leben in Orten, die unter großem Druck stehen wie historische Altstädte oder überfüllte Wintersportplätze. Sie alle leiden unter denselben Folgen von unkontrollierten Touristenströmen mit sich in der Masse schlecht benehmenden Gästen, die Unmengen von Müll hinterlassen, stundenlange Staus auf den Straßen produzieren und einen enormen Preisdruck auf Wohnraum durch Zweitwohnsitze und kurzfristige Vermietungen erzeugen.

Auf Seiten der Tourismusorte ist meistens von *Destination Marketing* die Rede, angesichts des erwartbaren Tourismuswachstums wäre aber vielmehr ein *Destination Management* unter Einbeziehung sämtlicher Betroffener, der *Stakeholder*, zu entwickeln, was einer neuen Form von Kultur- und Stadtentwicklungspolitik entspricht.[8] Derartige

---

[8] Siehe dazu etliche Beiträge in Kurt Luger/Matthias Ripp (Ed.), World Heritage, Place Making and Sustainable Tourism, Innsbruck-Wien 2021.

Herausforderungen verlangen auch politische Entscheidungen, denn es sind Gesetze und Vorschriften nötig, um regulierend eingreifen zu können. Die Probleme werden größer, je länger ein aktives Eingreifen hinausgeschoben und auf die Selbstregulierung der Märkte gehofft wird. In der Vergangenheit begnügten sich die Stadtregierungen meist damit, die Tourismusentwicklung den städtischen Marketingorganisationen zu überlassen. Es ging um Wachstum und das Gewinnen neuer Gäste, Nächtigungsrekorde wurden als Erfolgsmeldungen publiziert.

Overtourism, Undertourism aufgrund der Pandemie und die *Klimakrise* haben die Weichen und Ziele des Tourismus der Zukunft neu definiert. Tourismusmanagement muss daher in einem weitaus größeren Kontext gesehen werden und verlangt mehr regulierendes und strategisch planendes Eingreifen der Politik. Es geht also nicht bloß darum, möglichst viele Deutsche oder internationale Gäste in österreichische Betten zu bringen, sondern die verschiedenen Dimensionen der Nachhaltigkeit maximal zu berücksichtigen.

Nachhaltiges Tourismusmanagement
Aus den Erfahrungen der großen europäischen Kulturstädte, wie den Transformationen der städtischen Lebenswelt unter dem Einfluss von Massentourismus zu begegnen sei, lassen sich strategische Ansätze zu Nachhaltigkeit aus verschiedenen Blickwinkeln erkennen.[9]

Auf der Anbieterseite betrifft dies vor allem das Bettenangebot, d. h. die Beschränkung des weiteren Ausbaus der Tourismuswirtschaft, der Zulassung neuer Unterkünfte bzw. Zweitwohnsitze sowie die Lizenzierung

---

[9] Anja Saretzki/Karlheinz Wöhler (Hg.), Governance von Destinationen. Neue Ansätze für die erfolgreiche Steuerung touristischer Zielgebiete, Berlin 2013.

von Airbnb-Unterkünften. Ein weiterer Ausbau sollte einer strikten Kontrolle bzw. Limitierung unterliegen. Durch variable Preisgestaltung *(seasonal dynamic pricing)* lassen sich Nachfrage und Angebot besser aufeinander abstimmen. Die Erreichbarkeit der Städte verlangt schon aus ökologischen Gründen jedenfalls die Reduzierung des PKW-Verkehrs und den forcierten Einsatz von Park&Ride-Lösungen sowie den Ausbau von öffentlichen Mobilitätsangeboten, die selbstverständlich auch den Einheimischen zur Verfügung stehen müssen.

Zur Steuerung der Nachfrage braucht es Kommunikationsleistungen auf allen Kanälen, um die gewünschten Touristen bzw. Zielgruppen anzuziehen und die anderen unter Kontrolle zu bringen. Dazu braucht es Regelwerke wie etwa die Limitierung von Kreuzfahrtschiffen, die einen Hafen anlaufen dürfen oder die Zahl der Reisebusse, die zur selben Zeit ein Terminal ansteuern können. Auch hier kann durch Preisnachlässe oder andere Vergünstigungen die Vor- oder Nachsaison beworben und gestärkt bzw. die Spitzenbelastung reduziert werden. Durch die Einhebung von Tourismussteuern entstehen Möglichkeiten, diese Einnahmen zur Regulierung oder Optimierung des Besuchermanagements zu verwenden. Informationen und Verhaltensvorschriften sind nötig, um auffällige bzw. alkoholisierte Touristen zur Einhaltung lokal üblicher Umgangsformen und Konventionen mit Nachdruck aufzufordern. Die Einhebung von Strafen auf öffentlichen Alkoholkonsum oder Urinieren außerhalb von Toiletten, Schwimmen in städtischen Brunnen und das Wegwerfen von Müll soll als Warnung dienen, aber auch beispielhaft vollzogen werden, um über mündliche Verbreitung als Abschreckung wirksam zu werden. Seit die Stufen zu den Kirchen in Florenz regelmäßig mit Wasser geflutet werden, sind sie nicht nur sauber. Auf diese einfache Weise hält die Stadtverwaltung Touristen davon ab, sich für einen Imbiss dort niederzulassen und den anfallenden Müll vor Ort zu deponieren. Dies ist gleichzeitig eine kreative Lösung, die Besucher der Stadt zum Besuch eines der vielen Straßencafés oder Restaurants zu ermutigen, denn Kirchen sind ja keine Restaurants, sondern Orte religiöser Einkehr.

In manchen Destinationen wird man über Tourismus-Obergrenzen zuerst diskutieren und sie später einführen – vielleicht nicht, was die Anzahl der Touristen selbst angeht, aber die Zahl für Lizenzen, Genehmigungen für reine Tourismusinfrastruktur wie Souvenirläden, Hotel- und Privatzimmer/Airbnb und Parkraum limitieren, wie etwa in Amsterdam und Dubrovnik geschehen. Auf diese Weise kann man auch dem Ausverkauf des öffentlichen Raums entgegentreten – ein Ziel, das in Salzburg insbesondere der *Stadtverein* verfolgt, der 1852 als *Stadtverschönerungsverein* gegründet wurde. Wenn die großen Plätze ständig wie ein Jahrmarkt bespielt werden bzw. dauernd voll von Touristenschwärmen sind, kommt die Besonderheit der *italienischen Stadt,* die relevant für den außerordentlichen Charakter der Stadt ist, nicht mehr zur Geltung, verliert das Welterbe seine Authentizität und auch seine Integrität.[10]

Zurück zur Natur

Ein Weg, der tendenziell schon begangen wird, führt zum naturnahen Tourismus. Nationalpark, Biosphärenpark, Almsommer – in diesen Kontexten liegt nicht nur ein Potenzial für wirtschaftlich ertragreichen Tourismus, sondern auch die Möglichkeit, regionalwirtschaftliche Wertschöpfungsketten zu stimulieren. Das *Land Salzburg* etwa,

---

[10] Bastei – Das Magazin des Stadtvereins Salzburg. Weißbuch für die Stadt Salzburg, Frühjahr 2019.

mit der europaweit höchsten Dichte an biologischer Landwirtschaft, hat die besten Voraussetzungen dafür, in diesem Segment als erfolgreiche Marke mit starkem Regionalbezug und ohne großen Event- und Inszenierungsaufwand das Publikum zu erreichen. Tourismus- und Freizeitwirtschaft sind ein zentrales Handlungsfeld der Regionalpolitik. Die Gemengelage von Bereichen wie Gesundheit, Nahrungsmittel, Erholung, traditionellen Heilmethoden, lokalem Handwerk und bodenständigem bzw. naturnahem Lebensstil kennzeichnen die Region als hochwertigen Wohn- und Arbeitsraum. Deren behutsame *Inwertsetzung* durch qualitätsvolle Tourismusdienstleistungen können dem Sommer- wie dem Wintertourismus eine ganz eigenständige Signatur geben. Es geht aber nicht nur um monetäre Wertschöpfung und die Bestimmung der Region als Wettbewerbseinheit, sondern auch um den Prozess der Entwicklung einer *Vision für den Lebensraum,* um die seriöse Vermittlung des kulturellen Erbes und der gelebten Besonderheiten der Menschen, ihrer Lebensformen, ihrer territorialen Identität.[11]

Naturnaher Tourismus bietet eine großartige Bühne, um die Schauspiele der Natur und sich dabei selbst zu erfahren.[12] Für die Erlebnisqualität entscheidend ist die direkte Begegnung mit der Umwelt, ihrer Bewohner, ihren Lebensformen, ihren Festen und Bräuchen, ihren Kulturtechniken, mit denen sie Grund und Boden bearbeiten und kultivieren, ihre Flora und Fauna bewahren. Das Eintauchen in diese für Städter oft schon entfremdete

---

[11] Kurt Luger, Nachhaltigkeitsüberlegungen zum Salzburg-Tourismus, in: Land Salzburg (Hg.), Weichenstellungen im Land Salzburg. Enquete des Landtages am 9. Oktober 2012. Salzburg: Schriftenreihe des Landes-Medienzentrums 2012, 105–126.

[12] Dominik Siegrist/Susanne Gessner/Lea Ketterer Bonnelame, Naturnaher Tourismus, Qualitätsstandards für sanftes Reisen in den Alpen, Bern 2015.

Welt – die zunehmende Alltagsdistanz von der Natur mit gesundheitlichen Folgen wird in der medizinischen Literatur als *nature defizit disorder* beschrieben[13] – entfaltet sich gewissermaßen über eine *Berührungsmagie,* durch Nähe und über einen Prozess der emotionalen Aneignung eines Raumes. Natürliche Lebensräume sind als Gegenkonzept zur Urbanisierung gedacht und mit menschlichen Sehnsüchten nach Ruhe, Freiheit und Harmonie verbunden.

Aufgrund ihrer hohen landschaftlichen Qualität sind viele Alpengebiete sehr begehrte Aufenthaltsregionen für Touristen. Schweizer Wissenschaftler entwickelten Indikatoren zur Bestimmung von Qualitätsstandards für den naturnahen Tourismus.[14] Als naturnahe werden Angebote nur dann eingestuft, wenn durch den Aufenthalt keine Schäden an Umwelt und Landschaft verursacht werden, der Ausstoß von Kohlenstoffdioxid minimal ist und möglichst sanfte Mobilität zum Einsatz kommt. Als Leitlinie gilt eine Verpflichtung der Anbieter zum Schutz der natürlichen Ressourcen und ein regionaler Bezug, von den Touristen wird eine gewisse ethische Grundhaltung als Motiv für die Reise angenommen. Fun- und Motorsportarten gelten tendenziell nicht als naturnah und der Schutz von Flora, Fauna und Landschaft muss Priorität in der Angebotsgestaltung wie im touristischen Verhalten haben. Naturnaher Tourismus verzichtet auf künstliche Erlebnisproduktion und laute Events, das Erlebnis besteht vielmehr in der möglichst intensiven Naturerfahrung. *Natur Natur sein lassen* und *Watt ist genug* – sind nicht nur Slogans für den Nationalpark Schleswig-Holsteinisches

---

[13] Christina Pichler/Arnulf Hartl, Die Alpine Gesundheitsregion SalzburgerLand, in: Kurt Luger/Franz Rest (Hg.), Alpenreisen, Innsbruck-Wien 2017, 421–444.

[14] https://www.naturnahertourismus.ch/index.php?id=14244, 23.8.2021.

Wattenmeer, dem größten Schutzgebiet zwischen dem Nordkap und Sizilien. Sie stehen gewissermaßen als Vision für einen anderen, sich bescheidenden Tourismus, der sich zur Einhaltung bestimmter Regeln verpflichtet, ohne dass deswegen das intensive Erlebnis zu kurz kommt.[15]

Damit setzt man aber gleichzeitig einen *Benchmark* – unterscheidet sich von Gebieten, in denen der Tourismus, die Vergnügungsindustrie und der unvermeidliche Massenansturm zum Charakter der Region wurden, wo kein *ehrlicher Wein* mehr ausgeschenkt wird und die hochgezogene Infrastruktur der Landschaft urbane Züge verleiht.

Natur auf diese Weise zu erfahren, wieder zu entdecken, korrespondiert mit dem *evolutionistischen* Weltbild. Es markiert den Übergang zu intelligenteren und nachhaltigen Technologien und rückt das unbedingte Primat des Menschen aus dem Zentrum. Das *anthropische* Weltbild der Moderne, wonach der Mensch mit seiner Technik alles beherrschen könnte, ist längst zusammengebrochen. Im Zentrum des neuen Denkens steht die Gemeinsamkeit von Mensch und Welt bzw. Natur. Es stellt die Welt und nicht deren Nutzen für uns in den Vordergrund.[16]

Glaubwürdigkeit und Nachhaltigkeit sind daher entscheidende Kriterien für diesen Weg. Folgt man dieser Vision und den Qualitätskriterien, so werden in Gemeinderatssitzungen die Erschließung neuer Schigebiete, der weitere Ausbau der touristischen Infrastruktur (Chaletdörfer, Seilbahnen, Speicherseen, neue Straßen, Parkplätze etc.) und jegliche weitere Inanspruchnahme von Natur kein Konfliktthema mehr sein.

---

[15] https://www.nationalpark-wattenmeer.de/

[16] Robert Pfaller/Klaus Kufeld (Hg.), Arkadien oder Dschungelcamp? Leben im Einklang oder Kampf mit der Natur, Freiburg-München 2014; Wolfgang Welsch, Homo mundanus: Jenseits der anthropischen Denkform der Moderne, Weilerswist 2012.

Eine regionale Entwicklungsperspektive zur Nachhaltigkeit verlangt auch Innovation in Richtung *Sanfte Mobilität*.[17] Die Orientierung an der Schweiz, das seinen öffentlichen Verkehr beispielhaft ausgebaut hat, wäre ein erster Schritt, um den ökologischen Fußabdruck des Tourismus zu verringern. Seit 1997 ist im *SalzburgerLand* Werfenweng ein Modellort für Sanfte Mobilität und betreibt ein zukunftsweisendes Pilotprojekt, das sich für umweltverträgliches Reisen einsetzt.[18] Die Gäste reisen mit dem Zug an, werden am Bahnhof abgeholt und im Ort selbst stehen Elektrofahrzeuge zur Verfügung. Auf den eigenen PKW kann man getrost verzichten. Der Ort ist auch Mitglied im Netzwerk *Alpine Pearls*[19]. 28 Gemeinden aus sechs Nationen verpflichten sich darin zu verantwortungsbewusstem Reisen. Als erste touristische Kooperation bietet *Alpine Pearls* klimaneutrale Ferien an.

Der Beitrag zum Klimaschutz besteht in vielen umweltfreundlichen Angeboten rund um die Sanfte Mobilität. Andererseits tragen die klimaschonenden Mobilitätsalternativen vor Ort zum Klimaschutz bei. Ehrlicherweise muss aber betont werden, dass sich der CO_2-Ausstoß nicht ganz vermeiden lässt, wenn man unterwegs ist. Neukirchen am Großvenediger ist ebenso Mitglied dieses Netzwerkes wie etwa Hinterstoder im Toten Gebirge und Mallnitz auf der Südseite der Hohen Tauern. Die bayerischen Tourismusorte Berchtesgaden und Bad Reichenhall sind ebenso Alpine Perlen wie das Weltnaturerbe Vilnösser Tal in Südtirol, Arosa und Interlaken in der Schweiz oder Bled in

---

[17] Christian Baumgartner, Nachhaltige Tourismus Entwicklung, Erfahrungen aus ländlich-alpinen Regionen, in: Stephanie Brandl/Waldemar Berg/Marcus Herntrei/Christian Steckenbauer/Suzanne Lachmann-Falkner (Hg.), Tourismus und ländlicher Raum, Innovative Strategien und Instrumente für die Zukunftsgestaltung, Berlin 2021, 13–32.
[18] www.werfenweng.eu
[19] https://www.alpine-pearls.com

Slowenien. 2011 wurden die *Alpine Pearls* mit dem *Tourism for Tomorrow-Award* des World Travel & Tourism Council ausgezeichnet.

Eine im Kern ähnliche Initiative startete der Österreichische Alpenverein 2008 mit den *Bergsteigerdörfern,* die seit 2016 auch die Alpenvereine der Nachbarländer mittragen. Sie werden unterstützt vom Ständigen Sekretariat der Alpenkonvention, um den Tourismus minimalinvasiv gegenüber der Natur- und der Kulturlandschaft zu gestalten. Bei der Auswahl gelten strikte Kriterien wie die Lage im alpinen Raum, die Einwohnerzahl darf 2500 nicht überschreiten, eine bodenständig gebliebene Tourismusinfrastruktur, eine prägende Alpingeschichte, möglichst unberührte Berggipfel, bewirtschaftete Schutzhütten, ein gut beschildertes Wegenetz und lokale Wander- und Bergführer. Das Angebot konzentriert sich auf eine breite Palette von Bergsportarten und geführte thematische Wanderungen.

Konzeptionell wird damit versucht, den Gästen Urlaub und naturnahe Erholung zu bieten und in den Gemeinden Arbeitsplätze für Einheimische in kleinen Gastronomiebetrieben und Schutzhütten zu garantieren. Regionalität wird etwa in der Kulinarik vermittelt und korrespondiert mit dem Ziel einer möglichst nachhaltigen Wirtschaftsentwicklung und dem Schutz der Gebirgsregionen.

Zu diesen Bergsteigerdörfer gehören etwa Grünau im Oberösterreichischen Almtal, Hüttschlag im Salzburger Großarltal, Jezersko in den slowenischen Karawanken, Kreuth im Bayerischen Mangfallgebirge, Lungiarü in den Südtiroler Dolomiten, Ramsau in den Berchtesgadener Alpen, das Sellraintal in den Stubaier Alpen, die Steirische Krakau in den Schladminger Tauern, Vent im Ötztal oder das Osttiroler Villgratental.[20]

---

[20] https://www.bergsteigerdoerfer.org/

10 Die Vision: smarte Touristen, minimalinvasiv

Inhaltlich werden damit Werte gepflegt, wie das beispielhaft auch im *Ecomuseum Simplon* praktiziert wird. Das Konzept wurzelt in der Idee, den Lebensraum ganzheitlich zu betrachten und die Wechselbeziehung zwischen Mensch und Umwelt aufzuzeigen. Das *Ecomuseum* verlässt die altehrwürdigen Mauern des Museums und interessiert sich für den Naturraum ebenso wie für das geschichtliche Umfeld, welches die Naturlandschaft zur Kulturlandschaft hat werden lassen.[21] Zu den Hauptzielen eines Ecomuseums gehört es, als eine Art von Datenbank für die lokale Gemeinschaft und als Beobachtungsstelle für Veränderungen zu dienen, ein Brennpunkt für Zusammenkünfte, Diskussionen und Innovationen zu sein und als Entwicklungslabor für die Gemeinschaft zu wirken. Zu guter Letzt dient es den Besuchern, die Gemeinde und die Region in einem wirklichkeitsnahen Schaufenster zu betrachten.[22]

Das Projekt *Ecomuseum* – in den 1970er Jahren von den französischen Museologen Georges-Henri Rivière und Hugues de Varine entwickelt – basiert auf einem ganzheitlichen Verständnis von Identität und dem kulturellen Erbe einer Region. Es hat auch einen klaren touristischen Bezug und profitiert vom Trend des naturnahen Tourismus, der nicht nur die Naturwerte in den Vordergrund rückt, sondern auch die kulturelle Dimension und beides mit Nachhaltigkeitsüberlegungen und Wertschöpfung verbindet. Die Gäste sollen Natur und Kultur authentisch erleben und mit der lokalen Bevölkerung in Kontakt treten können. Dieser Tourismus soll mit möglichst wenig Energie und Eingriffen in die Umwelt auskommen und

---

[21] https://www.ecomuseum.ch/; ecomuseums.com, 23.8.2021.
[22] https://ecomuseums.com/ecomuseum-beginnings-hughes-de-varine-georges-henri-riviere-and-peter-davis/

unter Beteiligung der Einheimischen entwickelt werden. Die Werte und Qualitäten eines Gebietes werden für die Besucher sichtbar und erlebbar und die Naturnähe in der gesamten Dienstleistungskette – von der umweltfreundlichen Unterkunft über die Ernährung bis zur sanften Mobilität – als tragendes Prinzip wirksam.

Zehn Gebote für die Alm
Auch für die Erfahrung von Natur bedarf es Kompetenzen und Verhaltensregeln, im australischen Outback oder in der kanadischen Wildnis sogar ganz elementare. Desgleichen gilt aber auch für die uns allen vertrauten und bei Familienurlaubern beliebten Almen. Der tragische Tod einer deutschen Touristin auf einer Alm im Tiroler Stubaital machte Schlagzeilen und führte zu einem mehrjährigen Rechtsstreit. Die Frau, die mit ihrem Hund unterwegs war, wurde von einer Mutterkuh attackiert und tödlich verletzt. Die Kuhherde, bestehend aus zehn etwa 700 kg schweren Kühen und ihren zehn Kälbern, war wahrscheinlich aufgrund des Hundes aggressiv geworden. Wie die Obduktion ergab, starb die Frau an einer Quetschung des Herzbeutels. Gegen den Herdenbesitzer wurde wegen fahrlässiger Tötung ermittelt. Im ersten Gerichtsverfahren wurde er als Alleinschuldiger zu einer Strafe von einer halben Million Euro verurteilt. Schließlich beendete das Höchstgericht den langjährigen Rechtsstreit und entschied auf Teilschuld. Mit der Änderung des Allgemeinen Bürgerlichen Gesetzbuches wurde die Haftung von Viehhaltern neu geregelt. Bislang wurden die Tierhalter stark in die Verantwortung genommen. Das neue Gesetz sieht neben der klaren Verantwortung der Tierhalter auch eine stärkere Eigenverantwortung der Almbesucherinnen und

10 Die Vision: smarte Touristen, minimalinvasiv

-besucher vor. Für sie gelten nun Verhaltensregeln auf Almen und Weiden, die sie einhalten müssen.[23]

Da es sich nicht um einen Einzelfall gehandelt hatte und immer wieder Unfälle auf Weiden passierten, stand das freie Wegerecht zur Diskussion und damit auch die Einschränkung oder gar das Ende des Almsommer-Tourismus. Alleine im Salzburger Land gibt es mehr als 1800 bewirtschaftete Almen, Bäuerinnen und Bauern bewirtschaften traditionell die Böden flächendeckend mit den Weidetieren und pflegen die Kulturlandschaft. Almen haben ein grandioses Image bei Touristen, entwickelten sich – unterstützt von Tourismusverbänden und Angeboten wie „Genusswandern von Alm zu Alm" (etwa im Großarl-Tal, Salzburger Pongau) – zu wahren Sehnsuchtslandschaften für naturverbundene Menschen aus der Stadt. In den Tourismusmedien trübt kein falsches Zeichen das Bild von einer Bilderbuchlandschaft, wird der harte Arbeitsalltag in den peripheren Gebieten der Alpen völlig ausgeblendet. Die imaginäre Geographie in den Köpfen der Besucher erwartet sich somit eine Alm, auf der die Sennerin im Dirndlkleid die frisch gezapfte Milch ausschenkt, damit das Käsebrot besser runterrutscht, und der sanftmütige Pinzgauer Rinderwahn im Hintergrund zur perfekten Postkarte beiträgt, die sofort über WhatsApp verschickt wird.

Widersprüche zwischen Almszenerie und Almwirklichkeit existieren nicht, denn die realen Tätigkeiten auf einer Alm bleiben wie im Prospekt fast unsichtbar und auch die dort ihre Sommerfrische erlebenden Tiere kommen nicht in den Werbemitteln vor. Vielleicht würden sich die Besucher angesichts einer mit dieser unberechenbaren Fauna besiedelten

---

[23] https://www.agrarheute.com/land-leben/frau-kuh-getoetet-landwirt-490000-euro-zahlen-551930; https://www.krone.at/2152982, 25.8.2021.

Alm ängstigen? Selbst die lokale Almkultur, die verschiedenen Arbeitsschritte und Tätigkeiten bis Käse konsumbereit serviert werden kann oder das Brauchtum finden in den Werbebotschaften keinen Niederschlag – es gibt nur stilisierte Idylle![24]

Dieses romantische Bild von der Alm im touristischen Kontext steht daher in erheblichem Kontrast zu den gravierenden Problemen, mit denen die Almbauern kämpfen. Zu wenig öffentliche Förderung für ihren Beitrag zur Aufrechterhaltung der alpinen Kulturlandschaft sowie der seit Jahrzehnten beklagte Almpersonalmangel führten bereits zu großflächiger Extensivierung der Almen. Der Ertrag aus der touristischen Bewirtschaftung deckt oft nicht einmal den Aufwand und nicht überall sehen sich die Almbauern als *Erlebniswirte*. Mit ihren veredelten Produkten wettbewerbsfähig zu bleiben und sie in Selbstvermarktung zu vertreiben bedeutet einen erheblichen Mehraufwand.[25] Es besteht aber ein grundsätzliches Interesse der Almbauern ihre Almen zu bestoßen und so muss es allen Beteiligten ein Anliegen sein, Rahmenbedingungen für funktionierende Kombinationen aus Almwirtschaft und Tourismus zu entwickeln.

Die *Zehn Gebote*, Verhaltensregeln für ein sicheres Miteinander und den respektvollen Umgang mit Weidevieh, wurden von Landesregierungen und dem zuständigen Ministerium im Einvernehmen entwickelt.[26] Sie zeigen beispielhaft, wie der individuelle Freiheitstraum, der im

---

[24] Ergebnisse einer empirischen Studie von Maria Kirchner, Kommunikation Alm. Heimischer Lebensraum und touristischer Sehnsuchtsort. Masterthese, Salzburg 2017.

[25] Ausführlich dazu Martin Anzengruber, Almwirtschaft im Bundesland Salzburg, Salzburg 2010.

[26] Service.salzburg.gv.at/lkorrj/detail?nachrid=65466, Aussendung der Salzburger Landeskorrespondenz, 13.8.2021.

10 Die Vision: smarte Touristen, minimalinvasiv 293

Urlaub gerne ausgetobt wird, an seine Grenze stößt und sich in eine Ordnung einfügen muss – und das zum Wohle aller Beteiligten, Menschen wie Tieren.

Daher wird verlangt, dass Touristen den Kontakt zum Weidevieh vermeiden, die Tiere nicht füttern und von ihnen sicheren Abstand halten, die Tiere nicht erschrecken, Hunde unter Kontrolle halten und an der kurzen Leine führen. Da Mutterkühe ihre Kälber beschützen, ist die Begegnung von Mutterkühen und Hunden zu vermeiden. Grundsätzlich sollte man Wanderwege auf Almen und Weiden nicht verlassen und das Weidevieh mit möglichst großem Abstand umgehen. Die Begegnung mit den hier arbeitenden Menschen, der Natur und den Tieren sollte mit Respekt erfolgen.

Um das Gelände der Alm touristisch zu bewältigen, bedarf es somit keiner ausgefeilten Reisekunst, lediglich der Befolgung einiger Regeln und etwas Achtsamkeit, also eine Person mit Köpfchen und dem Willen ausgestattet, Vorsicht walten zu lassen, wie es bei Situationen angemessen erscheint, die man nicht zur Gänze im Griff haben kann.

Sein eigenes Verhalten zu kontrollieren, sich anzupassen und allenfalls auch Verbote einzuhalten, kulturell und politisch nicht zu einem Faktor der Ausbeutung zu werden, war stets eine Forderung im Entwicklungsländertourismus und die Leitlinie für den *Tourismus mit Einsicht*. Diese Bewegung, getragen von tourismuskritischen NGOs in den 1980er Jahren, war erfolgreich, weil eine Reihe von Tourismusveranstaltern ihre als unethisch kritisierten Produkte wie so genannte *Menschenzooreisen* sukzessive aus ihren Programmen nahmen. Auch der Ausbeutung von Kindern im Tourismus, die zu Kinderarbeit oder zu sexuellen Dienstleistungen gezwungen werden, konnte unter dem Druck öffentlicher Kampagnen weitgehend Einhalt geboten werden.[27]

Nachhaltiges unterwegs sein
Im Zeichen der Corona-Pandemie wurden Urlauber und Reisende gezwungen, eine ganze Reihe von Geboten oder Verboten einzuhalten und man kann annehmen, dass ein Teil der Beschränkungen auch nach Beendigung der Pandemie seine Gültigkeit behalten wird. Dies betrifft insbesondere den Schutz der eigenen Gesundheit und der Gesundheit anderer Menschen. Reisende halten sich daran, weil sie direkt davon betroffen sind, das Virus und die keineswegs harmlosen Erkrankungen gehen ihnen nahe, machen sie persönlich betroffen.

Diese subjektive Ebene der Betroffenheit hat die Klimakrise noch nicht bei allen Bevölkerungsgruppen und Tourismusunternehmen erreicht. Hinsichtlich der Auswirkungen des Klimawandels führt der Informations- und Bewusstseinsstand noch nicht zum Umdenken und zum konsequenten klimaneutralen Handeln. Zudem liegen die möglichen Folgen unseres jetzigen klimaschädlichen Verhaltens in unbestimmter Zukunft, obwohl jetzt schon viele Erscheinungen sichtbar sind, die einmal zur Normalität des Lebens gehören werden. Langdauernde Hitzeperioden, Sturm- und Flutkatastrophen, Winter ohne Schnee, Gletscher ohne Eis und Meeresküsten ohne Sandstrände werden auch den Tourismus massiv verändern und beeinträchtigen. Es ist absehbar, dass der ungezügelte Tourismus, das All-Inclusive des Konsumrausches, die entfesselte Reisemobilität und das Prinzip *Anything goes* in eine Sackgasse führen, aus der man nur mit größerer Bescheidenheit herausfinden kann.

---

[27] https://www.ecpat.at/sexuelle-ausbeutung-von-kindern, 25.8.2021.

10 Die Vision: smarte Touristen, minimalinvasiv

Die reisende Menschheit befindet sich in einem Dilemma, denn in uns arbeitet ein Kraftwerk der Unvernunft, das zur Widersprüchlichkeit anspornt. Nicht nur der Philosoph, zuständig für die wichtigen Fragen über Gott und die Welt, stellt sich die Frage, ob wir das Reisen neu erfinden müssen, damit wir auch mit dem Bleiben besser zurechtkommen.[28] Philosophen denken aber nicht in Verboten, ihre Ethik entspricht eher einer *Gebotskultur*. Deshalb erinnert Klaus Kufeld an Aristoteles und dessen Mittelweg zwischen den beiden falschen Weisen, die durch Unzulänglichkeit und Übermaß charakterisiert sind. Diese goldene Mitte spielt auch in den Unterweisungen des Dalai Lama eine wesentliche Rolle. Damit wird in Anlehnung an Georg Simmel ein inneres Maßhalten, eine Selbstbeschränkung angesprochen, die gleichmäßig vom Zuviel und vom Zuwenig absteht. In diesem Sinne wäre der Massentourismus die Übertreibung, der Überfluss und die Maßlosigkeit, die ausschließlich hedonistischen und ökonomischen Interessen folgt. Dem stünde das Nicht-Reisen gegenüber, das sich aber mit der menschlichen Neugier schlecht verträgt, zumal der globale Tourismus ja als „Industrieformat raffinierter Weltneugier des Menschen" gilt.[29] Die Mitte – das wäre der philosophische Ort des Anzustrebenden, eine ethische Haltung: bewusstes Leben, Einsatz der Sinne, Rücksicht auf Natur, Zurücknahme des Ichs. Der sorgsame Gebrauch, die vorsichtige und pflegliche Art des Umgangs mit unserer Biodiversität ist als unbedingtes Gebot einzufordern. Die Teilhabe an der Welt,

---

[28] Klaus Kufeld hat seinen lesenswerten Beitrag über die Zukunft des Reisens 2014 verfasst, also fünf Jahre vor Ausbruch der Pandemie. Was den Klimawandel betrifft, standen die Zeichen der Zeit aber schon damals auf Sturm. Vom Verlassen der Paradise, in: Roman Egger/Kurt Luger (Hg.), Tourismus und mobile Freizeit, Norderstedt 2015, 11–26.

[29] Ebd., 14.

die den eigenen Genuss sehr wohl vorsieht, aber darauf achtet, dass nicht nur der Eigennutzen bedient wird – das entspräche einem ökologischen Lebensstil, der verantwortliches Handeln und ein erweitertes Selbstverständnis praktiziert, die Brücke schlägt auch zu weiter entfernt lebenden Individuen und künftigen Generationen. Dies ist nicht weit vom humanistischen Reiseideal entfernt, in dem Reisen als Bildung des Herzens, des Verstandes und des Geschmacks gesehen wurde, und das Wundersame nicht unbedingt in direkter Proportion zu seiner Entferntheit wuchs. Tiziano Terzani war der Meinung, dass man sich jedenfalls mit einer Frage auf die Reise machen soll und eine solche nur dann einen Sinn hat, wenn man mit irgendeiner Antwort im Gepäck zurückkehrt.[30]

Was oft unspezifisch als *Erweiterung des Horizonts* bezeichnet wird, ist ein dem Reisen und Urlauben, jedem Unterwegssein, innewohnendes Prinzip. Die meisten Menschen sind von ihrer Neugier Getriebene, sie wollen über ihre eigene Beschränktheit hinauswachsen und die Welt erfahren, deswegen hat der Tourismus immer eine Zukunft. Touristen sind individuelle Schatzsucher wie schon im 16. Jahrhundert der humanistische Enzyklopädist Theodor Zwinger, der in seinem *Methodus Academicus* von den über die Welt verstreuten *Schätzen der Weisheit und der Tugend* spricht, die es einzusammeln und mittels klaren Denkens zu Anweisungen für das tägliche Leben aufzubereiten gilt.[31]

Ein sehr spezifisches Reisemotiv hatte Joseph II., Thronfolger und Nachfolger von Kaiserin Maria Theresia. Er wollte das Habsburger Reich von Grund auf erneuern und in die Moderne führen. Als aufgeklärter Herrscher

---

[30] Fliegen ohne Flügel, München 1998.
[31] Justin Stagl, Eine Geschichte der Neugier, Wien-Köln-Weimar 2002, 158.

bereiste er zwischen 1764 und 1787 die ganze Monarchie, wollte die Welt verstehen, um sie verändern zu können. Seine Neugier und sein Erkenntnisdrang führte ihn bis in die entlegensten Regionen, dorthin wo kaum Fremde gelangten, wo es weder Straßen noch Landkarten gab. Alle Reisen wurden daher vorher sorgfältig geplant, aber er reiste incognito, unter falschem Namen, in aller Bescheidenheit aber immer in Verbindung zum Hof in Wien. Dies ermöglichte ihm authentische Begegnungen mit den Beamten des Staates wie mit dem einfachen Volk. Von den 25 Jahren seiner Regierungszeit war er rund ein Viertel unterwegs – und das mit Kutsche und zu Pferde. Er reiste um alles zu sehen und zu hören, denn er wollte daraus eigene Schlüsse ziehen können, aus dem Erfahrenen lernen, um ein Reformprogramm zu schmieden. Österreich wurde so zu einem Musterland staatlicher Bildungspolitik, seine von ihm geschaffenen sozialen Einrichtungen überdauerten die Jahrhunderte. Als aufgeklärter Denker war er seiner Zeit weit voraus. In einem seiner Briefe schrieb er, „Wenn das Reisen für jeden denkenden Menschen nützlich ist, so ist es das umso mehr für einen Souverän, der, alle Vergnügungen zurückweisend, sich nur auf die Nützlichkeit seines Tuns konzentriert."[32]

Welterfahrung sammeln, sich den Freuden an fremden Orten hingeben ohne dort oder anderswo auf dem Weg zur Belastung zu werden – wäre das nicht eine erstrebenswerte Perspektive für einen *minimalinvasiven* Tourismus?

---

[32] Monika Czernin, Der Kaiser reist incognito, Joseph II. und das Europa der Aufklärung, München 2021.

GPSR Compliance

The European Union's (EU) General Product Safety Regulation (GPSR) is a set of rules that requires consumer products to be safe and our obligations to ensure this.

If you have any concerns about our products, you can contact us on

ProductSafety@springernature.com

In case Publisher is established outside the EU, the EU authorized representative is:

Springer Nature Customer Service Center GmbH
Europaplatz 3
69115 Heidelberg, Germany

www.ingramcontent.com/pod-product-compliance
Lightning Source LLC
LaVergne TN
LVHW020341260326
834688LV00045B/1471